腾讯基金会
TENCENT FOUNDATION
—— 公益资助系列 ——

北京读懂中国
经济与社会发展基金会

读懂青少年成长
与发展系列丛书

总主编　陈如平

中小学 健康素养 评估与洞察

孙迎春　王一虹　编著

中国人民大学出版社
·北京·

本系列丛书由腾讯公益慈善基金会资助
不代表腾讯公益慈善基金会立场

腾讯
基金会
TENCENT
FOUNDATION

总序　一

生命不保，何谈教育？生命安全对于教育的重要性不言而喻。对人类来说，生命安全与健康是生存、发展的基本需求和永恒的追求。就教育而言，生命安全与健康既是青少年健康成长、全面发展的前提条件和基本内容，也是基础教育高质量发展的重要保障和核心标志，更是高质量基础教育赋能经济社会可持续发展的有力支撑和应有之义。“孩子们成长得更好，是我们最大的心愿。”教育部门特别是基础教育学校应该以“时时放心不下”的责任感，时刻关注青少年的生命安全与健康问题，为他们提供一个安全、健康、和谐的学习生活环境，全力呵护他们安全健康成长，直至他们成为担当民族复兴大任的时代新人。这正是教育的主要目的和意义所在。

党的十八大以来，以习近平同志为核心的党中央站在党和国家事业发展薪火相传、后继有人的战略高度，高度重视青少年学生的生命安全和健康成长，大力推动健康教育。2016 年 10 月，中共中央、国务院印发的《“健康中国 2030”规划纲要》明确提出：“将健康教育纳入国民教育体系，把健康教育作为所有教育阶段素质教育的重要内容。”2021 年，教育部制定的《生命安全与健康教育进中小学课程教材指南》（以下简称《指南》）强调：“良好的学校生命安全与健康教育有助于学生树立正确生命观、健康观、安全观，养成健康文明行为习惯和生活方式，自觉采纳和保持健康行为，为终身健康奠定坚实基础。”《指南》旨在将生命安全与健康教育全面融入中小学课程教材，实现生命安全与健康教育系列化、常态化、长效化。这一重要举措无疑对落实立德树人根本任务、实施素质教育、培养高素质时代新人具有现实意义。

《指南》规定，中小学生命安全与健康教育包括健康行为与生活方式、生长发育与青春期保健、心理健康、传染病预防与突发公共卫生事件应对、安全应急与避险等 5 大领域以及相应的 30 个核心要点。不仅如此，不同学段体现不同要求：小学阶段侧重基本知识介绍、具体技能训练和个人卫生习惯培养；初中阶段注重讲解原理和机制，深化学生认识，强化健康行为养成的主动性和自觉性；高中阶段主要强调学生的生命责任感和意义，以及发现问题和积极解决问题的能力。在具体实施时，生命安全与健康教育要“进教材、进课堂、进学生头脑”，注重趣味性、互动性、体验性、生成性，提升教育实效性。这些规定不仅构成了生命安全与健康教育的整体性框架，也给生命安全与健康教育的实施提供了系统性目标。

受以上政策指引，北京盈德未来教育测评研究院从2014年起启动实施中小学生命健康教育项目，邀请相关高校和研究机构专家组成项目组，连续十年开展生命健康素养测评，覆盖全国29个地市、52个区县。2022年，受北京读懂中国经济与社会发展基金会和腾讯公益慈善基金会的资助，以“读懂新时代青少年成长与发展——青少年生命健康素养提升计划”为主题，项目组以公益方式将项目推广到四川、广东、山西、江西等省13个区县366所学校。整个项目始终秉持“用爱与尊重读懂学生，用责任与担当办好教育”的理念，通过开展健康素养测评、编写学生读本、提供数字化教学资源、组织校长和教师研修、开设家长讲座等方式，促进师生身体健康、心理健康、关系健康，提升生命安全意识和技能，取得了良好的实践效果，产生了较为广泛的社会影响。

令人惊喜的是，生命健康教育项目在推广中产生了大量的区域案例、教育故事、优秀课例。它们都来自实际的教育教学活动过程，本身具有典型性、代表性，是具有较高价值的立德树人载体。每项内容主题鲜明、特色突出，且呈现的问题带有一定的普遍性，解决问题的经验和技巧方法便具有可推广交流的价值。项目组经过全盘慎重考虑，作出大胆设想：收集优秀案例，邀请专家编写，出版“读懂青少年成长与发展系列丛书”。

这一设想今天终于得以实现。系列丛书全套5册，分别是：《唤醒成长：合作对话的艺术》《重塑课堂：合作对话的艺术》《校长之问：如何读懂教师》《体验式教育实践：中小学健康教育教师手册》《中小学健康素养评估与洞察》。

“合作对话”是“读懂青少年成长与发展”的重要途径。“合作对话”教育教学理念打破学校、家庭和社会的传统教育思维，以新的人性观为基础，形成教育哲学理论体系。《唤醒成长：合作对话的艺术》筛选48篇实践探索文章，以爱、尊重、责任、担当为主题分为四章，内容涵盖“合作对话”在习惯养成、班级建设、家校合作、心理健康、思维发展等方面的应用。《重塑课堂：合作对话的艺术》筛选57篇实践探索文章，聚焦课堂教学，促进教师及管理者从唤醒生命、尊重成长、责任为先、勇于担当四个维度践行“合作对话”理念。

在“合作对话”教学范式下，教师着眼于学生精神内化需求，实现学生行为外化。学生呈现出放松、真诚、自信、包容、理解，专注于倾听、思考与合作的精神状态，形成由内而外的成长动力，增强可持续发展的内驱力，逐渐掌握独立、追求、养控、审美的生长方法论。教师带着学生走向知识，与学生建立“成长共同体”的新型师生关系，建立或完善共同体成员认知体系和价值体系，教师的角色类似编导、导游、记者与合伙人。这两本书汇集了一线教师的优秀案例故事，弘扬了“爱、尊重、责任、担当”的教育理念。

《校长之问：如何读懂教师》是一本实操型校长管理手册。以“读懂教师，赋能发展”为主线，项目组通过问卷和访谈，收集一线校长的困惑和挑战。针对一线校长的实际问题，邀请全国“名校长”支招，通过 72 个案例故事，萃取解决方案，讲解校长应该如何应对学校管理中遇到的各种难题。该书针对校长在学校建设、教师管理、教学指导、家校共育四个方面遇到的难题，逐一回答“校长之问”，提升校长在这四个方面的能力。每一“校长之问”均包含挑战描述、案例分享、方法萃取、读懂教师四部分。

《体验式教育实践：中小学健康教育教师手册》以“读懂学生，赋能成长”为主线，以“体验式教育”为特色，以生命健康教育为内容主体，分设七大主题：情绪管理与行为调控、有效沟通、自我认知、生命教育、生涯教育、拓展活动、校园活动。每一章包含 4 ～ 8 个体验式教育活动设计方案，对标义务教育阶段相关课本话题。

《中小学健康素养评估与洞察》旨在通过介绍中小学健康素养测评，揭示当前国内中小学生生命健康素养现状，指出青少年健康素养测评与心理健康筛查的本质区别。通过分析生命健康教育的本质与内涵，该书探讨了生命健康教育与社会情感教育、学校道德教育和素质教育的关联，强调中小学生命健康教育在推动基础教育高质量发展中的基石作用。

丛书汇聚各方智慧，以更高远的历史站位、更宽广的国际视野、更生动的教育故事，重塑对青少年成长与发展规律的认知，读懂青少年成长与发展。我们充分相信，该系列丛书的出版将有利于促进全社会打造青少年健康成长的良好环境，有助于推动社会各界高度关注和重视新时代青少年健康成长与发展，有益于唤醒广大教师和家长深入地了解孩子的成长规律和发展需求，并扮演好自己应有的角色，积极践行“爱、尊重、责任、担当”的青少年教育理念，共同赋能基础教育高质量发展。

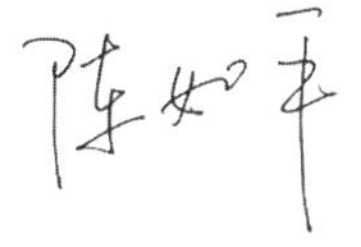

中国教育科学研究院副院长、研究员

2024 年 9 月 10 日，中国第 40 个教师节

总序　二

用爱、尊重、责任、担当
照亮下一代的成长道路

我们所需要的很多东西都可以等待，但孩子需要的东西不能等待。他的骨骼正在成形，他的血液正在生成，他的心灵正在发展。我们不能对他说明天，他的名字叫今天。

——加夫列拉·米斯特拉尔

首先感谢北京读懂中国经济与社会发展基金会和腾讯公益慈善基金会，没有它们的爱心支持和资金支持，就没有读懂新时代青少年成长与发展项目！

发起读懂新时代青少年成长与发展这一公益项目，有三重目的。

一是呼吁家、校、社、政联手打造富有爱、尊重、责任、担当，让孩子们可以自由呼吸、自主探索的成长环境：父母有正确的育儿观，爱有边界，既不“生而不养”“养而不育”，又不溺爱；学校践行科学的育人宗旨，坚持科学育人，德育、智育不分家；社会塑造尊师重教的风气，不对学校和老师妄加非议；政府不被社会舆论所绑架，管教育的人懂教育，遵循学生的成长规律。

二是呼吁基础教育工作者俯下身，满怀爱与尊重、责任与担当，认真研究当今青少年的成长规律与发展需要，这是我们制定教育政策、落实学校发展计划、研究中小学课程标准的基础，是必须完成的功课！教育界同人已深刻意识到，我们不能继续用过去的传统方法教育未来的一代，具体该如何做，还需认真思考，深入探究。特别是处在多元社会中的学校道德教育，应向何处去？刘慧和朱小蔓先生指出：“多元社会的特征和品质与一元社会相比有着根本性的不同，如由封闭走向开放，由绝对性趋于相对性，由追求共性转向个性的共在、单一性与多样性并存等。在多元社会中，与一元社会相适应的道德原则、规范和道德教育

范式，可以说从根基上逐渐失去它存在的条件。面对这样的社会转型，学校道德教育可能会怎样和应该是怎样的呢？”[①]这是每一位教育理论与实践工作者必须直面的问题。

三是提升中小学生的健康素养，首先要读懂新时代青少年成长与发展。读懂新时代青少年成长与发展，就是读懂青少年的成长环境，就是读懂青少年的心智发展与情感成长历程，就是读懂青少年的发展需要，走进孩子的内心世界，这样才能辩证地看待当代中小学生成长中出现的问题。只有这样，教育管理者才能制定可执行、可见效的教育政策，教育工作者才能有针对性地适时顺势做好铺垫和引领工作，让中小学生在适宜的环境中健康成长。

当代青少年的成长环境与二三十年前相比，发生了巨大变化。信息技术、人工智能迅猛发展和国际环境的多变与不可预测，让人们进入易变、不确定、复杂且模糊的乌卡时代。孩子们一出生，接触到的信息量和认知世界的方式与前人相比就有质的不同。现在大多数孩子从小见多识广、衣食无忧，部分孩子沉迷于动漫和网络游戏，生活在虚拟世界。步入学校，特别是步入中学后，课堂教学活动多以提升学业成绩为目标。提升学业成绩本毋庸置疑，但是，如果初高中课堂充斥着频繁的做题讲题，教师不能引导学生感受学科学习的乐趣与意义，教与学都是为了分数与排名，这样的教育只能“生产”出人情上冷漠、对现实社会没兴趣、找不到人生目标的下一代，非常危险！

青少年的心智发展与情感成长，需要家、校、社、政共同呵护。朱小蔓先生在 20 世纪末指出：情感是人类精神生命中的主体力量，因为情感真正属于个体，是人类真实意向的表达；关注人的情感发展是教育中的本源性、根基性的问题。她特别强调：

> 21 世纪的教育只有一个选择，即促使人们学会生存、学会学习、学会选择、学会合作、学会发展。这样的教育必然是主体性的和情感化的，即必然要使受教育者有强烈的学习欲望、探求动机和合作共事的愿望。积极的感受和体验是“生命的维生素”，消极的情绪是“生命的癌细胞”。创造完满的人生，必须从情感发展入手，素质教育的实施需要从情感发展契入。[②]

朱小蔓先生在探究情感与人才的关系时，提出以情绪、情感作为衡量人的发

---

① 刘慧，朱小蔓．多元社会中学校道德教育：关注学生个体的生命世界．教育研究，2001（9）：8–12.

② 朱小蔓．朱小蔓文集：第 2 卷．北京：北京师范大学出版社，2023：16.

展的一种维度[①]，这是因为现代认知科学研究发现，感情系统处于认知系统和行为控制系统的中间领域，认知系统从上一个层次支配人类行为，感情系统从下一个层次支配人类行为。要使行为控制系统呈现有效的活动状态，必须以有感情的唤起为前提。当前教育中较多强调逻辑－认知的作用，忽视了感情唤起。

此外，朱小蔓先生在《人的情感发展与教育》一文的开头，引用苏联教育家阿扎罗夫的观点："在情感世界里，任何东西都不会自然地产生，因为这是与学习或者其他工作一样复杂和费力的心、脑、精神工作。人的情感发展过程绝不是自然成熟的过程，而是教育促其发展、成熟的过程。"[②]

所以，无论是为人师，还是为人父母，对青少年情感发展的关注、了解与正确培育都是第一位的。积极的情感体验对于青少年的身体与心智发展都会起到良好的促进作用。要引导孩子勇敢地面对充满不确定性的未来，教育工作者须在读懂孩子的前提下，以恰当的方式引导孩子认识和体验生活中的美好、学习的意义与乐趣，关注和尊重孩子的个体差异，唤醒孩子的社会责任感，帮助他们从自我认知过渡到自我发现、自我体验，最终实现自我成就。

我们说，读懂新时代青少年成长与发展这一公益项目意义深远。这是因为，当前出现各种心理健康问题的青少年的占比已经达到两位数，读懂青少年的成长规律与发展需要，是解决他们身心健康与社交健康问题的前提；如果我们不能用心用时走进青少年的内心世界，我们就不可能提供适合的教育解决方案。读懂青少年成长与发展，就是呼吁家庭与学校关注学生个体，承认并尊重个体差异，不可急功近利。

读懂青少年成长与发展，就是关注青少年的社会性成长，鼓励他们在家、校、社环境中学习处理好各种关系，包括但不限于对社会关系的认知、择友、成长方式等（社会交往，Social interactions）。

读懂青少年成长与发展，就是在信息技术与人工智能快速更新迭代的环境下，引导青少年学会自律、学会适应、学会憧憬与创造，而不是躲闪或沉迷、难以自拔（技术适应，Technology embracing）。

读懂青少年成长与发展，就是引导青少年认知和理解自己的情感历程，学会悦纳自己、包容他人，以积极的情感面对学习和生活中出现的问题（情绪管理，Emotion management）。

读懂青少年成长与发展，才能更加有效地引导学生认识学习和生活的目

① 朱小蔓．关注心灵成长的教育．北京：北京师范大学出版社，2012.

② 朱小蔓．朱小蔓文集：第2卷．北京：北京师范大学出版社，2023：17.

的与意义，激发其成长的内在动力以及对人生未来发展方向的感知（内驱力，Motivation）。

上述对青少年社会交往（S）、技术适应（T）和情绪管理（E）的关注与落实，就是为了实现教育的终极目标——激发其成长内驱力（M）。人文 STEM 育人工程是育人之根本，是培养创新人才之前提。只要教育界同人能够齐心协力地用爱与尊重、责任与担当去浇灌，敢于纠正教育和教育管理过程中不科学、违背教育规律的做法，我们相信，在不久的将来，必将能看到创新人才辈出的景象。

心远而立长志，久而弥坚；达人厚重知命，负重行远。期待我们的下一代心怀远大志向，期待他们在成长与发展的路上更加坚强。豁达的人能够承担沉重的使命，即便困难重重，依然可以坚强地走下去。乔布斯留给大家这样一段话，与教育界同人共享：“你必须去找你热爱的东西，对工作如此，对你的爱人也是这样的。工作会占据你生命中很大的一部分，你只有相信自己做的是伟大的工作，你才能怡然自得。如果你还没有找到，那么就继续找，不要停。全心全意地找，当你找到时，你会知道的。就像任何真诚的关系，随着时间的流逝，只会越来越紧密。所以继续找，不要停。”是的，我们要尽心尽力，助力青少年找到他们生命中的热爱，支持他们，鼓励他们，成就他们。这就是读懂新时代青少年成长与发展的真实意义！

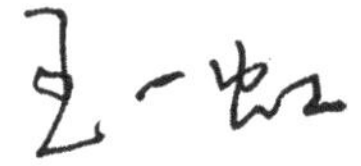

中国国家创新与发展战略研究会教育发展与评价研究院执行院长

致谢

中小学生命健康教育项目是基础教育高质量发展的基石工程。从 2012 年上海市闵行区启动“健康与幸福项目”开始，到现在已经过去 13 年！这里要特别感谢上海市闵行区教育局、闵行区教育学院领导的引领。感谢项目校领导和老师们的积极参与和辛勤付出。感谢闵行区教育学院“健康与幸福项目”教研员苗杰老师，把一个全新的项目在 1~2 年的时间里做得有声有色，让项目校师生获益良多！

感谢顾明远先生对中小学生命健康教育项目的支持与认可。感谢陈如平副院长、安雪慧所长一直以来的指导与点拨。感谢俞国良、韩家勋、余小鸣、马军、朱广荣、王永丽、郑瑞芳、崔阳、刘红云等专家的引领与支持。感谢佘建云、王文帅、战欣参与本书的编写。

再次感谢北京读懂中国经济与社会发展基金会和腾讯公益慈善基金会的信任和经费支持，让为期五年的中小学健康素养公益调查得以持续开展。感谢所有积极加入“读懂新时代青少年成长与发展”项目的区县领导、项目校领导和老师。

最后，我们还要感谢盈德未来教育测评研究院健康项目团队郑琰、马欢、刘升、朱敏、王新萍、蒋建池、熊剑宁、郭爽、孔令飞、杨眉、温庆耘、汪洲、尹志月的辛勤付出！坚持才能看到希望！

目 录

第一章

不应被忽视的生命健康教育

1948 年，世界卫生组织（World Health Organization, WHO）在其“章程”（WHO Constitution）中，开篇就给健康下了明确定义，即健康不只是消除疾病或羸弱，还是生理、心理和社会福祉均达到完满的一种状态（“章程”第 1 条）。获得完满健康的关键，是将医疗、心理及其相关知识的福利扩散至所有人（“章程”第 6 条）。儿童的健康发展最为重要，这里的关键是让儿童具备在变化多端的环境中能够和谐生存的能力（“章程”第 7 条）。只有提供适当的卫生与社会措施，政府才能履行其对人民健康所负有的责任（“章程”第 9 条）。①

2008 年，中华人民共和国卫生部首次组织中国居民健康素养现状调查，采用分层多阶段随机整群抽样方法，抽取全国 31 个省（自治区、直辖市）及新疆生产建设兵团的 79 542 名 15~69 岁常住人口。调查的分析结果显示，2008 年中国居民健康素养水平仅为 6.48%，也就是说，100 名 15~69 岁的人中仅有 6.48 人具备健康素养。中国居民总体健康素养水平较低，具备基本知识和理念、健康生活方式与行为、基本技能三方面素养的比例分别为 14.97%、6.93% 和 20.39%。

2016 年，中共中央、国务院发布《“健康中国 2030”规划纲要》，指出：健康是促进人的全面发展的必然要求，是经济社会发展的基础条件。实现国民健康长寿，是国家富强、民族振兴的重要标志，也是全国各族人民的共同愿望。明确提出到 2030 年，居民具备健康素养的比例要达到 30%。

2023 年，中国居民的健康素养水平已经上升到 29.70%。其中，基本知识和理念素养水平为 42.00%，健康生活方式与行为素养水平为 32.21%，基本技能素养水平为 26.76%。②

2025 年，全国卫生健康工作会议已经将儿科和精神卫生列为工作重点，并

① https://www.who.int/about/governance/constitution.

② 数据引自国家卫生健康委网站《2023 年中国居民健康素养监测情况》。

将 **2025—2027 年**确定为"**儿科和精神卫生服务年**"。

由此可见，无论是国际规则环境还是国内政策发展，都在昭示一个道理，那就是：

生命健康是人类生存和发展的基本需求，
也是每个人享有的基本权利。
良好的生命健康素养不仅是青少年全面发展的基石，
更是社会和谐与进步的重要保障。
生命健康教育必须得到社会各界的高度重视，
而且必须从娃娃抓起！

第一节　在中小学开展生命健康教育意义重大

一、这是落实健康中国战略的应然要求

2016 年 10 月 25 日，中共中央、国务院印发的《"健康中国 2030"规划纲要》（以下简称《纲要》）指出：健康是促进人的全面发展的必然要求，是经济社会发展的基础条件。推进健康中国建设，是全面建成小康社会、基本实现社会主义现代化的重要基础，是全面提升中华民族健康素质、实现人民健康与经济社会协调发展的国家战略。《纲要》的战略目标包括："到 2030 年，促进全民健康的制度体系更加完善，健康领域发展更加协调，健康生活方式得到普及，健康服务质量和健康保障水平不断提高，健康产业繁荣发展，基本实现健康公平，主要健康指标进入高收入国家行列。到 2050 年，建成与社会主义现代化国家相适应的健康国家。"为实现这一战略目标，《纲要》的第四章中明确提出要加强健康教育，提高全民健康素养，建立健全健康促进与教育体系，从小抓起，普及健康科学知识。同时，强调加大学校健康教育力度，将健康教育纳入国民教育体系，确立健康教育为所有教育阶段素质教育的重要内容。此外，还提出以中小学为重点，推进学校健康教育，构建相关学科教学与教育活动相结合以及课堂教育与课外实践相结合的健康教育模式。

由此，中小学开展生命健康教育是落实健康中国战略的应然要求，对培养健康公民和提升国家整体健康水平具有基础性和战略性意义。健康中国战略明确提出，要将健康融入所有政策，通过全方位、全生命周期的健康保障实现全民健康目标。青少年是国家未来发展的希望，其健康素养和行为习惯不仅关系个体的终身健康，也直接影响人口素质和社会的可持续发展。**中小学阶段是健康观念形成**

和行为模式塑造的关键时期，通过系统开展学校健康教育，学生能够掌握科学的安全与健康知识，形成正确的健康观念，从而自觉践行健康行为。这种教育不仅对学生个体的成长有积极影响，还会通过家庭和社区的互动效应，推动全民健康素养的整体提升，为健康文化的传播奠定坚实基础。因此，将生命健康教育纳入基础教育体系是实现这一战略目标的必然路径。

二、这是实现立德树人根本任务的重要途径

立德树人是教育的根本任务，是建设中国特色社会主义教育事业的核心。党的十八大报告中首次提出“把立德树人作为教育的根本任务，培养德智体美全面发展的社会主义建设者和接班人”。党的二十届三中全会对深化教育综合改革作出了战略部署，强调要“完善立德树人机制，健全德智体美劳全面培养体系”。立德树人的概念包含两个基本要素，即“立德”与“树人”。在中国特色社会主义新时代，“立德”的内涵表现为培育人的社会主义道德与价值观，“树人”的内涵则指培养德智体美劳全面发展的社会主义建设者和接班人。

为全面贯彻党的教育方针，落实立德树人根本任务，2016 年 9 月 13 日，核心素养课题组在北京师范大学发布了《中国学生发展核心素养》。核心素养的总体框架以培养“全面发展的人”为核心，包含**文化基础**、**自主发展**和**社会参与**三个方面，具体涵盖了人文底蕴、科学精神、学会学习、健康生活、责任担当、实践创新六大素养维度。健康素养作为中国学生发展核心素养的重要素养之一，其基本要点包括珍爱生命、健全人格与自我管理，是学生在生命健康、养成文明习惯和生活方式、发展身心、认识自我、规划人生等方面的综合表现。

2021 年 8 月，教育部等五部门发布《关于全面加强和改进新时代学校卫生与健康教育工作的意见》（以下简称《意见》），强调“落实立德树人根本任务，坚持健康第一的教育理念，把全面提升学生健康素养纳入高质量教育体系，作为学校教育重要目标和评价标准”。同时，《意见》指出应深化教育教学改革，以中小学为重点，推进以课堂教学为主渠道、以主题教育为重要载体的健康教育机制，以提升学生的健康素养。为了充分发挥中小学课程教材在生命安全与健康教育中的重要作用，2021 年 11 月，教育部印发《生命安全与健康教育进中小学课程教材指南》（以下简称《指南》）。《指南》的总体目标强调“力求做到生命安全与健康教育进教材、进课堂、进学生头脑，在中小学课程教材中的布局安排更加系统、科学，内容更具针对性、适宜性、实用性”。

由此，中小学开展生命安全与健康教育以提升学生生命健康素养，是实现立德树人根本任务的重要途径，为学生的身心健康成长和终身发展奠定基础。通过系列

化、常态化、长效化地推进中小学生命安全与健康教育工作，将能够为学生的全面发展提供坚实保障，为培养新时代全面发展的社会主义建设者和接班人贡献力量。

三、这是全球青少年生命健康教育的共同追求

青少年生命健康素养的提升是全球教育领域关注的核心议题之一。生命健康素养不仅关乎青少年的身心健康，还影响着他们的学业表现和未来发展。近年来，各国通过国际合作、政策制定、颁布课程标准等方式，逐步将生命健康教育作为基础教育体系的重要组成部分，力求为青少年打造一个促进健康成长的环境。

世界卫生组织早在1996年发布的《通过学校促进健康》（Promoting Health Through Schools）文件中就指出，学校是促进青少年健康的关键场所，是建立美好世界的基石，应通过整合健康相关知识、技能和行为的教育活动，帮助学生掌握管理健康的能力。2021年，世界卫生组织与联合国教科文组织（United Nations Educational，Scientific and Cultural Organization，UNESCO）共同发布《让每一所学校都成为健康促进学校：全球标准与指标》和《WHO关于学校健康服务指南》，旨在推动学校成为促进学生整体健康的重要场所，通过系统化的学校健康教育，培养学生的健康知识、技能和积极行为，帮助他们更好地应对健康挑战。《让每一所学校都成为健康促进学校：全球标准与指标》作为一个全球性框架，为各国推进青少年健康教育提供了科学的指导，帮助学校在身心健康、社会适应方面为学生提供全面支持。

许多国家在课程标准中也明确了生命健康教育的目标与内容。例如，美国的《国家健康教育标准》（The National Health Education Standards）通过明确的健康教育课程框架以及细化的课程内容标准，帮助学生掌握健康知识、技能和行为，以提升他们的健康素养。芬兰的基础教育课程则将“生活技能教育”纳入国家核心课程，关注心理韧性、社会适应能力和健康行为的培养，通过项目化学习让学生能够在实际情境中学习健康知识。澳大利亚和新西兰在其《健康与体育课程标准》中将健康教育视为培养学生整体福祉的重要途径，内容涵盖个人健康管理、社会健康互动和环境健康维护等方面。

我国教育部先后出台了多个政策文件，旨在全系统普及生命健康教育，包括2011年的《体育与健康课程标准》《品德与生活课程标准》《品德与社会课程标准》，2012年的《中小学心理健康教育指导纲要》（修订版）以及2013年的《中小学教育质量综合评价指标框架（试行）》。2022年，《义务教育课程方案和课程标准（2022年版）》修订中整体规划了将“生命健康”作为重大主题内容写

进课程教材的改革方案，从总体上规定了“生命健康”教育进课程教材的基本要求、主要内容与呈现方式，并着重强调了“良好的学校生命健康教育有助于学生树立正确生命观、健康观、安全观，养成健康文明行为习惯和生活方式，自觉采纳和保持健康行为，为终身健康奠定坚实基础”。在《义务教育体育与健康课程标准（2022 年版）》《义务教育科学课程标准（2022 年版）》《义务教育生物学课程标准（2022 年版）》等文件的内容标准中，都将与本课程相关的生命安全与健康教育内容有机融入学科教育，覆盖学生的健康行为与生活方式、生长发育与青春期保健、心理健康、传染病预防与突发公共卫生事件应对、安全应急与避险等领域内容，力求在基础教育阶段全面提升学生的健康素养水平。

由此，在全球化背景下，各国教育体系在促进青少年生命健康素养方面形成了共同目标，即通过教育干预提升学生的身心健康水平，增强他们的社会适应能力与幸福感。这不仅是对个体成长的关注，更是对社会发展的责任。通过国际合作与政策协调，生命健康教育的经验与成果得以共享，推动各国教育体系不断优化，以应对全球健康挑战。

四、这是解决青少年身心健康问题的不二法宝

生命健康素养是衡量个体掌握健康知识、形成健康行为、维护身心健康能力的重要指标。对于青少年来说，生命健康素养直接影响其成长过程中的身心发展与社会适应能力。然而，尽管中国近年来在青少年健康教育领域取得了一定进展，但整体水平与国家健康发展目标相比仍存在较大差距，这使得提高青少年生命健康素养成为当前教育与卫生领域的迫切任务。

一是在生命健康知识方面存在显著短板，主要表现为对基础健康概念和核心知识了解不足，尤其在营养、心理健康、生殖健康等领域更为突出。据《中国儿童青少年营养与健康指导指南（2022）》，仅有不到 40% 的中小学生能够正确识别膳食平衡概念。许多学生对于垃圾食品和含糖饮料的危害认知不足，导致不健康饮食习惯的形成。根据《全国中小学生心理健康素养调查报告（2021）》，超过 50% 的中学生未接受过系统的心理健康知识教育，不了解焦虑、抑郁等心理问题的常见症状。《2019 年青春期性健康教育调查数据》显示，我国 78.24% 的青少年缺乏青春期性健康教育，许多学生对青春期身体变化缺乏科学认知，导致早恋、早孕及性病风险上升。健康知识的匮乏不仅影响了青少年在日常生活中的健康决策，也导致其在面对健康危机时缺乏应对能力。

二是在生命健康行为习惯方面存在显著问题，主要表现为不合理的饮食、缺

乏运动、不良作息习惯等。这些问题在城乡地区普遍存在，并呈现加重趋势。根据《中国居民营养与慢性病状况报告（2020年）》，6~17岁儿童和青少年的超重与肥胖率已达19%。不合理的饮食结构是主要原因之一，包括过多摄入高热量食品和不均衡的营养摄入。世界卫生组织的数据显示，2019年，中国仅有14%的青少年达到了每日60分钟中高强度身体活动的建议量。这种缺乏运动的生活方式直接导致肥胖率上升和体质下降。《2022中国国民健康睡眠白皮书》指出，仅35%的中小学生能够达到国家建议的睡眠时长（小学生每天10小时，初高中生每天8~9小时），熬夜、使用电子产品过度成为儿童和青少年睡眠不足的主要原因。这些不良行为习惯在青少年时期得不到有效矫正，将可能引发长期健康问题，如肥胖、心血管疾病和心理障碍。

三是心理健康问题已成为影响我国青少年整体健康的重要隐患。近年来，焦虑、抑郁等心理问题在青少年中呈现高发态势。根据《中国国民心理健康发展报告（2019—2020）》，在全国初高中的学生中，约30%存在中度至重度焦虑，17%有不同程度的抑郁症状。《中国卫生健康统计年鉴（2022）》的数据显示，自杀已成为中国15~24岁人群第二大死亡原因，占这一年龄段总死亡率的19.2%。其中，学习压力和家庭关系不良被认为是主要诱因。心理健康问题不仅对青少年的学习和成长造成直接影响，还可能导致更为严重的社会问题。尽管国家近年来开始加强心理健康服务的供给，但根据《2022数字化心理健康行业研究报告》，每10万名青少年仅配备不到1名心理咨询师，且许多学校未能建立完善的心理健康教育机制。

由此，健康知识的缺乏、不良行为习惯的积累、心理健康问题的普遍化等问题共同导致了中国青少年生命健康素养的整体不足。这种状况的持续存在将直接影响青少年个人成长和社会发展的质量，因此亟须通过系统化的政策干预、资源配置和中小学教育改革加以应对和改善。

五、这是应对数智时代新挑战的重要手段

随着数字化与智能化时代的到来，信息技术的迅猛发展和深度普及正在深刻地改变青少年的生活方式与健康状况。在这一背景下，青少年生命健康问题尤其在心理健康、体能下降、健康行为等方面面临着新的挑战。

数智时代，互联网特别是社交媒体的普及显著改变了青少年的社交模式与信息获取方式，但也带来了心理健康问题的新挑战。根据《中国国民心理健康发展报告（2021—2022）》，约30%的中国中小学生存在焦虑和抑郁情绪，其中15~19岁青少

年为抑郁高发群体。社交媒体上的比较文化、网络霸凌和信息过载被认为是主要诱因。2022 年发布的《青少年网络行为研究报告》显示，中国青少年中有 18.3% 表现出明显的网络依赖症状。长时间使用手机、玩游戏和刷短视频都可能导致睡眠不足、情绪波动和专注力下降。虚拟环境的沉浸感也在一定程度上削弱了青少年与现实社会的互动能力，使得他们的心理韧性和社交适应能力下降。

智能设备的广泛应用使青少年长期处于静态生活方式之中，身体活动水平显著降低，导致肥胖率升高和体质下降。根据《中国居民营养与慢性病状况报告（2020 年）》，6~17 岁儿童和青少年的超重与肥胖率为 19%，而这一数字在 2002 年仅为 10%。智能设备的使用与静态生活方式密切相关。2021 年，教育部发布的第八次全国学生体质与健康调研结果指出，中国青少年的肺活量、速度和力量指标持续下降，特别是在城市地区，体质下降与久坐行为高度相关。

数智化的环境为健康知识传播提供了新的机遇，但也因虚假信息的泛滥、不良生活方式的传播等问题，对青少年健康行为产生了负面影响。2020 年底发布的《中国青少年网络素养调查报告（2020）》显示，仅有 45% 的青少年具备较高的健康信息辨识能力，许多人难以区分虚假健康信息，例如错误的减肥方法或药物宣传。电子产品的使用削弱了青少年的自控能力，导致不规律的生活作息。2022 年中国睡眠研究会的调查显示，超 70% 的青少年存在睡眠不足问题，主要归因于电子设备的夜间使用。

由此，处在数智时代，青少年生命健康面临着前所未有的挑战。青少年心理健康、体能下降和健康行为失调等问题的凸显，都在呼吁学校和社会采取更加系统、长效的举措，以促进中小学生命健康教育工作的落地与实施，切实提高青少年的生命健康素养，为落实教育立德树人根本任务、实现“健康中国 2030”战略目标奠定基础。

第二节　在中小学实施生命健康素养评估至关重要

一、有利于构建以“立德树人”为根本任务的育人评价指标体系

中小学开展生命健康素养评估的核心价值在于构建落实学科育人、以完成立德树人根本任务为目的的育人评价指标体系，全面系统地评估青少年的生命健康素养水平。这种方法不仅能够弥补传统分科教育评价的局限性，还能更全面地反

映青少年在知识、技能、态度和行为等方面的整体生命健康素养水平。

我国中小学健康教育课程通常以学科教育为主体，内容分散在科学、体育、心理健康教育、生物学、物理、道德与法治、综合实践活动等多个学科中。2022 版新课标明确提出学科育人，发展学生的核心素养，即学生通过学习逐步形成的正确价值观、必备品格和关键能力。中小学生命健康素养评估有助于学科育人的具体落实。

依据《指南》中“生命安全与健康教育进中小学课程教材目标内容及学科覆盖建议”，小学阶段累计有 307 个教学目标内容可以融入科学、道德与法治、综合实践活动、劳动、体育与健康、信息科技和英语等 7 个学科里，如图 1-1 所示。

初中阶段累计有 381 个教学目标内容可以融入生物学、道德与法治、综合实践活动、物理、劳动、化学、信息科技、体育与健康、地理、科学和历史等 11 个学科里，如图 1-2 所示。

高中阶段累计有 195 个教学目标内容可以融入思想政治、生物学、综合实践活动、劳动、体育与健康、技术（含信息技术和通用技术）、地理、化学、历史和物理等 10 个学科里，如图 1-3 所示。

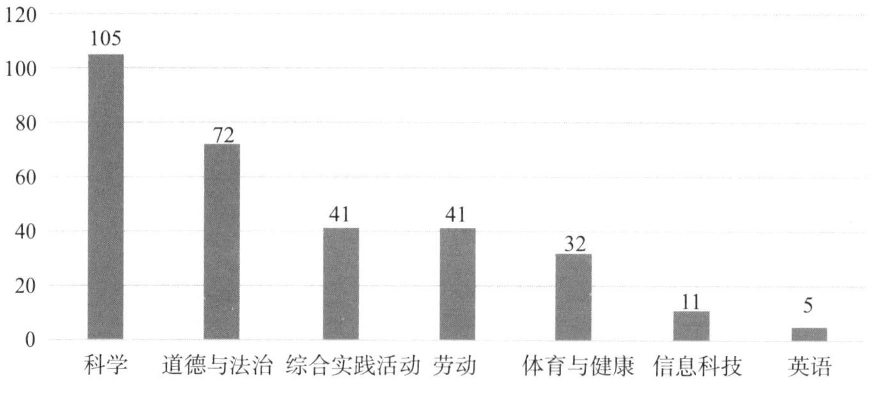

图 1-1　生命安全与健康教育进中小学课程教材目标内容及学科覆盖建议（小学）

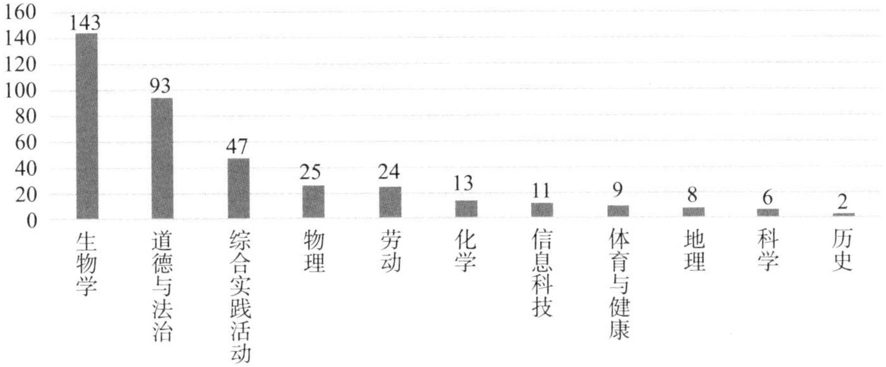

图 1-2　生命安全与健康教育进中小学课程教材目标内容及学科覆盖建议（初中）

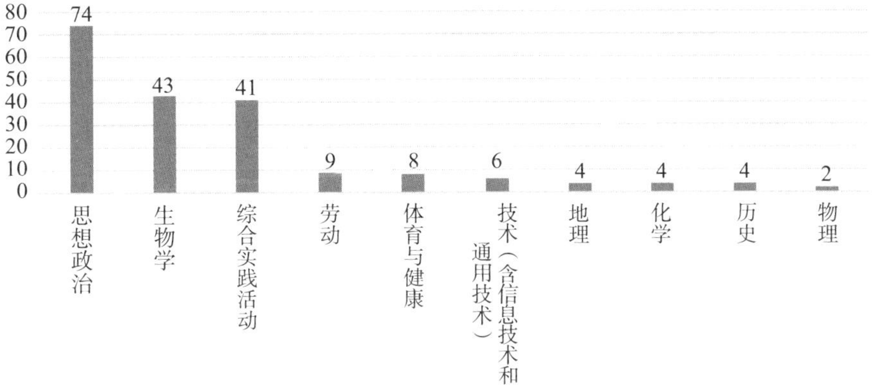

图 1-3　生命安全与健康教育进中小学课程教材目标内容及学科覆盖建议（高中）

中小学生命健康素养评估以培养有大爱、懂尊重、善思考的独立个体为目标，评估内容涉及身体健康、心理健康、社交健康等多个方面，覆盖《指南》要求的健康行为与生活方式、生长发育与青春期保健、心理健康、传染病预防与突发公共卫生事件应对、安全应急与避险等五大领域，旨在考查学生健康知识的掌握、技能的提升、行为习惯的养成、情感态度与价值观的发展过程，体现育人过程的复杂性，尊重学生的主体性和个体差异性。

在知识方面，中小学生命健康素养评估关注学生对生命健康基础知识的掌握程度；在技能方面，注重对学生实际操作能力和解决问题能力的考核；在行为习惯的养成方面，关注学生践行生命健康行为与生活方式；在情感态度与价值观方面，着重考查学生对生命健康的重视程度、自我保护意识以及社会责任感等。

二、有利于以评促生长，助力学生的主体性发展

生命健康素养是学生终身发展的基础动能，也是我国学生核心素养的重要构成因素。科学、有效地提高学生生命健康素养，已成为中小学教育改革的重要任务。在这一背景下，中小学生命健康素养评估不仅是监测学生生命健康素养水平的手段，更是通过“以评促生长”，推动生命健康教育与学科教学深度融合、实现育人目标的重要策略。

生命健康素养评估可以有效促进生命健康教育与学科教学的融合，推进新课标倡导培育“全面发展的人”中的“健康生活”育人目标的达成。我国中小学生命健康教育目前呈现出内容分散、学科分割的特点，健康知识多被嵌入体育、生物、心理课程或综合实践活动中，缺乏系统化的整合，这在一定程度上阻碍了学生综合健康素养的培养。通过构建跨学科的评价指标体系和多维度的评价内容，有效促进生命健康教育与各学科之间的有机融合，指导教师优化生命健康教育的教学方法，逐步形成多学科协同育人的局面。

中小学生，特别是小学生，正处于生命观念和健康行为习惯的形成期，“以生为本”的生命健康素养测评可以作为精准防治工具，发现学生的具体问题并提供针对性解决方案，达到“以评促生长”的目的。科学的测评工具能够全面、细致地了解学生在健康知识掌握、健康行为养成、健康技能应用方面的短板。学校和教师可以基于测评结果因材施教，设计个性化的教育方案。例如，针对学生由于饮食结构不合理导致的肥胖问题，帮助学生更加深入地理解营养学的基本知识和原理，从而养成科学的健康饮食的观念和习惯；对心理压力大的学生，开展团体辅导和情绪管理训练；对运动能力薄弱的学生，制定适宜的体能锻炼计划，逐步改善其健康行为。

学生的生命健康素养发展是一个从量变到质变的动态过程。在这一过程中，测评能够及时捕捉学生成长中的问题，具有重要的预警和干预价值。学生的健康素养随年龄、环境和学业压力的变化而变化。测评可以定期跟踪学生健康状况的变化趋势，从数据中捕捉潜在问题。例如，某些学生可能因长期学业压力而出现焦虑和失眠，但这些问题在未显性化之前往往容易被忽略。心理健康问题往往是一个逐步累积而后爆发的过程，及时的测评和诊断可以为干预提供最佳时机。测评数据不仅服务于学校内部，还可以为家庭和社会提供参考。通过向家长反馈学生生命健康素养评估结果，可以提高家庭对孩子心理状态的关注程度，从而在学校、家庭和社会之间建立联动的支持系统。另外，通过数据的透明性和反馈机制，生命健康素养评估可以引导学生逐步建立责任意识和健康行为习惯。学生通过测

评结果可以清楚了解自身在生命健康素养方面的优势和不足，从而促使其反思和调整。

中小学生命健康素养评估不仅可以评价学生的生命健康素养水平，更是推动教育变革、提升教学效果和改善学生健康状况的重要手段。通过树立“以评促生长”的目的，测评能够有效推进生命健康教育与学科教学的融合，诊断并改善学生的生命健康素养问题，及时关注学生成长中的变化并适当加以引导，最终实现全面育人的目标。这一过程既服务于学生的个体发展，也为构建健康中国提供了教育保障，具有深远的现实意义和社会价值。

三、有利于优化资源配置，促进教育公平

近年来，随着社会经济发展和健康问题的多样化，国家对生命健康教育的重视程度不断提高。例如，《“健康中国 2030”规划纲要》中提出，要将健康教育贯穿国民教育全过程，而中小学生群体是健康教育的重点对象。《义务教育课程方案（2022 年版）》明确要求加强生命健康教育，强调健康素养的全面培养。政策的实施需要精准的数据支撑，以了解学生健康素养现状、区域差异及影响因素。当前，我国教育资源分布存在城乡和区域差异。在健康教育方面，这种差异可能导致学生生命健康素养水平的不均衡。科学的评估体系能够提供不同地区、不同学校的健康教育现状数据，从而为政府优化教育资源配置、推进政策公平提供参考依据。

通过大规模、标准化的生命健康素养评估，可以获知全国范围内学生健康素养的整体水平及发展趋势。通过对全国中小学生健康知识掌握、行为习惯养成、心理健康状态等维度的数据分析，可以揭示出中国青少年健康素养的主要问题，为国家层面的政策制定提供科学依据。在一些发达国家，如美国和芬兰，定期开展全国性的健康素养评估已成为政策调整的重要依据。例如，美国疾病控制与预防中心开展的一项全国性调查——“青年风险行为监控系统”（Youth Risk Behavior Surveillance System，YRBSS），就是通过每两年一次的评估，为政府提供青少年健康行为变化趋势和干预优先事项的建议。

评估的全面数据支持可以启发生命健康教育教学模式的改革与创新。数据分析揭示出传统分学科模式在健康教育中的不足，可能推动跨学科教学实践和政策支持；通过评估和监测政策的执行效果，进一步推进国家级生命健康教育课程体系的优化，倒逼中小学生命健康教育的课程教学变革。生命健康素养评估不仅仅是政策制定的起点，更是政策实施效果监测的重要工具。通过构建评估与政策调

整的闭环体系，可以实现“评估—政策制定 / 调整—政策实施—评估反馈”的良性循环，促进教育政策的科学化和动态优化。通过全面、动态的健康素养评估，政府能够更好地制定和调整政策，优化资源配置，缩小教育差距，全面提升中小学生的生命健康素养水平。这不仅对每一位学生个体发展意义重大，更是落实健康中国战略、推动教育公平的重要举措。

第三节 开展中小学生命健康素养评估使命光荣

一、项目缘起

“中小学生命健康素养评估”是“读懂新时代青少年成长与发展”公益项目的核心组成部分，旨在通过科学测评，全面了解我国青少年的生命健康素养现状，识别生命安全与健康教育的薄弱环节，为教育政策制定和学校教育改革提供科学支撑。

项目依托专业化的健康素养测评系统（Health And Wellness Assessment，简称 HAWA®），紧密围绕生命安全与健康教育的六大内容领域，于 2023—2024 年在全国范围开展了青少年生命健康素养现状调查。调查研究注重促进青少年身心健康与全面发展，关注青少年生命健康素养的区域差异、城乡差距及性别特征，在大数据综合分析的基础上，深入剖析了青少年生命健康素养在认知、行为、心理等方面出现的问题和成因，也分析了当前生命安全与健康教育中存在的各种挑战与不足，不仅为学校生命安全与健康教育的系列化、常态化、长效化发展提供了实证依据，也为科学制定有针对性的教育政策提供了重要参考。

二、工具研发

评估工具 HAWA® 是由盈德未来教育测评研究院项目组联合北京师范大学、中国人民大学、北京大学及地方教委、教研院和百余所中小学等教育机构，在整合国际标准与本土实践需求的基础上共同开发完成的，大致经历了三个发展阶段：

（一）初步探索阶段（2012—2013 年）

项目初期以“上海市闵行区健康与幸福项目实施效能评估”为核心，旨在探索生命健康教育的有效性，为测评工具的框架搭建奠定基础。

（二）体系建设阶段（2014—2015 年）

在“上海市闵行区健康与幸福项目实施效能再评估”阶段，测评指标体系得到了进一步完善，数据采集和分析能力显著提升，为全面评估青少年生命健康素养迈出了扎实的一大步。

（三）系统打磨阶段（2018—2024 年）

2018 年起，评估工作聚焦于中小学健康素养培育，围绕生命健康教育的六大核心领域，开展更大规模的调研与分析，不断优化测评系统的实用性和适应性，推动生命健康教育融入国民教育体系。

回顾十余年的发展历程，HAWA® 始终坚持以育人为核心、以实践性为导向、以包容性为原则，秉持“因地制宜、灵活机动”的理念，注重中小学生命健康教育的多维度覆盖，且能灵活应对不同教育场景和区域差异，在持续的探索和迭代中展现出了强大的韧性与适应性。通过与教育部教育发展研究中心、中国国家创新与发展战略研究会及腾讯公益基金会等权威机构的深度合作，HAWA® 已经实现了教育测评工具在理论创新与实践应用中的双向突破，成长为我国青少年生命健康素养评估领域的优质测评工具。这一评估体系的成功实践，不仅为中国教育评估领域注入了创新活力，更为全球健康教育领域的理论研究与实践探索提供了重要借鉴。

三、与国内相关测评的关系

（一）学生发展核心素养测评

中国学生发展核心素养的研究始于 2014 年，教育部为此专门印发《关于全面深化课程改革落实立德树人根本任务的意见》，旨在落实立德树人的根本任务，适应终身发展和社会需求。这一体系明确了学生应具备的必备品格和关键能力，为培养社会主义合格建设者和可靠接班人提供了有力支撑。党的教育方针通过核心素养这一桥梁，可以转化为教育教学实践可用的、教育工作者易于理解的具体要求，从中观层面深入回答了“立什么德、树什么人”的根本问题，推动并引领了课程改革和育人模式变革。

该体系以培养“全面发展的人”为核心，分为文化基础、自主发展、社会参与三个方面，综合表现为人文底蕴、科学精神、学会学习、健康生活、责任担当、实践创新六大素养。各素养之间相互联系、互相补充、相互促进，在不同情境中整体发挥作用。为方便实践应用，将六大素养进一步细化为 18 个基本要点，并对其主要表现进行了描述：

文化是人存在的根和魂。文化基础，重在强调能习得人文、科学等各领域的知识和技能，掌握和运用人类优秀智慧成果，涵养内在精神，追求真善美的统一，发展成为有深厚文化基础、有更高精神追求的人。其中，“人文底蕴”指个体在学习、理解、运用人文领域知识和技能等方面所形成的基本能力、情感态度和价值取向，包括人文积淀、人文情怀和审美情趣等。要求个体具备丰富的人文知识，能够欣赏和尊重不同的文化，具备人文关怀和社会责任感。“科学精神”指个体在学习、理解、运用科学知识和技能等方面所形成的价值标准、思维方式和行为表现，包括理性思维、批判质疑、勇于探索等。鼓励个体追求真理，勇于探索未知领域，具备严谨的科学态度和方法论。

自主性是人作为主体的根本属性。自主发展，重在强调能有效管理自己的学习和生活，认识和发现自我价值，发掘自身潜力，有效应对复杂多变的环境，成就出彩人生，发展成为有明确人生方向、有生活品质的人。其中，“学会学习”指个体在学习意识形成、学习方式方法选择、学习进程评估调控等方面的综合表现，包括乐学善学、勤于反思、信息意识等。要求个体具备自主学习的能力，能够灵活运用各种学习方法，持续不断地提升自我。“健康生活”指个体在认识自我、发展身心、规划人生等方面的综合表现，包括珍爱生命、健全人格、自我管理等。要求个体具备健康的生活方式和良好的生活习惯。

社会性是人的本质属性。社会参与，重在强调能处理好自我与社会的关系，养成现代公民所必须遵守和履行的道德准则和行为规范，增强社会责任感，提升创新精神和实践能力，促进个人价值实现，推动社会发展进步，发展成为有理想信念、敢于担当的人。其中，“责任担当”指个体在处理与社会、国家、国际等关系方面所形成的情感态度、价值取向和行为方式，包括社会责任、国家认同、国际理解等。要求个体在社会生活中承担对家庭、学校和社会的责任和义务。“实践创新”指个体在日常活动、问题解决、适应挑战等方面所形成的实践能力、创新意识和行为表现，包括劳动意识、问题解决、技术应用等。要求个体在实践中具备创新的能力和勇气。

学生发展核心素养是关于学生知识、技能、情感、态度、价值观等多方面要求的综合表现。明确学生发展核心素养，一方面可通过引领和促进教师的专业发展，改变“学科本位”和“知识本位”现象；另一方面可帮助学生明确未来的发展方向，激励学生朝着这一目标不断努力。学生发展核心素养也是检验和评价教育质量的重要依据。建立基于核心素养的学业质量标准，明确学生完成不同学段、不同年级、不同学科学习内容后应该达到的程度要求，把学习的内容要求和质量要求结合起来，可以有力推动核心素养的有效落实。

（二）心理健康筛查

2023 年 4 月 20 日，教育部等 17 部门印发《全面加强和改进新时代学生心理健康工作专项行动计划（2023—2025 年）》，明确了健康教育、监测预警、咨询服务、干预处置“四位一体”的学生心理健康建设工作目标。其中一项重要的工作就是“县级教育部门要组织区域内中小学开展心理健康测评，用好开学重要时段，每学年面向小学高年级、初中、高中、中等职业学校等学生至少开展一次心理健康测评，指导学校科学规范运用测评结果，建立‘一生一策’心理健康档案”。

文件中要求的是开展心理健康测评，但很多地区在具体落实中却变成了心理健康筛查，即以查找有心理问题的学生为目的，给学生贴标签，这显然已经在政策落实过程中发生了“变味”。个别地区甚至由每年一次筛查增加到每年两次，且汇集精神科骨干医生参与，由此产生了诸多不良反应和问题，例如：

标签化问题严重：心理筛查往往依据一些标准化量表，而这些量表本身可能存在局限性。一旦学生在筛查中被贴上所谓的“心理问题”标签，就很容易在教师、同学甚至家长眼中被特殊看待。而且，这种标签可能伴随学生整个学习生涯，对学生的自尊心和自信心产生极大的负面影响，甚至可能导致学生自暴自弃，反而加重其心理负担。

隐私泄露风险：心理筛查涉及学生大量的个人隐私信息，包括家庭背景、内心想法、情绪状态等。在信息收集、存储和分析过程中，存在因信息管理不善而导致隐私泄露的可能。一旦泄露，会给学生及其家庭带来极大的困扰，甚至可能影响学生的未来发展。

误判可能性大：心理筛查结果会受到多种因素的影响，如学生在测试时的情绪状态、身体原因、对问题的理解偏差等。一些学生可能只是暂时的情绪波动，但在筛查中却被误判为有心理问题，从而引发不必要的干预和恐慌。同时，不同文化背景和个性特点的学生，可能对筛查问题的回答有差异，这也增加了误判的可能性。

另外，全面进行中小学生心理健康筛查，很可能产生更为严重的扭曲后果，即幸福教育的缺失，例如：

教育重心偏移：当前学校教育大多将注意力集中在发现学生的心理问题上，而对于如何培养学生积极向上的心理品质、帮助学生提升幸福感的教育内容严重不足。学校缺乏系统的课程和活动来教导学生如何面对压力、建立良好的人际关系、培养乐观的生活态度等，导致学生在遇到心理困扰时缺乏有效的应对能力。

对积极心理关注不足：现有的心理教育更多关注的是心理疾病和负面情绪的预防，对于坚韧、感恩、希望等积极心理品质的培养缺乏重视。这种教育模式无法充分挖掘学生的心理潜能，不利于学生形成健全的人格和积极的人生观、价值观。

（三）二者与生命健康素养评估的关系

从评估内容和表现形式来说，中小学生命健康素养是学生发展核心素养的重要组成部分，二者在很多领域交叉重合，具有相辅相成、互为联动的紧密关系。作为一种伴随人终生全面发展的整体评价机制，生命健康素养评估在中小学阶段主要以提升中小学生的生命健康素养水平为目标，面向全体学生进行多轮次跟踪调查，通过采用自评与他评、线上与线下、整体与局部、过程与结果相结合的方式，全面了解中小学生的生命健康素养现状，及时准确识别生命安全与健康教育的薄弱环节，既能为教育政策制定和学校教育改革提供科学的数据支撑，也能为学生的健康成长和成才未雨绸缪、防患于未然，具有非常深远的实践价值。

从评估目标和实现效果来说，心理健康是生命健康素养的重要组成部分，二者属于有一定亲缘性质的子母关系。现实中已经扭曲变形的中小学生心理健康筛查问题多、收效微，很难达到评估的预期效果，且不利于学生心理健康的全面发展，亟须引起教育主管部门重视并加以调整。我们倡导将心理健康筛查或监测改为以评促生长的健康素养测评，因为中小学生命健康素养评估成本低、回报高，是具有良好的经济价值和社会价值的政策辅助工具。一是在评估的近期目标上，可以通过打造课堂生态解决学生现实生活中的实际问题，培养学生独立思考和独立生活能力，同时引导教师正确看待并处理好工作生活中出现的各种压力，力求在师生之间实现良性的互动，不断促进教学相长、学学相长。二是在评估的中期目标上，可以通过创造良好的校园生态，力求在学校教育过程中持续推动多元主体之间的协同共进，利用教育学生达到教育老师和家长的目的，从而有效缓解家校之间的紧张关系，建设健康、安全、幸福的校园文化。三是在评估的远期目标上，可以通过改进社会生态，在整体建设和谐社会的过程中，持续提升区域百姓的健康素养水平，实现降低国家以及个人的社会保障与医疗支出等福祉效果。

小 结

作为“读懂新时代青少年成长与发展”公益项目的核心部分，中小学生命健康素养评估研究任务艰巨、意义重大。研究中主要运用了文献检索与大数据分析、中外案例比较、工具研发历史梳理、大范围社会调查、整体跨界协同等研究方法，围绕研究背景、理论基础、工具开发、实践应用、影响效果以及洞察与展望六个部分系统展开，在理念、工具和方法上都有较大的创新。

《中小学健康素养评估与洞察》一书就是重要的阶段性研究成果，全书的整体脉络安排如下：第一章简要介绍中小学开展生命健康教育的重要性，以及进行生命健康素养评估的意义与价值。第二章着重描述生命健康素养的内涵定义、基础理论以及国内外生命健康素养评估的已有工具，旨在为本研究的理论创新和实践探索提供根本的逻辑支撑。第三章全面介绍健康素养测评系统（HAWA®）的研发与演进历程，说明 HAWA® 是一个能够因地制宜、灵活应用、可复制可推广的实用工具。第四章汇报 2023 年利用 HAWA® 开展生命健康素养测评的截面数据，详细刻画了三至九年级学生生命健康素养测评得分及群体健康素养水平。第五章介绍 HAWA® 在实际教育教学中的应用与推广，用“小故事”的形式翔实展示基于 HAWA® 制定整体教育方案的部分实施效果。第六章从 HAWA® 的内容设计、研发过程、平台推广和发展目标等方面，洞察了中小学生命健康素养评估的文化价值、运行规则、影响力度和发展意义。同时，通过介绍联合国教科文组织（UNESCO）全球幸福学校项目以及国际教育系统变革倡议，结合中国区域基础教育高质量发展共同体及其优质健康的校园生态和课堂生态建设倡议，展望中小学生命健康教育整体建设与发展的美好未来。

第二章

生命健康素养及其评估研究

第一节　生命健康素养的定义、理论及内涵

一、概念定义

"健康素养"（Health Literacy）这一概念最早由 Simonds1974 年在其"Health Education as Social Policy"一文中提出，他从社会政策的视角指出了健康教育在医疗系统、教育系统和大众传播这三个方面的重要作用，并倡议为 K12 阶段的所有年级学生制定健康素养的最低标准。[①]1995 年，美国的《国家健康教育标准》（The National Health Education Standards）将健康素养定义为"个体具有获得、解释和理解基本健康信息与服务的能力，并能运用信息和服务来促进个体的健康"。1999 年，美国医学会基于临床视角将健康素养定义为"在医疗环境下执行基本的阅读和计数等相互影响的一系列能力"，认为个体需要掌握包括能阅读并理解药品说明书、能看懂预约单及健康知识宣传材料等在内的健康技能。美国国家医学图书馆（The United States National Library of Medicine）提出的健康素养概念更为广泛，将健康素养定义为"个体获取、理解并采纳做出正确健康相关决定所需要的基本卫生信息及服务的能力水平"。

当前国际上主要采用的是世界卫生组织 2024 年的最新定义："通过日常活动、社交活动和代际交流积累的个人知识和能力。这种个人知识和能力受组织

① Simonds S K. Health education as social policy. Health Education Monographs，1974，2（1_suppl）：1-10.

结构和可用资源的影响，这些结构和资源可帮助人们获取、理解、评价和使用信息和服务，从而促进和维护自身及周围人的健康与福祉。”[①]。世界卫生组织和联合国教科文组织在《让每一所学校都成为健康促进学校：全球标准与指标》[②]中，对健康教育、健康素养、健康促进、健康促进教育系统以及健康促进学校进行了统一的概念区分，对健康素养的定义内容、推广途径、应用范围以及整体生态建设，都有了新的目标要求和实施建议：

健康教育是通过学习更多知识、激发积极性和提高健康素养帮助个人和社区促进健康的各种学习体验的集合，包括普及健康影响因素、个体风险因素、医疗制度相关信息，涉及支持参与免疫接种和体检项目、坚持服药、健康行为改变等行动的任务型交流，还涉及旨在培养可迁移的通用型健康技能的技能型交流，让学生能够更加自主地对自己的健康进行决策并适应不断变化的环境，包括发展有助于确定健康决定因素的知识和技能。

健康素养是指在每日活动和社交过程中以及代际之间积累的个人知识和能力。组织的结构和资源能够调节个人知识和能力，让人们能够获得、理解、评估、利用信息和服务，从而促进和保持自己及身边人的健康和福祉。

健康促进是使人们能够加强对自身健康的控制并改善自身健康的过程，不仅注重个人行为，而且面向各类社会环境进行干预。健康促进的范围和活动很全面且涉及多个层面，一般体现在群体、社区或人口的预防战略中，同时也体现在治疗、持续护理等个人方法中。

健康促进教育系统指的是，能够通过有意策划的行动，在以下各方面使健康促进制度化的教育系统，包括教育过程和教育内容管理、资源配置、教育工作者职业发展、信息系统和绩效管理等。

健康促进学校（HPS）是一所不断为生活、学习、工作营造一种安全健康环境的学校，属于健康促进教育系统的一部分。世界卫生组织健康促进框架是一种整体、全校和综合的健康促进方法，利用学校的组织潜力来改善身体、社会和心理健康的条件。

---

① World Health Organization. The adolescent health indicators recommended by the Global Action for Measurement of Adolescent health: guidance for monitoring adolescent health at country，regional and global levels. Geneva: World Health Organization, 2024.

② WHO & UNESCO. Making every school a health-promoting school: global standards and indicators. Glossary, 2022. https://unesdoc.unesco.org/ark:/48223/pf0000377948.

二、相关理论

生命健康素养并不是一蹴而就的理念，而是在不断完善与发展的过程中交互形成的跨学科领域，涉及生命科学、医学、社会学、心理学、经济学、信息科学乃至公共卫生政策等多个学科领域的知识和技能，由此发展出的依恋理论、发展心理学理论、脑科学、多元智能理论以及社会情感能力与学习理论等相关理论，都是支撑中小学生命健康素养及其评估研究与实践的基础逻辑。

约翰·鲍比提出的依恋理论（Attachment Theory）强调，依恋是一个人“从摇篮到坟墓”的终生现象，个体的依恋类型或模式（attachment styles）对其人生的影响重要而久远，它不仅制约着认知能力的发展，左右着人格特质的形成，也影响着人际关系的建立以及社会功能的表达。[①] 依恋理论提出了生命健康素养及其评估中不能回避的情感要素，也就是人的社会连接需要和能力，强调人的精神性生命健康不可或缺。

维戈茨基的发展心理学理论认为，一个人的心理机能（从出生到成年），是在环境与教育的影响下逐渐由低级向高级转化的过程。这一内化型的学习过程，重点是适应并“融入”社会环境，而丰富的社会环境和社会互动对大脑成熟以及对各个年龄段的认知和社会情感发展都具有积极影响，进而获得以前无法达到的新的思维方式。[②] 发展心理学从群体学习与社会发展的角度强调了教育与环境的重要性，提出生命健康素养及其评估必须重视人在各种社会环境中的心理适应与转化能力。

春山茂雄提出，人的左脑是“自身脑”，不仅管着逻辑思维，也具有喜怒哀乐等情感功能，能够不断储藏人后天所获得的各种信息，成为经验和知识的记忆库。右脑被称为“祖先脑”，具有创造性、知觉能力和认识图像的功能，能够天生把人类长期积累的智慧作为遗传因子信息储存下来。右脑与左脑都具有视、听、嗅、味、触的五官感觉，而且上述觉知都是左右脑共同运作实现的。[③] 七田真认为，人的大脑可以分为意识和语言脑（左脑）、无意识和想象脑（右脑）以及位于左右脑之间的间脑。其中，间脑是记忆和意识的中枢，负责整合脑内各部位的工作并将其转化为意识。右脑具有协振共鸣、想象力、高速大量记忆和高速自动

---

① Bowlby J. Attachment and Loss: retrospect and prospect. American Journal of Orthopsychiatry, 1988, 52(4): 664–678.

② Ls Vygotsky. Mind In Society: Development of Higher Psychological Processes. Cambridge:Harvard University Press，1978.

③ 春山茂雄 . 脑内革命：第 2 卷：右脑的使用将改变你的人生 . 郑民钦，译 . 北京：中国对外翻译出版公司，1997：25.

处理四大功能，是人的才能和创造之源。对于大脑的改造，关键在于唤醒间脑和开发右脑。[①]这两种理论都从人脑结构的功能和效用上指出，生命健康素养及其评估需要兼顾人的认知功能和情感功能，要在两种功能的持续协作与平衡中激发人的创新创造能力。

加德纳的多元智能理论（Theory of Multiple Intelligences）认为，人类没有笼统普遍的智能，有的只是相互自律的八种智能，包括语言智能、音乐智能、数理逻辑智能、空间智能、身体运动智能、人际交往智能、自我认识智能以及自然观察智能。其中，人际交往智能和自我认识智能被统称为人格智能。八种智能与生俱来，虽然没有高下之分，也无所谓好坏，但只有在好的人格智能的参与和引导下，其他智能才会有价值。[②]多元智能理论提出了生命健康素养及其评估中需要关注的许多方面，包括弹性多因素组合的智力观、全面多样化的人才观、积极平等的学生观、因材施教的个性化教学观、以评促发展的多元评价观。

联合国教科文组织提出的社会情感能力与学习理论认为，"社会情感能力"是一系列可以教授的技能，既能够促进各种健康而富有成效的关系，也能在面对强烈情感时学会如何调节行为。社会情感能力包含内向能力和人际技能两个方面：内向能力是指针对自身的能力，包括积极认知自我和管理自身情感与行为的能力；人际技能旨在增强个人参与健康社会关系的能力以及在社会机构中有效运作的能力，包括共情、同情以及合作和协作完成任务或解决问题的能力。这两个方面共同作用，可以确保个体发展成为社会和情感上富有成效的社会成员。从生理的角度看，大脑在 24 岁前更具"可塑性"，但经过集中且长时间的学习或在环境发生剧烈变化时，神经的可塑性可以在任何年龄表现出来。所以，学习中的错误或困难并不归因于年龄，而是依赖于情境或社会情感能力。社会情感能力与学习理论有机结合了人的整个生命过程和能力培养预期，为生命健康素养及其评估提供了更为全面系统的理论框架和实践指南。

三、基本内涵

（一）从个体权利的视角看生命健康素养

联合国 1990 年颁布了具有全球普遍约束力和影响力的国际公约——《儿童

---

① 七田真．右脑智力革命．卢兆麟，译．台北：创意力文化事业有限公司，1997：55.

② 加德纳．多元智能．沈致隆，译．北京：新华出版社，1999：14.

权利公约》(Convention on the Rights of the Child)，旨在为世界各国儿童创建良好的成长环境。《公约》规定，所有 18 岁以下的儿童、青少年和青年都享有被照顾、被保护、被尊重和被公平对待以及参与社会活动的权利。世界卫生组织在此基础上进一步细化，特别针对 5~9 岁的大龄儿童以及 10~24 岁的青少年和青年，专门列出了不同生命阶段的权利要求及其素养培育的建议。联合国从权利和权益的角度，向国家、社会、学校和家庭提出了全面保护和科学发展青少年的目标准则；世界卫生组织从人类繁荣与发展的高度，提出了儿童、青少年和青年生命健康素养及能力的阶段性质量要求。二者都为青少年生命健康素养的开发与评估设定了基本的目标和方向，系统全面地涵盖了中小学生命健康素养的基本内容和表现形式(见表 2-1)。

表 2-1　联合国《儿童权利公约》和世界卫生组织规定的青少年权利及素养培育建议

联合国《儿童权利公约》	世界卫生组织	
儿童、青少年和青年的权利 (18 岁以下)	儿童的权利 (5~9 岁)	青少年和青年的权利 (10~24 岁)
接受照顾的权利 儿童、青少年和青年有权： - 希望所有成年人都为他们的利益着想 - 希望成年人以他们的最大利益为出发点行事 - 希望成年人会考虑其决策对他们产生的影响 - 了解父母并与关心他们的父母一起生活，除非这样对他们不利 - 在某些情况下，可能会与大家庭或社区成员或法定监护人一起生活	**作为个体的权利** 儿童有权： - 表达他们的意见，并且成年人应倾听并认真对待 - 休息和玩耍 - 接受教育 - 了解事物并与他人分享自己的想法，比如通过谈话、绘画、写作或其他方式，除非这些行为会伤害或冒犯他人 - 从多种来源获取信息，如电视、广播、报纸、书籍和电脑 - 让成年人检查他们获取的信息是否无害 - 让成年人帮助他们找到并使用他们需要的信息	**学习生活技能** - 无论是在学校、大学还是培训中都要努力学习 - 提出关于世界的问题 - 寻求解决问题的答案或变化 - 与他人分享想法并乐于向他们学习 - 学习新技能 - 了解工作和爱好 - 结识可以提供不同职业建议的人

续表

联合国《儿童权利公约》	世界卫生组织	
儿童、青少年和青年的权利（18 岁以下）	儿童的权利（5~9 岁）	青少年和青年的权利（10~24 岁）
被公平和尊重对待的权利 儿童、青少年和青年有权： - 在家、在接受服务时以及其他任何时间里都免受威胁和暴力 - 了解威胁和暴力始终是错误的，即使施加者是家庭成员或健康工作者 - 享有无歧视的生活 - 了解歧视是指因为年龄、性别、种族、居住地或其他因素而未被公平对待	**接受照顾的权利** 儿童有权： - 希望所有成年人都为他们的利益着想 - 希望成年人以他们的最大利益为出发点行事 - 希望成年人考虑其决策对他们产生的影响 - 了解父母并与关心他们的父母生活在一起，除非这样对他们不利 - 在某些情况下，可能会与大家庭或社区成员或法定监护人一起生活	**保持健康** - 吃多种健康食物以保持健康，如绿色和橙色蔬菜、牛奶、肉类、家禽、鱼、豆类、坚果、全谷物和水果 - 每天至少进行一小时的体育活动以保持健康和强壮 - 了解经期卫生和如何管理月经——如果是青春期女孩 - 也可以指导男孩学习经期卫生知识，以了解这一生理问题 - 充分利用学校提供的学习性健康和避孕知识的机会 - 向值得信赖的成年人寻求保持健康的建议 - 避免使用烟草、酒精和其他药物
作为个体的权利 儿童、青少年和青年有权： - 表达他们的意见，并且其他人应倾听并认真对待 - 享有休息和闲暇时间 - 接受中等教育，包括普通培训和获得工作技能的培训（职业培训） - 了解事物并与他人分享自己的想法，比如通过谈话、绘画、写作或其他方式，除非这些行为会伤害或冒犯他人 - 从多种来源获取信息，如电视、广播、报纸、书籍和电脑 - 让成年人检查他们获取的信息是否无害	**获得支持和保护的权利** 儿童有权： - 获得特殊教育和照顾，如果他们有残疾 - 获得政府的帮助，如果他们贫穷或有需要 - 获得帮助，如果他们是难民，被迫离开家园并在他国生活 - 免受身体或精神上的伤害和虐待 - 获得足够的营养食品和衣物 - 拥有安全的居所和清洁的饮用水，以及其他基本需求得到满足 父母和照顾者有权： - 获取照顾孩子所需的服务、信息和教育	**获取所需的健康服务：青春期和青年阶段** - 注册健康服务，如在学校、培训中心和 / 或社区 - 通过每天刷牙保护牙齿，进行眼睛和视力检查 - 向健康工作者咨询接种疫苗的事宜，并在合适的时间接种 - 向健康工作者咨询如何预防怀孕和安全的性行为 - 知道每个人都有权获得性和生殖健康护理，包括综合流产护理（信息、流产管理和流产后护理） - 向健康工作者咨询任何可能需要的补充剂以保持健康 - 向健康工作者寻求管理残疾或特殊需求的建议和支持 - 如果感到非常悲伤、焦虑、疲惫、

续表

联合国《儿童权利公约》	世界卫生组织	
儿童、青少年和青年的权利（18 岁以下）	儿童的权利（5~9 岁）	青少年和青年的权利（10~24 岁）
- 让成年人帮助他们找到并使用他们需要的信息	- 获得政府的支持，如果需要帮助照顾孩子，尤其是食物、衣物和住房方面	无法应对或有自残想法，向健康工作者寻求帮助 - 如果有严重伤害或疾病，请找健康工作者
获得支持和保护的权利 儿童、青少年和青年有权： - 获得特殊教育和照顾，如果有残疾 - 获得政府的帮助，如果贫穷或有需要 - 获得帮助，如果是难民，被迫离开家园并在他国生活 - 免受身体或精神上的伤害和虐待 - 获得足够的营养食品和衣物 - 拥有安全的居所和清洁的饮用水，以及其他基本需求得到满足 父母和照顾者有权： - 获取照顾孩子所需的服务、信息和教育 - 获得政府的支持，如果需要帮助照顾孩子，尤其是食物、衣物和住房方面	**帮助大龄儿童学习** - 送孩子上学并确保他们出勤 - 在家里支持他们，帮助他们完成作业 - 帮助他们了解自己的身体及如何保持健康	**拥有健康的社会生活** - 花时间与家人和朋友在一起 - 结交朋友 - 知道自己应该感到被重视、被尊重和安全 - 在线时注意安全，不要分享个人信息 - 如果受到欺凌或感到不安全，无论是在现实生活中还是在线上，都要寻求帮助 - 了解自己的感受，例如担忧或悲伤，并与值得信赖的人交流，如健康工作者、家人或朋友
参与社会的权利 儿童、青少年和青年有权： - 在家、服务期内、委员会上或社交媒体上持有并表达他们的意见和想法 - 无惧地与他人聚会，例如举行公开会议，或与朋友和邻居私下会面	**为大龄儿童建立健康的生活习惯** - 确保孩子在家和学校吃营养食品，如绿色和橙色蔬菜、牛奶、肉类、家禽、鱼、豆类、坚果、全谷物和水果 - 教他们如何用肥皂和水洗手以保持清洁	**获得支持和保护的权利** 青少年和青年有权： - 获得特殊教育和照顾，如果有残疾 - 获得政府的帮助，如果贫穷或有需要 - 获得帮助，如果是难民，被迫离开家园并在他国生活

续表

联合国《儿童权利公约》	世界卫生组织	
儿童、青少年和青年的权利（18 岁以下）	儿童的权利（5~9 岁）	青少年和青年的权利（10~24 岁）
- 参与社区内涉及其健康或家庭健康的规划和决策 - 通过自由选择的代表进行参与，例如地方议员或工会官员	- 教孩子每天至少两次刷牙 - 确保孩子有充足的睡眠 - 送孩子进行学校提供的健康检查 - 鼓励孩子与信任的人开放交流感受	- 免受身体或精神上的伤害和虐待 - 获得足够的营养食品和衣物 - 拥有安全的居所和清洁的饮用水，以及其他基本需求得到满足 父母和照顾者有权： - 获取照顾孩子所需的服务、信息和教育 - 获得政府的支持，如果需要帮助照顾孩子，尤其是食物、衣物和住房方面
	鼓励大龄儿童玩耍和活动 - 让孩子保持活跃，比如通过游戏、爱好和户外活动 - 确保每天至少有 60 分钟的中等到剧烈的身体活动 - 支持孩子发挥想象力和创造力 - 让孩子玩耍并学会与其他孩子相处 - 限制他们的屏幕时间，以免妨碍玩耍和睡眠	
	帮助大龄儿童保持安全 - 向孩子展示可能伤害他们的危险，如锋利物品和热表面 - 如果孩子住在或玩耍在深水附近，帮助他们学会游泳 - 管理孩子在互联网上的活动 - 确保孩子在车内使用安全带，在骑摩托车时佩戴头盔 - 鼓励孩子与值得信任的成年人交流，例如当他们感受到	

续表

联合国《儿童权利公约》	世界卫生组织	
儿童、青少年和青年的权利（18 岁以下）	儿童的权利（5~9 岁）	青少年和青年的权利（10~24 岁）
	威胁、被欺负、受伤或不安全时 - 与孩子谈论烟草、毒品和酒精及其使用的危险	

资料来源：作者根据联合国和世界卫生组织官方网站的信息编辑整理而成。https://www.unicef.org/child-rights-convention/convention-text-childrens-version; https://www.who.int/tools/your-life-your-health/life-phase.

（二）从规则的视角看生命健康素养

1. 美国的硬规则

美国《宪法》只将管理教育的权力授予了州政府，大多数的教育政策也是由州政府及地方政府制定后，再由各州教育部门及地方约 15 000 个学区（School District）中的教育董事会（Board of Education）负责具体实施。因此，美国是靠标准这种硬规则形式，通过法律监督来统一规范和管理国家健康教育体系的。

美国健康教育标准是国家级专业组织协同完成的行业标准，既有严格的标准规定，也有灵活的预期指标，二者在生命健康素养教育中相互策应、共同促进。截至本书成稿一共制定有三版，分别是 1995 年的《国家健康教育标准：实现健康素养》、2007 年的《国家健康教育标准：实现卓越》以及 2022 年的《国家健康教育标准：课程与教学的模型指导》，已经基本在内容形式上实现了从概念原则到理论框架再到教学融合的渐次递进发展。最新版标准不仅更新和提炼了前两个版本的健康教育标准和表现指标，还着重反映了学生接受和维持健康行为、实现健康素养以及提升健康和学业成果所需的功能性的健康知识、健康信念和健康技能。

标准部分旨在指导开发学前至 12 年级学生的健康教育课程、教学和评估，主要涵盖八项内容：标准一是学生能否理解功能性健康知识，以增强健康；标准二是学生能否分析家庭、同伴、文化、社交媒体、技术等因素对健康行为的影响，以增强健康；标准三是学生能否获取有效可靠的健康信息、健康产品和健康服务，以增强健康、展示健康素养；标准四是学生能否展示有效的人际沟通技巧，以增强健康；标准五是学生能否展示有效的决策技能，以增强健康；标准六是学生能否展示有效的目标设定技能，以增强健康；标准七是学生能否展示可观察的健康与安全实践，以增强健康；标准八是学生能否倡导支持个人、家庭、同伴、学校和社区的健康行为，以增强健康。

表现预期部分旨在根据适当的年龄和发展水平渐进性地挑战学生，在指标数量和内容范围上主要集中于低龄学生的个人健康问题，也会逐渐扩展到大龄学生的家庭、同伴、学校和社区的健康问题。因篇幅所限，这里只截取“标准四”来展示不同教育阶段对健康素养的表现预期，见表 2-2。

表 2-2　美国《国家健康教育标准》第三版（节选）

标准四：学生能否展示有效的人际沟通技巧，以增强健康		
标准描述	**表现预期（健康素养能力指标）**	
人际沟通是一项重要的生活技能，对于帮助学生建立、管理和维持健康和安全的行为至关重要 有效的沟通技巧对于建立与家庭、朋友、同事和重要他人之间的健康关系，以及传达个人健康需求、信念和优先事项是必要的 人际沟通包括所说的内容和表达方式，以及通过语调、面部表情、手势和肢体语言传达的非语言信息 该标准包括一系列人际沟通的子技能，包括有效的口头和非口头提示，用于：	到二年级结束时，学生将达到以下表现预期：	- 识别有效的人际沟通如何有利于个人健康和幸福感 - 展示有效的倾听技能和非语言沟通技能（例如，专注） - 展示如何以健康的方式有效地识别和表达需求、愿望和感受 - 展示如何在感受到威胁、伤害或不安全时告诉可信赖的成年人 - 展示拒绝技能，包括坚定地说不并远离不健康的情况、不安全的人和风险事件 - 展示如何对他人表达善良、同情、关怀和关心 - 展示如何请求许可并适当地做出回应（例如，分享、妥协、接受“拒绝”）
	到五年级结束时，学生将达到以下表现预期：	- 解释有效的人际沟通如何有利于个人健康和幸福感 - 展示有效的口头和非口头人际沟通技巧 - 展示如何以健康的方式有效地识别和表达需求、愿望和感受 - 展示如何寻求帮助以支持个人健康 - 展示拒绝技能以避免或减少健康风险 - 展示如何对他人表达善良、同情、关怀和关心 - 识别尊重他人同意或不同意的方式（例如，个人空间） - 解释如何使用支持健康行为和关系的合作与谈判技能 - 展示管理和解决冲突的健康方式
	到八年级结束时，学生将达到以下表现预期：	- 检查有效的人际沟通如何有利于个人健康和幸福感 - 展示增强幸福感的口头和非口头人际沟通技巧 - 展示如何以健康的方式有效地识别和表达需求、愿望和感受 - 展示如何寻求帮助以改善个人健康 - 展示拒绝技能以避免或减少健康风险

续表

标准四：学生能否展示有效的人际沟通技巧，以增强健康		
标准描述	表现预期（健康素养能力指标）	
说话和倾听；识别和传达需求、愿望和感受；使用拒绝技能设定界限；使用谈判和合作技能管理和解决冲突		- 展示如何有效地传达善良、同情、关怀和对他人的关心 - 展示尊重他人同意或不同意的有效方式 - 展示支持健康行为和关系的有效合作与谈判技能 - 展示管理和解决冲突的有效方式
	到十二年级结束时，学生将达到以下表现预期：	- 分析有效的人际沟通如何有利于个人健康和幸福感 - 展示增强健康和幸福感的口头和非口头人际沟通技巧 - 展示如何以健康的方式有效地识别和表达需求、愿望和感受 - 展示如何寻求帮助以改善自己和他人的健康 - 展示拒绝技能以避免或减少健康风险 - 展示如何有效地传达善良、同情、关怀和对他人的关心 - 展示尊重他人同意或不同意的有效方式 - 展示支持健康行为和关系的有效合作与谈判技能 - 展示有效的人际沟通策略以预防、管理或解决冲突

资料来源：NCSHE. National Health Education Standards: Model Guidance for Curriculum and Instruction. 3rd Edition. 2022.https://www.schoolhealtheducation.org.

2. 中国的软规则

中国实行的是一种多层次、多类型、全面发展且较为完整的国民教育体系，中央政府负责制定统一的教育方针、政策和标准，地方政府负责具体执行和管理，但可以根据实际情况进行适当调整和补充，这样既保证了国家对教育的宏观控制，又赋予地方一定的灵活性，适应了不同地区的发展需求。在生命健康教育领域，教育部2008年出台了加强中小学健康教育工作的指导性文件——《中小学健康教育指导纲要》，这种靠行政监督维系的政策性软规则，旨在通过健康教育，增强学生的健康意识，使学生掌握基本健康知识和技能，形成健康的生活方式，从而提升学生的健康素养，包括身体健康、心理健康、社会适应能力等方面，政策内涵非常丰富：

在原则上要求遵循科学性（即内容基于科学研究和医学知识）、针对性（即根据不同年龄段学生的身心特点设计教育内容）、实践性（即强调知识与实践结合，培养健康行为）以及全员参与性（即学校、家庭、社会共同参与，形成合力）。

在内容上主要涵盖身体健康（包括营养、运动、疾病预防、个人卫生等）、心理健康（包括情绪管理、压力应对、人际交往等）、性与生殖健康（包括提供青春期生理、心理变化及性健康知识）、安全与急救（涉及交通安全、校园安全、急救技能等）和环境与健康（关注环境保护、环境卫生与健康的关系）。

在方法上倡导多途径实施，包括将健康教育纳入课程体系，开设专门课程或融入其他学科；通过主题班会、讲座、竞赛等活动进行教育；加强学校与家庭的合作，共同促进学生健康；利用社区卫生机构、公益组织等资源。

在保障措施方面，要求加强健康教育教师的专业培训，提供必要的教材、设备和资金支持，各级教育部门提供政策保障，确保有效实施。

在监督改进方面，要求建立科学的评价体系，定期评估教育效果；根据反馈调整教育内容和方式，持续改进等。

（三）从全观的视角看生命健康素养

1.“全人”发展

生命健康素养关乎“全人”发展过程中对社会情感的天然需求以及道德情操的后天养成，注重的是个体生命的健康成长和个体生命质量的提升，被认为是社会发展的动力和标识所在。中国教育系统强调全员育人（学校教职工、家庭和社会共同参与）、全过程育人（从入学到毕业，贯穿学生每个生长阶段）和全方位育人（德、智、体、美、劳五项基础素养）。其中，德、智、体、美、劳是生命健康素养教育的重要内容：

道德素养包含责任观念、爱人思想、诚信原则、献身精神等几方面，需要诚实守信、遵纪守法、尊重他人、有责任心。

智力素养的内容比较丰富，包括听说读写能力、科学素养、信息素养、生态素养、财经素养等，需要具备一定的专业知识，不断学习，更新知识，同时具备解决问题、沟通协作、创新思维的能力。

身体素养包括人的生理和心理基础、体能认知和运动能力，以及对身体的认知、态度和非运动性的身体活动等，需要养成健康的生活习惯和生活方式并保持积极乐观的心态，能够面对压力和挑战。

审美素养是个人具备的审美情趣、审美能力、审美技巧和审美理想等要素的总和，不仅包括个人接受和欣赏美的能力，还包括在审美活动后经转化而获得的鉴赏能力和创新思维。

劳动素养主要是劳动态度、协作精神、责任感和荣誉感，以及正确认识劳动在精神生活中的作用和地位等，不仅包括完善实际技能和技巧并掌握技艺，还包括劳动创造活动带来的智力充实与完满。

2.“全校”建设

世界卫生组织和联合国教科文组织提出的健康促进框架，是一种整体、全校和综合的健康促进方法，旨在利用学校的组织潜力来改善身体、社会和心理健康的条件。这套适用于任何“全校”健康发展的全球标准和指标，将健康素养视为一种社会化和个性化资产，认为良好的健康素养能够使人们获得、理解、评估、利用促进和保持身心健康的信息和服务。健康促进学校需要建立在个人能力、组织结构、资源和承诺的基础之上，致力于在学校的整体建设与发展中促使学生习得以下 14 种素养：

- 能够进入并适应健康信息环境；
- 能够理解健康相关信息；
- 能够批判性思考健康相关问题并在了解情况后做出健康决策；
- 能够获得健康相关知识并在新的情况下应用；
- 能够就健康话题和问题进行沟通交流；
- 能够利用健康相关信息促进自身健康、他人健康以及环境健康；
- 能够养成健康的行为和态度；
- 能够参与健康活动和避免不必要的健康风险；
- 能够对自己的思维和行为有一定的认识；
- 能够读懂并评估肢体语言（例如，感觉、症状）；
- 能够保证自己的行为符合伦理道德规范并在采取行动时心怀社会责任感；
- 能够自我指导、终身学习；
- 能够具有公民意识，追求公平；
- 能够从社会、商业、文化、政治层面分析健康的决定。

此外，在健康促进学校的整体建设方面，世界卫生组织为各国政府的实践转化工作提出了 8 个标准：一是政府的政策和资源标准，即整个政府要致力于让每一所学校都成为健康促进学校，并给予相应投入；二是学校的政策和资源标准，即学校要致力于并投资于整体学校模式，以成为健康促进学校；三是学校的治理和领导力标准，即整体学校模式的治理和领导必须支持建设健康促进学校；四是学校与社区的伙伴关系标准，即学校与当地社区合作，共同建设健康促进学校；五是学校的课程标准，即学校的课程要在身体、社会情感和心理方面支撑学生的健康与福祉；六是学校的社会情感环境标准，即学校要拥有一个安全的、支持的社会情感环境；七是学校的物理环境标准，即学校要拥有一个健康、安全、可靠、包容的物理环境；八是学校的物理环境和健康服务标准，即所有学生都可以获得学校或与学校相关的全面健康服务，以满足他们的身体、情感、心理、社会和教育的健康护理需求。这八个标准之间层层递进、环环相扣，呈现出明显的子集与合集的并行关系，即 1>2>3>4>（5+6+7+8）。

3.“全政府”服务

为了保护并促进儿童及青年的心理健康和福祉，英国政府提出了一个整体政府跨部门合作的学校健康素养培养与服务方案，意在利用各种政策和资源支持教育中的儿童和青年的健康与安全，见图 2-1。

图 2-1　整体政府跨部门合作建设方案

资料来源：HM Government. Promoting children and young people’s mental health and wellbeing: A whole school or college approach.Children & Young People’s Mental Health Coalition, 2021. https://assets.publishing.service.gov.uk/media/614cc965d3bf7f718518029c/Promoting_children_and_young_people_s_mental_health_and_wellbeing.pdf.

如图 2-1 所示，整体政府跨部门合作建设方案为推进和保障儿童与青年的心理健康与福祉提供了一个整体的生态系统环境。生态环境的核心是支持并促进情感健康与福祉工作的领导与管理系统，围绕这一核心系统又同时建立了七个相互联系、彼此促进的环境要素：一是能够促进适应力和支持社会情感学习的课程教学与学习系统；二是能够促进学生发声并影响决策的动力系统；三是能够增进员工自身以及学生福祉的员工发展系统；四是能够确认需求并监测干预和影响的评估监测系统；五是能够与家长或监护人及时沟通合作的工作系统；六是能够提供定向支持并适当引荐的培训系统；七是能够促进尊重和价值多元的校园文化系统。

为了支持儿童和青年的情感健康与福祉，整体政府跨部门合作建设方案还提供了大量的可利用资源，主要包括：

政策。教育部和卫生部分别或联合发布相关政策文件，涉及学校心理健康与行为、预防和应对校园霸凌、5~19 岁健康儿童计划、健康教育的法定指导原则、变革儿童和青年心理健康服务提供方式等。

数据。整体政府跨部门合作沉淀了大量的数据，可以跨领域、跨地区、跨学科甚至跨文化地分析与研究儿童和青年心理健康的风险、趋势及成本等方面，包括直接对接世界卫生组织的学龄儿童健康行为数据、英格兰儿童和青年的数字心理健康数据、地方公共卫生当局的各种分析与洞察等。

培训。教育部为每一所学校的高管都提供了整体学校建设的培训机会，并建立了提供相关知识和技能的免费电子学习平台（MindEd），还为学校员工提供了公共心理救援培训等各类可资利用的课程模块。

课程。教育部设置并提供了跨学段的健康素养课程，支持在课堂进行跨主题内容讲授，成立专业学会支持跨所有学段的教学活动，在 MindEd 平台上设置儿童和青年心理健康专区，并在 YoungMinds 平台上以工作表的形式提供中小学生的意见和建议。比方说，在课程辅助活动和工具方面，心理健康中心会在小学阶段为 4~7 岁孩子的教学提供活动建议，内容既有“感觉良好：如何促进儿童的心理健康”，也有“感到情绪低落或有压力：如何重新站起来并前进”。在中学阶段，“是时候改变了”可以提供大量的资源和工具包，帮助教师减少心理有问题学生的羞耻感和受歧视感；“你在想什么？”是大量可下载的教案，能够帮助教师在课堂上引入情感和心理健康教学内容；“给自己留张条”是视频性质的心理健康教学资源，有助于学生更好地了解心理健康问题以及应该寻求帮助的原因。

实践案例。政府会通过文件、网络、媒体等形式宣传推广优秀的实践做法。例如：“所有人的成就”就提供了涉及领导能力、教与学、家长参与和更大社会效果等四环节的整体学校改进框架。“AcSEED”鼓励所有学校与最佳实践对标对表，努力完成并保留某项任务。

总之，在生命健康素养概念和内容方面，无论是国际组织推荐还是国家教育实践，都把中小学阶段作为个体健康成长、心智逐步成熟的最重要阶段，也认为这一阶段是教育能够有效发挥作用、产生重要影响的关键时期。广义的生命健康素养已经不再以健康教育和个人行为为导向，而是强调环境、政治和社会等方面的综合影响，不仅综合了心理学、社会学、教育学、脑科学乃至经济学、行政学等多个学科，也整合了联合国、经济合作与发展组织（Organization for Economic Co-operation and Development, OECD）等一众大型国际组织以及欧美等发达国家的资源和力量，在全球范围开展了长期的理论探索和实践验证，持续为世界青少年生命健康素养的整体提升提供了有力的科学依据和实践指南。

第二节　生命健康素养评估的框架、指标与方法

中小学生命健康素养评估是以生命健康和生命质量为主要维度，对学生的学习活动、教师的教学活动以及学生和教师的个人成长与发展进行客观积极的综合测评，继而根据评估结果提出有价值的预防和干预措施，形成系统推进教育教学改革与完善的意见建议。评估不仅要重视青少年健康成长和科学发展的实际效果，也强调在课程领域和现实情境中通过推广应用社会情感技能促进形成积极的态度、行为和思维，从而实现人际内在、交际和认知能力的整体平衡。值得注意的是，预防和干预措施的关键不仅是减少风险因素，还要识别成功因素，更要将关注范围扩大到所有儿童和青少年，而不仅仅是那些表现出风险因素的个体。

近年来，青少年生命健康素养成为国际人口健康和教育持续关注的重点领域，联合国教科文组织、世界卫生组织、世界银行（World Bank, WB）和经济合作与发展组织等大型国际组织都在明确而有意地呼吁，教育和健康要更多考虑社会情感能力以及社会情感福祉，因为包括问题解决、批判性思维、沟通、合作和自我管理在内的能力都被称为“21 世纪技能”，是新时代儿童和青少年成功发展的关键因素。为此，国际社会上出现的生命健康测量行动项目以及社会情感学习框架，对中小学生命健康素养评估系统的内容建设和整体发展具有非常重要的借鉴和指导意义。

一、世界卫生组织的全球青少年健康评估行动

联合国报告指出，青春期是人的生命中的一个关键阶段，不仅涉及身体、认知和情感的发展，还涉及塑造未来的健康与幸福。全面测量青少年健康对于优先考虑健康问题、指导干预措施和跟踪进展来说至关重要。目前，全球约有 13 亿 10~19 岁的青少年，占全球总人口的 16%。为了在全球、区域和国家层面建立一套完整统一的青少年健康素养评估平台，世界卫生组织于 2018 年与联合国的其他七家国际机构[①]一起，共同成立了全球青少年健康评估行动顾问小组，致力于开发一个国际标准化的青少年生命健康素养评估指标框架，供世界各国借鉴与应用。

（一）青少年健康测量指标框架（GAMA）

青少年健康测量指标框架适用于所有青少年人口子群，其中的每一个指标都提供了选择和测量的理由。该框架一共涵盖六大领域 47 项指标，其中，六大领域包括：项目、政策和法律；系统绩效和干预措施；社会、文化、经济、教育和环境的健康决定因素；健康行为和风险；主观幸福感；健康结果和状况。47 项指标共分两种类型：核心指标是衡量全球所有青少年健康的最基本指标，附加指标是为那些在某一主题内提供更多细节的情境而专门设定的，前提是有用于数据收集和报告的有效资源。

表 2-3 列出了六大领域的 47 项核心指标和附加指标，包括每项指标的测量单位。首先列出的领域是“项目、政策和法律”，这是国家行动的基本构建模块，接着是“系统绩效和干预措施”以及“社会、文化、经济、教育和环境的健康决定因素”，这呈现了青少年健康的整体背景。“健康行为和风险”“主观幸福感”“健康结果和状况”是与青少年实际健康状况相关的领域。

另外，在每个领域内，指标都是按主题分组的。每个指标列表也都会提供相关元数据，用于理解该指标所需的技术信息，元数据样例可见图 2-2。元数据的开发旨在支持数据收集和使用的一致性，并解决青少年健康指标范围审查中所识别出的关键不一致性问题。在这里，“环境”被定义为一个国家或地区的背景，而“主题”是某个健康或与健康相关的话题。

---

① 七家机构包括：联合国艾滋病规划署（UNAIDS）、联合国教科文组织、联合国人口基金（UNFPA）、联合国儿童基金会（UNICEF）、联合国妇女署（UN Women）、世界银行和联合国世界粮食计划署（WFP）。

表 2–3　GAMA 推荐指标概述

领域	数据收集水平	指标	指标类型
项目、政策和法律	政府 / 国家	**国家青少年健康计划** **青少年健康服务提供的国家标准** *青少年健康服务的用户费用豁免* *获取健康服务的法律限制*	
系统绩效和干预措施	个人 学校	**健康服务的使用** **人乳头瘤病毒（HPV）疫苗覆盖率** *综合性的学校健康服务* *提供艾滋病毒和性教育的学校*	
社会、文化、经济、教育和环境的健康决定因素	个人	**青少年人口比例** **学校完成率** *基础学习技能* **贫困**[a] **食品不安全** **年长女性青少年在性与生殖健康决策中的参与** **未在教育、就业或培训中的青少年**	核心指标（加粗）
健康行为和风险	个人	**超重和肥胖** **消瘦** **蔬菜和水果消费** *含糖饮料消费* **身体活动** **重度酗酒** *酒精使用* **烟草使用** *电子烟使用* **大麻使用** **15 岁前首次性行为** *初潮前的月经意识* **最后一次性行为时使用避孕措施（现代方法）** **最后一次性行为时使用安全套** **计划生育需求满足（现代方法）**	附加指标（斜体）

续表

领域	数据收集水平	指标	指标类型
健康行为和风险	个人	**专业助产服务** **欺凌** **身体暴力** **接触性暴力** *18 岁时的性暴力*	核心指标（加粗） 附加指标（斜体）
主观幸福感	个人	**有人可以倾诉问题** *积极的家庭关系*	
健康结果和状况	个人	**青少年死亡率（全因）** **青少年死亡率（特定原因）** **青少年出生率** **艾滋病毒流行率** **性传播感染（STI）发生率** **因伤住院率（特定原因）** **贫血** **自杀未遂** **抑郁 / 焦虑症状** *寻求对抑郁 / 焦虑的帮助*	

说明：核心指标（加粗）是衡量全球所有青少年健康的最基本指标。附加指标（斜体）是指在资源可用的情况下，为进一步详细说明某一主题而提供的指标。

a 代表该指标在个体层面使用家庭收入（或消费）数据进行报告。

资料来源：作者根据世界卫生组织官网公布的资料整理而成。https://www.who.int/groups/the-global-action-formeasurement-of-adolescent-health.

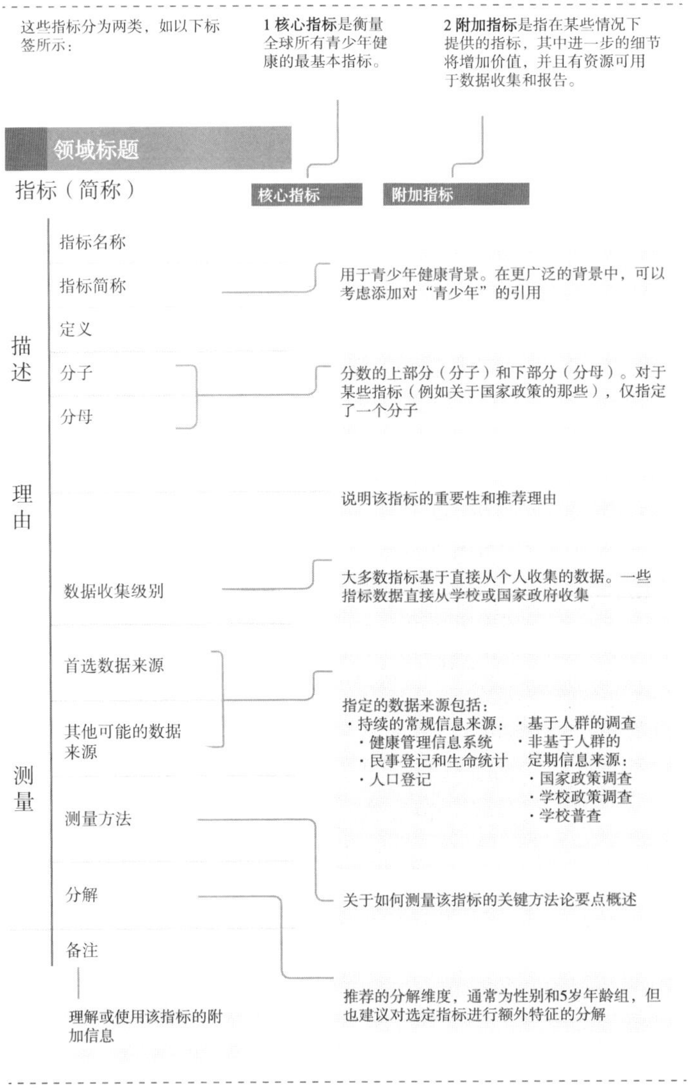

图 2–2　指标元数据结构概述

资料来源：World Health Organization. The adolescent health indicators recommended by the Global Action for Measurement of Adolescent health: guidance for monitoring adolescent health at country, regional and global levels. Geneva: World Health Organization, 2024: 12. https://www.who.int/groups/the-global-action-formeasurement-of-adolescent-health.

GAMA 顾问小组在指标选择过程中主要遵循以下 5 个步骤[①]：

第一步是识别核心评估领域。通过对 4 个关键输入的系统评估，确定了青少年健康核心测量的 33 个领域，即年轻人的观点、各国的优先事项、青少年的死亡和疾病负担，以及 16 个已识别的全球或区域青少年健康评估倡议中包含的主题。

第二步是确定青少年健康指标的范围。重新审查在步骤一中提到的 16 个测量倡议与结果中的 33 个核心测量领域。所有至少涉及一个核心测量领域并与青少年年龄范围（10~19 岁）重叠的指标都被提取并附上元数据，由此生成了 413 个青少年健康指标的列表。

第三步是草拟青少年健康指标的选择。根据结构化的五步方法编制了一份青少年健康指标的草拟列表，即选择标准的定义；对步骤二中识别的所有指标进行评分；审查评分结果并草拟指标列表；通过在线调查收集公众反馈；审查反馈结果后，最终确定草拟的指标列表。

第四步是评估、协调和数据库审查。通过三项平行进行的独立活动评估草拟的指标列表,即对 12 个国家的数据可用性及其在国家层面实施草拟指标的相关性、可接受性和可行性进行研究；对草拟指标与全球倡议和选定的多国调查项目中所含类似指标之间的一致性进行比较研究；对全球数据库中的指标数据进行审查。

第五步是完善和最终确定指标。由主题特定的工作组针对第四步的发现展开讨论。小组成员通过在线调查提供意见，并在每个工作组的虚拟会议中进行审查后达成初步建议，最终在 2023 年的第十届全球青少年健康评估行动会议上得以确定。

（二）指标设定原则

整体跨学科合作原则。青少年健康测量应涵盖全观视角，而不仅仅关注某一方面。它应考虑身体、心理、情感、社会和发展等各个方面。医学、心理学、社会学、教育和公共卫生等各学科之间的合作，对于全面理解和更广泛认识青少年健康至关重要。

青少年参与原则。青少年在健康测量、结果解读和使用中的积极参与至关重要，因为他们具有独特的视角和经历以及不断变化的健康需求。让青少年参与这些过程不仅承认了他们的能动性和自主性，还促进了对他们多样化现实和关切的

---

① World Health Organization. The adolescent health indicators recommended by the Global Action for Measurement of Adolescent Health: guidance for monitoring adolescent health at country, regional and global levels. Geneva: World Health Organization, 2024: 6. https://www.who.int/groups/the-global-action-for-measurement-of-adolescent-health.

准确捕捉。通过积极参与，青少年可以提供他们对健康优先事项、行为和挑战的宝贵见解，从而能够帮助人们更加全面地理解青少年的福祉。此外，他们的参与培养了归属感和赋权感，鼓励在分享敏感健康信息时更加诚实、信任和开放，从而促进更有效的以青少年为中心的健康干预措施和政策的发展。

考虑背景原则。青少年健康测量必须考虑年轻人所生活其中的更广泛的社会环境和文化背景，因为这些因素深刻影响着其对健康和福祉的信念、行为和看法。一个人所处的环境显著影响他对健康实践、医疗利用和健康干预的态度。未能考虑文化多样性以及社会和环境因素可能导致评估不充分，忽视关键细微差别，从而无法获得医疗解决方案。只有将背景考虑纳入健康测量，才能制定相关、敏感且量身定制的干预措施，以便与多样化的青少年群体产生共鸣，最终促成更好的健康结果并减少差异。

伦理原则。一是要考虑隐私和保密。在青少年健康测量中，维护隐私和保密对于促进信任、诚实和开放的沟通至关重要。青少年常常面临敏感的健康问题，他们可能会因为担心保密性而不愿意公开讨论。尊重他们的隐私确保了一个安全的空间，让青少年能够在没有评判或后果恐惧的情况下分享个人健康信息。维护保密性鼓励坦诚，使得对青少年健康需求和行为的评估更加准确。这也促进了对他们自主权和其他权利的尊重，最终增强了健康测量的完整性以及针对他们特定需求的后续干预措施的有效性。二是要获得知情同意和同意。在适当情况下，从法定监护人那里获得知情同意以及从青少年那里获得同意是伦理健康测量的基本要求，确保青少年及其监护人理解目的、风险和收益。获得知情同意和同意涉及提供清晰易懂的信息，让青少年（及其法定监护人，在适当情况下）能够自愿和知情地决定是否参与健康测量。

尊重自主权原则。承认青少年的自主权，意味着承认他们在具备能力时有权做出关于自己健康的决定。尊重他们的选择能够增强他们的被赋权感和尊严。

最小化伤害原则。伦理测量要确保评估的益处超过潜在风险，并且尽量减少对青少年的任何潜在的身体、情感或心理伤害。这包括尽可能避免侵入性程序，并为测量过程中可能产生的任何痛苦提供帮助。

公平、包容和代表性原则。在实践中，确保青少年健康测量样本的完全代表性并不总是容易的事情。例如，虽然学校调查提供了有效采样众多青少年的机会，但其对青少年群体的代表性取决于学校的入学和出勤情况。同样，家庭调查也可能未能捕捉到边缘化的青少年，包括移民、被收容或无家可归的青少年，或处于冲突环境中的青少年。青少年健康测量必须尽可能优先考虑公平和包容，以确保对所有年轻个体进行公平性、代表性和全面性的评估。实现健康公平意味着承认和解决差异，为参与提供平等机会，并考虑青少年在背景、能力或地理位置方面的多样化需求。可及和包容的健康测量涉及消除障碍，无论是经济的、文化的还是地理的，这些障碍可能会阻碍某些群体或个体的充分参与。通过促进公平和包容，健康测量可以更好地捕捉青少年所面临的多样化健康经历和挑战，从而产生更具针对性和更有效的干预措施，以满足该人群中所有个体的特定需求。

分解原则。分解是一种增强数据洞察力的强大方式。虽然整个青少年群体的平均值是有用的总结指标，并且易于跟踪和传达，但它们也可能掩盖了与规划和公平考虑相关的模式。对于所有适用的指标，建议按照性别和 5 岁年龄组（具体为 10~14 岁和 15~19 岁）进行标准分解，这被认为是规划和倡导所需的最低分解。建议对选定指标再进行额外特征的分解。在某些情况下，进一步的分解可能既有益又必要，重要的是要谨慎选择分解维度。并非所有数据都可以按所有可能感兴趣的维度进行分解，每个分解维度在数据生成和使用方面都存在时间、精力和金钱的影响。此外，某些分解维度（例如，种族、移民身份、性取向）可能在社会或政治上是敏感的。因此，在规划数据收集和使用中的指标分解时需要深思熟虑，因为反映出来的数据可用性和具体的测量方法可能因数据来源而表现各异。以下描述了通常可用于一般分解的部分附加特征。

• 年龄：数据通常按单一年龄收集，这意味着除了推荐的 5 岁年龄组，数据还可以按其他年龄分组进行分解，例如，与教育水平相对应的分组。

• 性别：虽然收集二元性别（男性 / 女性）数据是大多数大规模数据收集工作的常见做法，但收集性别认同数据仍然相对不常见，并且缺乏国际标准。

• 居住地：城市 / 农村居住地和次国家区域居住地通常用于分解数据；根据具体情况，可能还会有其他居住分类（例如，城市边缘、城市贫民窟、难民营；较低的次国家行政级别）。

• 婚姻状况：按婚姻状况分解数据对于某些主题尤其有意义，例如，性与生殖健康，通常可以确定婚姻状况。但关于同居的数据可能在某些情况下不太常见。

根据数据来源，在某些情况下还可能会提供额外的分解维度，包括：

• 教育状况，例如当前的教育状况（在校、辍学）和教育水平。

• 家庭财富 / 贫困或家庭食品安全等代理指标。

• 脆弱人群状况，包括有残疾的青少年、特定民族群体、移民（但如上所述，获取更多信息的愿望应与潜在的危害相平衡）。

• 居住情况，例如独居或与家人同住（包括家庭特征，如家庭规模和核心家庭与扩展家庭的区别，以及潜在的孤儿身份和寄养安排）。

值得注意的是，在某些情况下，多个分解层次可能既相关又可行。

（三）加快落实与推进机制

世界卫生组织不仅提出了 GAMA 测评框架，还发布了支持实施 GAMA 的指导方案——《全球青少年健康加速行动》（AA-HA！），帮助各国政府识别国家和次国家的优先事项及实施策略，应对该国青少年在健康与福祉方面面临的挑战、机遇和需求。指导方案明确提出了青少年生命健康素养培育的整体生态系统及环境要素，将“青少年福祉”这一核心概念专门定义为“青少年可以茁壮成长并能够实现其全部潜力”。同时，围绕“青少年福祉”这一内核建构了一个由 4 个层面、5 大领域和 27 个要素组成的生命健康素养生态系统（见图 2–3）。

图 2–3　青少年健康素养评估的整体生态系统

资料来源：WHO. Global Accelerated Action for the Health of Adolescents (AA-HA！): guidance to support country implementation. 2nd edition. 2023: 9.

青少年生命健康素养评估的整体生态系统的外围环境主要包括局部环境、家庭和同龄人、学校和社区以及更广泛的社会等四个层面。而介于内部核心和外部环境之间的是五大领域及其要素指标，分别是：（1）能力与韧性领域，要素指标包括能力、身份、目标、韧性与实现；（2）良好健康与最佳营养领域，要素指标包括身体健康、心理健康、适当但不过度的营养状况（涉及宏观和微观营养素）；（3）有联系、积极的价值观和对社会的贡献领域，要素指标包括联系、被重视、态度、人际技能、活动、变化与发展；（4）安全与支持性环境领域，要素指标包括安全、平等、公平、非歧视、物质条件、隐私、响应性；（5）学习、能力、教育、技能与就业能力领域，要素指标包括学习、教育、技能、资源、生活技能与能力素质、就业能力、自信。

重要的是，“青少年福祉的最大收益来自政府跨部门的集体行动”。“各国应该确保在国家项目过程中倾听青少年的期望和观点，青少年的领导和参与应该制度化，在青少年健康和福祉项目的设计、实施以及监测与评估中应该得到各方的积极支持。”①

二、经济合作与发展组织的社会情感能力测评

经济合作与发展组织的社会情感能力测评（Survey on Social and Emotional Skills，SSES）是一项由教育研究与创新中心（CERI）设计实施的国际测评项目，旨在提高对学校内外社会情感学习的认识与理解。2023 年的调查测量了 5 个领域的 15 项技能，包括好奇心、责任感、自信、情绪控制等。参加测评的对象为 10 岁和 15 岁的学生以及他们的老师和校长，部分还对学生的父母或监护人进行了调查。2023 年共有 16 个教育系统参加测评，包括中国济南。②

（一）理论依据

SSES 项目作为首个全球性、综合性的大型学生社会情感能力测评项目，面临跨文化背景、跨语言、跨年龄以及评价指标难以量化的挑战。为保证测评的信度和效度，全面地了解学生的社会情感能力状况，OECD 在大量文献和实证的基础上，选择运用大五人格理论与生态系统理论搭建出一个社会情感能力分析框架。

---

① WHO. Global Accelerated Action for the Health of Adolescents (AA-HA!): Guidance to Support Country Implementation. 2nd Edition. 2023.

② OECD. Nurturing Social and Emotional Learning Across the Globe: Findings from the OECD Survey on Social and Emotional Skills 2023. Paris: OECD Publishing, 2024. https://doi~org/10.1787/32b647d0-en.

1. 大五人格理论

大五人格理论，也被称为五因子模型（见图 2–4），由美国心理学家保罗·考斯塔和罗伯特·马克雷提出。该理论的发展历程可以追溯到 20 世纪 50 年代。经过多年的研究和验证，大五人格理论逐渐成为描述个体性格特质的主流模型之一。大五人格代表了广泛而稳定的人格结构，将人格划分成为五种相互独立的特质：自觉性（conscientiousness）、外倾性（extraversion）、宜人性（agreeableness）、神经质（neuroticism/emotional stability）以及开放性（openness to experience）。

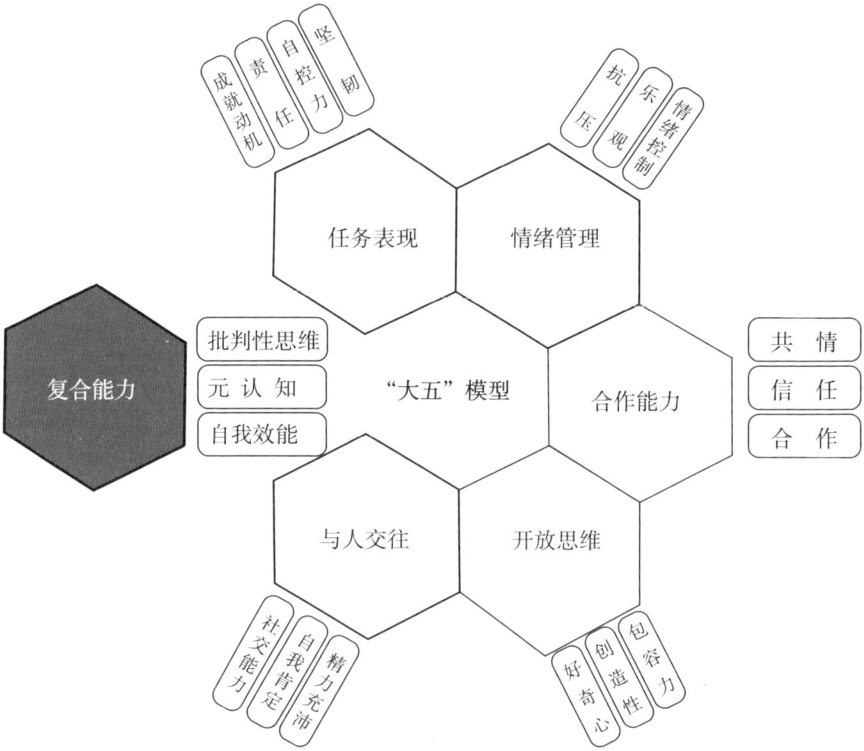

图 2–4　大五人格模型

资料来源：OECD. Nurturing Social and Emotional Learning Across the Globe: Findings from the OECD Survey on Social and Emotional Skills 2023. Paris: OECD Publishing, 2024: 6. https://doi.org/10.1787/32b647d0–en.

在教育领域，不同的人格特质也会影响学生的学习风格、学术成就。调查显示，自觉性、开放性和宜人性与学习成绩正相关，神经质则与学习成绩负相关。有责任心的学生往往自律，服从组织安排，能有效地执行任务，这些特点有望提升学生在考试和其他类型的测试中的表现。开放性则与更多元的学习方法、更强的自主动机和批判性思维密切相关。在神经质维度上得分高的学生往往表现出过高的焦虑和压力，而这又会导致他们在考试中成绩不佳。[①]

2. 生态系统理论

生态系统理论将个体发展的环境分为微观系统、中间系统、外层系统、宏观系统，这四个层次依托与个体的交互频率和与个体的亲密度依次向外扩展。在这四大层次的系统内，时间系统贯穿其中并涵盖个体成长的全过程，用于促进个体与环境的彼此塑造与再塑造。生态系统理论阐述了多层环境对青少年成长发展的影响，认为学生的发展是由文化、制度等远端环境与学校、家庭、朋辈关系等近端环境共同促进的。学生是在家庭、学校、同伴网络与更广泛的社区中生活成长的，所以其社会情感能力的发展势必会受到这些环境中各种关系的影响和塑造。

基于此，SSES 项目视教育为一个生态系统，从学生、教师、家长和社区等多方面立体化地呈现学生社会情感能力发展的复杂性背景信息，形成了一个多层级、多维度的学生社会情感能力背景分析框架，包括家庭、学校、社区环境三部分背景，家长、教师的个体信息，学生与同辈及父母、老师的关系，班级、学校乃至社区文化等内容，以此来分析影响和促进学生社会情感能力发展的关键内容。

（二）测评框架

社会情感能力研究的测评框架（见表 2–4、表 2–5）主要吸收了“大五人格模型”，将社会情感能力划分为六大评估维度，即任务表现（task performance）、情绪管理（emotional regulation）、合作能力（collaboration）、开放思维（open-mindedness）、与人交往（engaging with others）以及复合能力（compound skills）。测评采用了以下七条原则用于筛选二级指标：（1）社会情感能力的各个领域都应该被广泛而均衡地涵盖，并具有足够深度；（2）对个体的重要产出（如教育、经济、健康和生活质量）对于人生重要事件具有预测价值；（3）每项能力都适合 10 岁 和 15 岁的青少年；（4）具有一定的可塑性，能够进行可能的政策干预；（5）这些能力具有跨文化可比性；（6）这些能力不仅与现在而且与未来的发展紧密相关；（7）已经进行了深入的理论研究，具有重要的学术价值。

---

① Mammadov S. Big Five personality traits and academic performance: A meta-analysis. Journal of Personality, 2022，90（2）: 222–255.

表 2-4 OECD 社会情感能力测评框架（2023）

主要维度	能力	描述	行为示范
任务表现	成就动机	为自身设定高标准，并努力实现目标	享受在某项活动中达到很高的熟练水平 反例：对活动中提升能力不感兴趣，包括职业能力
	尽责	能够履行承诺、守时及可靠	准时赴约，立刻做完事情 反例：不遵守协议或承诺
	自律	能够避免分心和心血来潮，将注意力集中在当前任务以实现个人目标	不急于求成，谨慎行事，规避风险 反例：心直口快，容易冲动购物或者大吃大喝
	毅力	坚持不懈，直到完成任务	一旦开始就会坚持完成家庭作业或工作 反例：遇到阻碍时轻言放弃
情绪管理	抗压	有效调节焦虑，能够冷静（轻松缓解压力）地解决问题	大多数时候很放松，在高压情况下表现良好 反例：大部分时候担心事情，失眠
	乐观	总体上对自身和生活有积极乐观的预期	一般心情很好 反例：经常感觉沮丧，容易有不安全感或不值得感
	情绪控制	面对挫折时能够有效地控制脾气、怒火或沮丧	在冲突情境中能够控制情绪 反例：容易心烦意乱，喜怒无常
合作能力	共情	理解、关心他人及其福祉，重视亲密关系并予以投入	安慰心烦的人，同情无家可归的人 反例：倾向于误解、忽视或不考虑他人感受
	信任	总是认为他人都有善意，宽恕做错事的人	愿意借东西给别人，避免苛刻和主观臆断 反例：在与人的关系中行事隐秘且多疑
	合作	与他人相处和谐，重视人际关系	容易与人相处，尊重集体决定 反例：言辞尖刻，不易妥协

续表

主要维度	能力	描述	行为示范
开放思维	好奇心	对观点感兴趣，热爱学习、理解和探究；质询的思维	喜欢阅读书籍，去新的目的地旅行 反例：不喜欢变化，对探索新事物不感兴趣
	包容度	能够包容不同的观点和价值观，理解外国人及其文化	有来自不同背景的朋友 反例：不喜欢外国人或不同背景的人
	创造力	通过探索和从失败中学习，提出全新的做事方式或思维方式、洞察和远见	有独到的见解，创作出有价值的艺术作品 反例：循规蹈矩，对艺术不感兴趣
与人交往	乐群	能够亲近他人，包括朋友或陌生人，发起并保持联系	擅长团队合作和公开演讲 反例：避免公开演讲，不愿意与较大团队合作
	自我肯定	能自信地表达意见、需求和情感，并发挥社会影响力	在班级或者团队中负责 反例：等待他人带领；与他人意见不一致时保持安静
	活力	日常生活中充满活力、兴奋和激情	总是很忙；长时间工作 反例：容易疲倦，但没有生理原因
复合能力	自我效能	在执行任务和实现目标中有很强的个人信念、能力	面对意外时能保持冷静 反例：避免挑战环境
	批判性思维 / 独立性	能够通过独立自由的分析评估和解读信息	善于解决问题，在新的未知环境中表现轻松 反例：依赖他人指导
	自我反思 / 元认知	能够通过内在的思想碰撞、情感体验和主观经验意识进行反思与表达	良好的测验准备战略，能够更有效地掌握技能 反例：高估或低估测验准备或项目完成所需要的时间

资料来源：OECD. Nurturing Social and Emotional Learning Across the Globe: Findings from the OECD Survey on Social and Emotional Skills 2023. Paris: OECD Publishing, 2024: 11. https://doi.org/10.1787/32b647d0-en.

表 2-5 OECD 社会情感能力测评框架及例题

大五模型维度	能力	例题
任务表现（自觉性）	成就动机（指标）	我接受具有挑战性的任务；我总是想把事情做好
	责任	我是可依赖的且总被他人依靠；我经常忘记自己的职责
	自控力	我能控制自己的行动；我会三思而后行
	坚韧	我会坚持工作直到任务完成
情绪管理（神经质）	抗压	我很放松且能很好地处理压力；我会担心很多事情
	乐观	我对我的未来持积极态度；我经常感到难过
	情绪控制	我能控制自己的情绪；我是一个情绪波动起伏的人
合作能力（宜人性）	共情	我的朋友过得好对我来说很重要；我不关心别人发生了什么事情
	信任	我怀疑别人的意图；我认为我的大多数同学都信守承诺
	合作	我经常与人吵架；我喜欢帮助别人
开放思维（开放性）	好奇心	我对许多不同的事情感到好奇；我喜欢问问题
	创造性	我可以原创性地产生新的想法；我能找到做事情的新方法
	包容力	我乐意与不同文化的人交朋友；我会问一些其他文化的问题
与人交往（外倾性）	社交能力	我有很多朋友；我通常话多
	自我肯定	我是一名领导者
	精力充沛	我很热情；我容易筋疲力尽
复合能力	自我效能（指标）	我能成功地完成各种任务；我缺乏自信

资料来源：Kankaraš M，Suarez-Alvarez J. Assessment Framework of the OECD Study on Social and Emotional Skills. Paris: OECD Publishing，2019: 43−45.

SSES 项目自 2017 年开始启动，每三年进行一次测评结果和信息的搜集。周期性、循环性的测评实施可以监测学生社会情感能力发展的状况及走向，为分析和探明变化原因提供数据参考，帮助教育决策者和工作者衡量正在实施或已经实施的教育方案的实际效果。测评内容主要分两大模块：一是社会情感能力评估（直接评估、间接评估），二是背景调查评估。这两个模块的测评内容既彼此独立，又相互联系。其中，社会情感能力评估是测评的核心内容，其数据主要来源于学生的自评以及学生的重要他人（家长以及教师）对学生社会情感能力的评价。背景调查评估内容包括学生的社会人口背景、家庭环境、学校环境、同辈环境以及更广泛的社区环境。

（三）测评方法与工具

1. 背景调查方法

SSES 是以问卷形式开展的背景调查，主要有学生问卷、家长问卷、教师问卷和校长问卷四种形式，一般采用网络问卷方式，但家长、教师和校长的调查也可以使用纸质问卷。学生问卷一般是集中进行，其他人员可以分散进行，见表 2-6。学生在家庭、学校和社区等不同环境中学习和成长，每种环境在其整个童年和青春期都起着至关重要的作用。通过对学生的成长背景进行系统全面的了解，从关联分析中发现学生社会情感能力发展的促进或阻碍因素，并将之作为整体评价的辅助数据，可以更好地帮助教育实践者有针对性地提出有利于学生社会情感能力发展的改进策略和实践政策。

表 2-6　社会情感能力测评的背景问卷结构

调查对象	主要评价指标
学生	· 人口特征 · 幸福感（well-being）、态度及抱负 · 与家长和朋友的关系 · 学校生活 · 近期认知能力
家长	· 人口特征 · 对孩子的认识 · 父母的幸福感和能力概况 · 与孩子的关系 · 对社会情感能力的认知
教师	· 人口特征 · 教师专业发展 · 教学实践 · 学校工作 · 对社会情感能力的认知
校长	· 人口特征和学校结构 · 学生和教师总体状况 · 学校资源 · 教学实践、课程及评估 · 学校氛围 · 政策和实践

资料来源：Kankaraš M，Suarez-Alvarez J. Assessment Framework of the OECD Study on Social and Emotional. Paris: OECD Publishing，2019: 48–60，76.

学生问卷包括两份，各针对 10 岁和 15 岁年龄组，填答时间一般为 60 分钟，包含 65 个题项（15 岁组有 68 个题项），主要包括自我对于社会情感能力表现的评价信息，还包括个人背景信息，如性别、身高、体重、民族、语言基础、学习期望、生活满意度、心理健康、学校生活、与家长和小伙伴的互动关系、对社会情感能力的理解等。

家长问卷旨在确定可增强孩子社会情感能力的家庭特征。每个抽中的学生都要有一位家长或监护人参加家长问卷调查。问卷包含 53 个题项，一般填答需要 25~30 分钟。两个年龄组的家长问卷是相同的，内容涉及家长对孩子有关社会情感能力表现的评价信息，还包括社区学习环境和家庭背景信息，如学生所居住社区的安全性、社区公益活动、家长的受教育程度、家庭经济社会状况、家庭氛围、父母的健康状况、家长的教养方式、家长与孩子的互动状况、家长对社会情感能力的理解等。

教师问卷需要每个抽中的学生有一位"熟悉他 / 她"的教师参加调查，可以由本校负责与课题组对接的学校协调员挑选，每名教师负责的学生不超过 10 人。教师问卷包含 34 个题项，一般填答时间为 25~30 分钟，包括班级的背景信息，如教师教学实践、班级氛围、教师专业发展和教师对社会情感能力的理解与实践等。

校长问卷是由每所抽中的学校的校长或主要负责人完成，一般包含 32 个题项，答卷时间为 25~30 分钟，内容包括学校管理制度、学校设施及资源、课程设置、教师和学生的整体情况、家长参与程度、学校有关社会情感能力的教学和评价导向、学校文化和校长对社会情感能力的理解等信息。

2. 三角测量法

三角测量法是一种综合使用多种不同评估方法或来源评估心理结构的方法[①]，是社会情感能力测评研究的重要环节。社会情感能力属于软技能，不能像认知能力那样采用标准化的测试方式测量，更多的是依赖自我报告和知情者报告的方式。为了全面评估学生的社会情感能力，项目结合了来自学生的自我报告（self-reports）以及分别来自家长和教师的知情者报告（others' ratings）这三种不同的信息来源。

学生的自我报告是从学生自身的视角来进行情感认知、感觉和体验的主观报告，这种方法相对简单有效且成本效益高，但存在一定的局限性：一是学生的年

---

① Kankaraš M，Feron E，Renbarger R. Assessing students' social and emotional skills through triangulation of assessment methods. Paris: OECD Publishing，2019: 8.

龄、心智、基本的阅读水平以及认知能力会影响其对题目的理解；二是测试题目多为程度性选择题，学生对自身的认知程度会影响其作答结果，降低测评信度；三是学生在不同环境中对相同问题的反应表现也会存在差异，从而产生偏差。此外，被试者为了不受批评往往会违心地提供社会期待的答案，从而影响了研究的有效性。[①]

如果父母与孩子长期亲密相处，家长报告就可以提供孩子的生活状况、个人喜好、行为方式以及与他人相处的第一手资料。教师有在结构化课堂环境中与学生相处的经验，所以教师报告可以反映学生的人际关系和任务导向型能力状况，并在与其他同学的比照中客观地描述学生特征。[②]从多种来源和多种环境中收集信息，可以更加全面客观地推断出被试者的社会情感能力，及时调整测评内容和方式，增加对学生各种测评结果的预测价值。当然，在实际测评过程中，知情者报告也会受到评价者主观印象以及对被评价者熟悉程度的影响。

因此，自我报告要与家长和老师的知情者报告相结合，三者信息相互验证，互为补充，可以克服单一报告的内在缺陷，提升评估量表的内容效度[③]，提高分析的广度和深度，促进学生社会情感能力的有效评估。

3. 辅测定锚法和行为指标测量法

为了解决测评效度问题、增强项目的有效性和跨文化可比性，项目采用辅测定锚法（anchoring vignettes）和行为指标测量法（behavioral indicators），将量化与质性测评方法有机结合起来。

（1）辅测定锚法

辅测定锚法可用于改善评估量表的跨文化可比性和整体测量属性，可以针对问卷指标所测内容，以虚拟的人物和假设真实的生活情境给出辅助锚题，然后根据被测者对辅助锚题的回答，测得不同被测者在回答指标问题时所采用的不同心理衡量标准并进行相应调整，以使被测者对指标的回答可以在同一量尺上进行

---

① MacCann C，Wang L，Matthews G，et al. Emotional intelligence and the eye of the beholder: Comparing self-and parent-rated situational judgments in adolescents. Journal of Research in Personality，2010，44（5）: 673–676.

② John O P，De Fruyt F. Framework for the Longitudinal Study of Social and Emotional Skills in Cities. Paris: OECD Publishing，2015: 51–54.

③ Connelly B S，Ones D S. An other perspective on personality: Meta-analytic integration of observers' accuracy and predictive validity. Psychological bulletin，2010，136（6）: 1092–1122.

比较。[①]

SSES 项目在大五模型领域分别设置了代表高、中、低行为特征的三个锚题，以此来判别被试者所依参考标准的差异性。在正式测评中，为了减少被试者的负担，每份学生和教师的问卷只需回答每个领域中随机分配的三个锚题中的一个假设问题，家长则需要完成所有 15 个锚题的回答。[②]

（2）行为指标测量法

行为指标测量法是对自我报告和知情者报告的重要补充，主要是为了收集学生日常行为的信息，在人格评估研究中已被广泛使用。[③]OECD 秘书处与该项目相关利益者协商后，决定将行为指标纳入学生、家长以及教师问卷，要求对学生在家庭或校园生活中表现出的与社会情感能力相关的广泛具体行为（例如学校旷课、注意力不集中、破坏行为、同伴关系等）进行客观描述性判定，从而减轻学生、家长和教师基于社会情感能力量表对学生相关能力评价的主观性，更客观、准确和可靠地评估学生的某些特征。在 SSES 正式测评中，每一个行为指标仅用于一组被试群体。[④]

行为指标可以帮助教育实践者更好地理解不同社会情感能力的具体行为含义，从而更直接地将调查结果与可能的政策行动和实践联系起来。但也存在一定的局限性，因为行为指标测量只能评估比较容易观察到的外显化行为，而很多不易被准确观察的社会行为是需要具体环境具体分析的。因此，项目同时采用多种研究方法，相互取长补短，使测评结果在不同年龄段、不同文化和不同国家之间具有可比性，且不存在参考偏差，以增强测评结果的有效性。

三、美国的社会情感能力测评框架

（一）CASEL 的五项能力

学术、社会和情感学习联盟（Collaborative for Academic，Social and Emotional

---

① King G，Murray C J L，Salomon J A，et al. Enhancing the validity and cross-cultural comparability of measurement in survey research. American political science review，2004，98（1）: 191–207.

② Kankaraš M，Suarez-Alvarez J. Assessment Framework of the OECD Study on Social and Emotional Skills. Paris: OECD Publishing，2019: 73.

③ Chapman B P，Goldberg L R. Act-frequency signatures of the Big Five. Personality and Individual Differences，2017，116: 201–205.

④ Kankaraš M，Suarez-Alvarez J. Assessment Framework of the OECD Study on Social and Emotional Skills. Paris: OECD Publishing，2019: 74–75.

Learning，CASEL）是美国“情商之父”丹尼尔 1993 年创立的一家非营利组织[①]，致力于将社会情感学习实践纳入从学前教育到高中教育的全过程。CASEL 确定的社会情感学习能力框架主要包括以下五个维度（见图 2-5）：

自我意识（self-awareness）：识别和认识自己的情感、思想及其对行为影响的能力，包括识别自己的优势和劣势，意识到自己的目标和价值观，拥有自我效能感和乐观态度，拥有靠努力学习实现成长成才的心态。高水平的自我意识需要认识到思想、情感和行为是如何相互关联的。

自我管理（self-management）：有效调节自己的情感、思想和行为的能力，包括压力管理、延迟满足、冲动控制、自我激励，以及在面对挑战时坚持不懈以实现个人和教育目标。此外，它还包括在社会互动中的自我管理。

社会意识（social awareness）：理解他人视角的能力——包括那些来自不同背景和文化的人，能够同情他人，理解社会和伦理规范，并识别家庭、学校和社区中的资源和支持。

关系技能（relationship skills）：形成和维持积极健康关系的能力，清晰沟通，积极倾听、合作，在冲突中建设性地协商，有效地与他人解决问题，并在需要时提供或寻求帮助。

负责任的决定（responsible decision-making）：拥有足够的知识、技能和态度，以便在考虑安全问题、伦理标准、社会和行为规范、行动后果以及自身和他人福祉的情况下，做出建设性的选择。

2020 年，该框架从教育系统的整体生态视角出发，提出了课堂、学校、家庭和社会之间跨界协同能力的建设要求，即：通过引入社会情感学习课程，持续改善课堂的教学生态环境，进而根据全校范围的实践情况，不断调整完善学校的教学方案和管理政策；同时，与家庭和社会各方建立起良好的伙伴关系，共同为学校生命健康素养的培育和发展贡献力量。

---

① https://casel.org.

图 2-5　CASEL 的五项社会情感学习能力评估框架

资料来源：https://casel.org.

（二）NCSEAD 的三项基本能力

国家社会、情感和学术发展委员会（National Commission on Social, Emotional and Academic Development, NCSEAD）从评估指标内容的角度确定了社会、情感和学术发展能力，这些能力被分类为三个维度，即认知维度、社会与人际维度以及情感维度（如图 2-6）。其中，认知维度包括注意力集中、目标设定、计划和组织、持之以恒、问题解决等能力；社会与人际维度包括驾驭社会情境、解决冲突矛盾、展示对他人的尊重、团队合作、自我倡导和示范引领等能力；情感维度包括承认并管理自己的情感、理解他人的情感和观点、展现同情、应对受挫和压力等能力。

社会、情感和学术发展（Social, Emotional and Academic Development, SEAD）要求重新思考学生和成人在学校的经历，让社会、情感和学术三维度在学习的实践中能够相互加强，并且嵌入学校和学生经历的各个方面。在实践中；SEAD 项目需要依赖三个支撑环节：一要教授并实践社会、情感和认知能力 / 技能；二要将社会、情感和认知能力 / 技能嵌入学术学习；三要建起安全的、关系型的、公平的学习环境。

整合社会、情感和学术发展能力的意义在于：一是因为社会、情感和学术这三个学习维度在学生的学习经历中没有明显的联系，需要将其连接起来；二是需要将 SEAD 方案整合进学校的全面提升战略中，不能仅是一个孤立的倡议或添加项目。每所学校都必须汲取学习科学和经验智慧，以回应学生、家庭、教师和其他利益相关人的独有渴望和价值观念，包括学生成功的愿景、学生学习的经历、为支持学生成功而开展的成人学习、学习环境和学校氛围、资产规划和资源配置等问题。

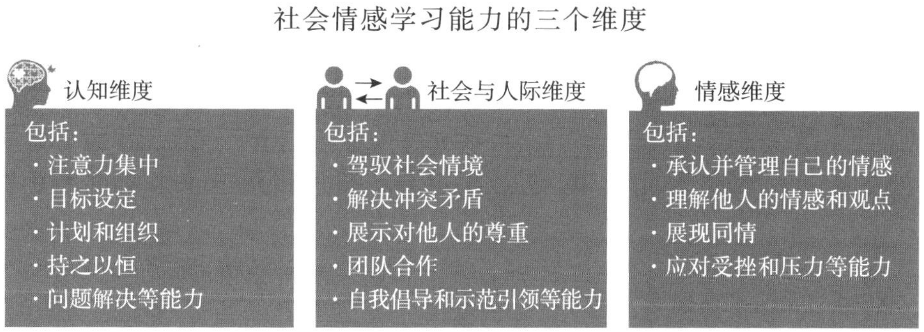

图 2-6　SEAD 的三项基本能力评估框架

资料来源：https://www.aspeninstitute.org/programs/national-commission.

四、加拿大的儿童和青少年发展能力评估

加拿大不列颠哥伦比亚大学医学系公共卫生与人口健康学院通过整体政府跨部门协同的 HELP 项目，从群体层面监测了儿童和青少年的社会情感能力，并建立了全面的儿童（EDI）和青少年（MDI）发展监测系统。其中，MDI 帮助教育工作者、社区领导者和政策制定者跟踪青少年的社会情感健康、幸福感及其发展趋势，从而为利益相关者提供决策所需的基本数据，创造健康的社会条件，并以增进儿童繁荣发展的方式整合社会服务。

MDI 使用优势导向方法来评估与社会情感福祉相关的五个儿童发展维度，主要包括：（1）社会情感技能与福祉（例如，乐观、自我调节、移情、幸福感与痛苦、亲社会行为）；（2）身体健康与福祉（例如，整体健康、身体形象、营养、与家庭成员共进餐以及睡眠模式）；（3）社会连接（例如，学校、家庭和社区中提供支持的成年人，与同龄人之间的归属感）；（4）课后时间的使用（例如，体育、课程、看电视、玩视频游戏 / 使用社交媒体）；（5）学校经历与动机（例如，

学校的氛围、欺凌、学业的自我概念）。

随着青少年的社会情感能力和健康在学校和社区中变得越来越重要，为了预防问题和促进繁荣，父母、教育工作者、社区成员和政策制定者都在寻找可靠有效的方法，以评估青少年的社会情感发展、健康、学校成就和课后参与情况。通过收集青少年对其在校内外经历的看法，MDI 为利益相关者提供了支持资金分配、项目实施、服务整合和政策决策的有用信息，所供信息需要向学校、社区和学区三个层面报告。为避免排名和比较，学区报告不公开，教育工作者和社区可以通过一个名为“发现 MDI”的网站（https://discovermdi.ca.），访问经过认真筛选的视频、演讲、工作表、社区故事以及关于儿童发展的学术研究链接，思考和分析 MDI 数据背后的影响，并在行动中主动使用这些数据。随着每年 MDI 数据的增加，EDI 和 MDI 数据之间的链接和整合也在相应增长，这为探索 EDI（幼儿园结果）与 MDI（四年级和 / 或七年级结果）之间的纵向关联提供了更大的机会。

五、联合国的社会情感学习能力评估

联合国教科文组织印度研究所（MGIEP）从促进人类繁荣的视角，创建了一个社会情感学习的“整体大脑”框架——EMC^2（Singh & Duraiappah，2019），见图 2-7。“整体大脑”框架包含四大领域 13 个指标，即共情（empathy）、正念（mindfulness）、同情（compassion）和批判性探究（critical inquiry）。其中，共情能力包括说出并识别情感、理解他人的观点、培养社会关系。正念能力包括增加关注和意识、练习正念技巧、调节情绪。同情能力包括：承认同情行为；对自己、他人和环境都要有同情心，成为变革的推动者。批判性探究能力包括以证据为基础的探究、逻辑是理性的核心、建立自我怀疑并形成有智慧的韧性（适应力）。“整体大脑”框架认为，教育系统的能力评估应该由专注经济增长转向建设人类繁荣，需要明确关注社会情感技能和理性思维的培养与锻造。

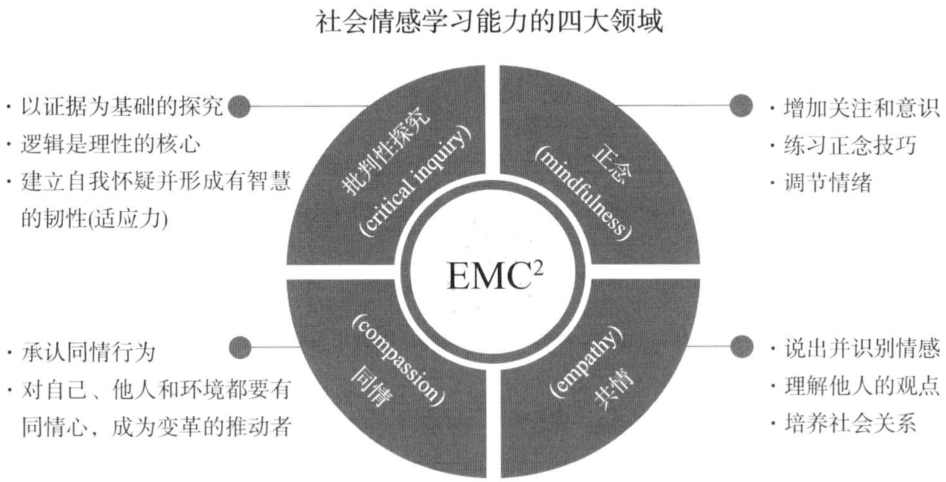

图 2-7　联合国教科文组织的“整体大脑”框架——EMC^2

资料来源：https://www.mgiep.unesco.org.

在评估框架的层次方面，联合国教科文组织认为可以分为三个层次推进：

第一层　自我

✓ 注意力调节：在当下集中注意力和专注的能力。

✓ 自我调节：识别和认识自身情感、思想及其对行为影响的能力。

✓ 情绪调节：有效调节自身情感、思想和行为的能力。

✓ 批判性探究：收集和分析信息，并对论点、事实、数据和结论的内部一致性进行批判性分析的过程。

第二层　他人和社会

✓ 共情：感受和感知他人情感的结合，以及识别和理解他人情感的能力。

✓ 社会意识：欣赏多样性和尊重他人的能力。

✓ 关系技能：沟通、合作、倾听和帮助他人的能力。

第三层　能动性、行为改变与行动

✓ 同情：倾向于采取行动帮助他人，以改善他人的境况。

✓ 合作：与他人共同工作，没有隐秘动机。

✓ 负责任的决策制定：理解自己的行为对他人幸福感的影响。

在评估框架的清晰度方面，联合国教科文组织建议具备以下几种特征：一是具体性，要求框架具有明确且具体定义的能力；二是平衡性，要求框架平衡内在、外在和认知能力，并包括知识、技能和态度；三是发展性，要求框架包括并利用发展视角，说明能力是否可塑、如何随时间发展，以及在不同年龄和发展阶段的表现；四是文化敏感性，要求框架对社会情感学习过程中的文化变异保持敏感并能予以解决，包含了对成功至关重要的文化相关能力，不偏袒任何一个文化群体；五是实证基础，要求框架中提到的社会情感能力是实证研究得出的结果，证明了这些能力在学校、工作和生活中取得成功的重要性。

小 结

中小学生命健康素养评估是一个相对复杂、多元跨界且动态发展的研究领域，无论是联合国、经济合作与发展组织等全球性国际组织还是欧美等发达国家，在理论和实践方面都做出了持续的探索与创新，在评估原则、内容、形式、工具和结果分析与应用等方面也已经有了较为成熟的模型和规范，所建立的全球性测评机制及其超大容量、可用于全球儿童和青少年生命健康比较分析与研究的数据库资源，无疑是全面促进人类繁荣可持续发展的重要软实力，为世界儿童和青少年的健康成长和科学发展提供了总体方向和目标。

中国的中小学生命健康素养评估起步较晚，目前的心理健康筛查和核心素养测评，要么过于侧重问题或病因的诊断性检查，偏离了优势导向、以评价促发展的软性评估原则；要么只是提出原则性的评估方案，缺乏细致规范、易于操作执行的具体规定，导致相关测评或评估的实际效果并不理想。

随着国际组织青少年生命健康素养测评工具的广泛推广与应用，中国教育部和一些城市的教育系统也开始尝试引进并参与相关的测评项目，例如苏州和济南分别参与了 OECD 社会情感能力测评（SSES）的第一期（2019 年）和第二期（2023 年）测评[①]，有些高校也根据自身需要转化了 SSES 的部分内容[②]。尽管在测评结果的横向对比中，中国学生的整体表现不俗，也产生了一定的社会效应和国际影响，但从目前的文献研究来看，社会情感能力测评在国内基本还都是简单的“拿来主义”，能够根据实际情况进行部分转化和应用的工具可谓凤毛麟角，

① OECD. Nurturing Social and Emotional Learning Across the Globe: Findings from the OECD Survey on Social and Emotional Skills 2023. Paris: OECD Publishing，2024. https://doi.org/10.1787/32b647d0-en.

② 姚昊，陈淑贞 . 家庭教养方式何以影响大学生社会情感能力？：生师互动的中介作用 . 教育学术月刊，2022（4）: 45−51.

尚未见到深层次开发、大规模应用、长时期转化并多轮次跟踪实践的本土化测评系统。

鉴于此，能够及时吸收国际先进评估理念和技术，结合中国文化和教育背景，并长期深耕于国内中小学生命健康素养测评领域的HAWA®系统，就显得弥足珍贵。

第三章

健康素养测评系统（HAWA®）研发

中小学生健康素养测评系统，原名健康与幸福测评系统（HAWA®），系项目组自2012年起先后联合北京师范大学、中国人民大学和北京大学，以及地方教委、教研院和中小学校等，历经十余年持续探索发展而成。

2018年，HAWA®2.0在教育部与北京师范大学联合主办的第四届中国教育创新成果公益博览会上荣获SERVE奖①，随后项目组对HAWA®2.0进行修订。2019年，HAWA®3.0成为教育部原教育发展研究中心、中国国家创新与发展战略研究会教育研究中心与北京大学儿童青少年卫生研究所、盈德未来教育测评研究院联合开展的、为期五年的中小学生健康素养调查的评估工具，HAWA®3.0曾在疫情期间更名为“中小学生生命健康素养测评系统”。

回顾十余年的研制与发展过程，HAWA®有着相当幸运和饱满的前世今生，大致分为三个阶段：

阶段一　上海市闵行区健康与幸福项目实施效能评估（2012—2013年）
阶段二　上海市闵行区健康与幸福项目实施效能再评估（2014—2015年）
阶段三　中小学健康素养评估（2018—2024年）

第一节　早期探索阶段HAWA® 1.0（2012—2013年）

一、研发背景

进入21世纪后，随着国家综合实力的不断增强以及人民物质文化生活水平

① SERVE奖是以北京师范大学中国教育创新研究院2015年提出的SERVE模型（Solution、Example、Rules、Values、Education）为标准和依据进行评选的。入围SERVE奖提名的创新成果指向学生发展所必备的关键能力与品格。

的不断提高，儿童和学生的身体健康、心理健康、个体道德以及性格养成，逐渐成为政府教育政策制定、家长和社会普遍关注的重点。教育部为此先后发布了各项相关政策文件，包括2008年的《中小学健康教育指导纲要》，2011年的《体育与健康课程标准》《品德与生活课程标准》《品德与社会课程标准》，2012年的《中小学心理健康教育指导纲要》（修订版），2013年的《中小学教育质量综合评价指标框架（试行）》。全国中小学校也开始在德育课以及体育课中实施健康教育内容。在许多试点项目中，健康教育是作为德育课的一部分来教授，不仅包括课堂指导，还包括课外活动，有些学校还提供心理咨询服务。

但是，生命健康教育是个全新的领域，实践中并没有先例，所以在具体实施中遇到了很多问题和挑战。时任《中小学心理健康教育指导纲要》（2012）修订组组长、中国人民大学心理研究所所长俞国良教授曾指出，健康教育出现了“四化”倾向，即医学化、片面化、形式化和孤立化；心理健康教育也存在“四无”现象，即无人做、不愿做、不会做、不真做。他一直在呼吁建立一套关乎健康与幸福教育的大系统，不仅要开发出本土化的教材，还要提供相应的课程、指导和评估，让健康与幸福课程成为深入开展生命健康教育的主渠道。

在国内和国际越来越关注健康与幸福的背景下，上海市闵行区在“十二五”教育改革和发展规划中，明确提出营造“大德育”的教育氛围与社会环境，健全未成年人思想道德建设的长效联动机制和常态运行机制，整合学校教育、家庭教育与社会教育资源，形成推动闵行区由教育大区走向教育强区的合力。为此，闵行区教育管理者把让每个孩子健康、快乐地成长放在了教育愿景的中心位置（见图3-1），着眼于每一个学生的终身发展，培养学生的社会责任感、创新精神和实践能力，树立以教育家精神办学的思想和以提高质量为核心的教育发展观，办好每一所学校，教好每一个学生。①

闵行区健康与幸福试点项目应运而生，成为走在国内基础教育改革前列的创新之举。2012—2013学年闵行区12所中小学研究《健康与幸福》教材（中译本由浙江教育出版社和麦格劳－希尔教育集团联合出版），不仅探索国际教材本土化的可能性，更探索健康与幸福课程内容与学校现有体育、品德与心理健康教育内容有机结合的可行性。同时，区教育学院还委托享誉世界的权威独立第三方国际教育测评机构——麦格希教育测评中心，提供《健康与幸福》教材本土化实施效能评估。

① 闵行区人民政府完善教育公共服务体系，2010年财政性教育经费占全区财政总支出的比例达到16%。

图 3-1　上海市闵行区教育局发布的教育愿景（2010 年）

健康与幸福课程旨在教给学生关于生理、心理、情绪和社会实践方面的知识与技能。中文版课程涉及三至十二年级的内容，三至八年级每年级两册书，高中三册，每册书均涉及心理和情绪健康、家庭和社交健康、生长和发育、营养、个人健康和运动健身、个人安全、酒精烟草和其他药品、慢性病和传染病、消费者和社区健康、环境健康十个主题。每个主题模块都以培养学生批判性思维为目标，引导学生掌握**十项基本生活技能，包括实践健康行为，设定健康目标，管理压力，运用沟通技能，做负责任的决定，分析影响健康的因素，解决冲突，运用拒绝技能，获取健康的信息、产品和服务，做一名健康倡导者**。不同的年级有不同的知识深度和能力要求。

试点项目是一个涵盖健康与幸福课程、体育教育、德育、心理健康教育和服务、学校幸福教育活动、家长和社区参与的多方协调与合作平台（见图 3-2），闵行区 9 所小学（三年级学生）和 3 所中学（六年级学生）先行试点，并在项目实施满一周年之际进行项目实施效能评估。为保证试点项目顺利进展，区教育局不仅为健康与幸福课程建立了一个保障系统（见图 3-3），还采取了 7 项促进校本化和本土化的措施：

（1）课程实施标准的研制及课程核心内容的梳理；

（2）本土化内容适切点的遴选及相关人员的培训；

（3）闵行区教研联合体的校际互动研讨 31 次；

（4）原版教材三年级、六年级两册《教学指导用书》的翻译工作；

（5）80 多节教学案例的征集评比和 25 个课堂实录的网上交流；

（6）学科渗透、课题研究及家庭社区结合等多形态实施途径的探索；

（7）12 份课程实施前测调研报告及自评与他评相结合的效能评估。

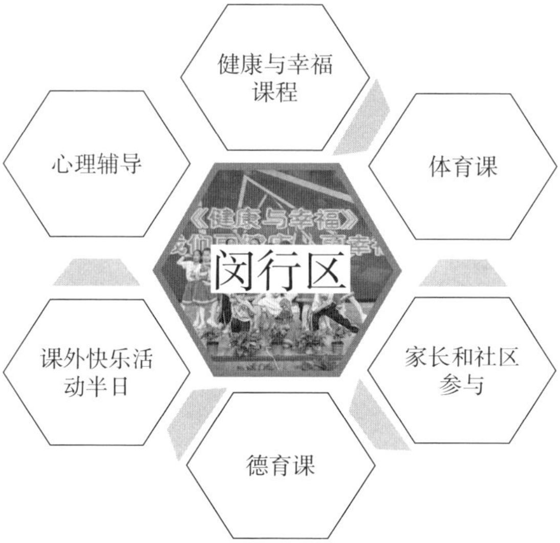

图 3-2　闵行区健康与幸福课程的实施

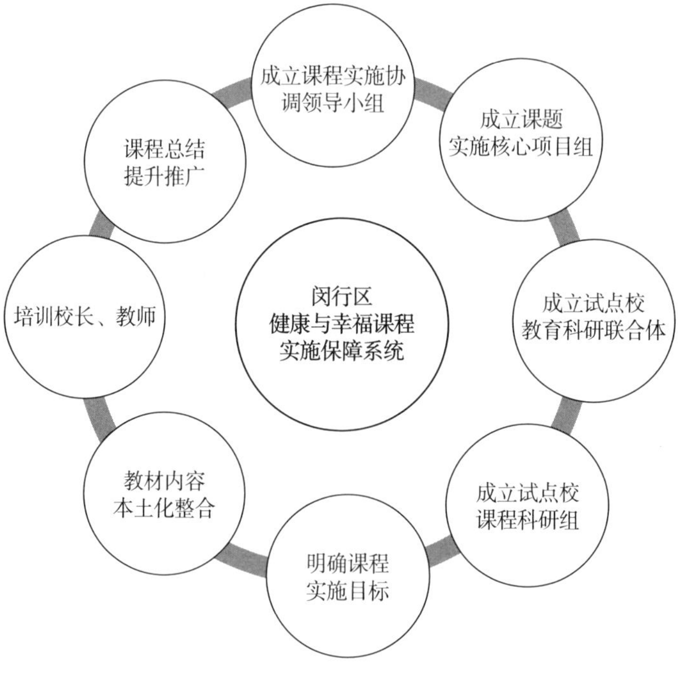

图 3-3　闵行区健康与幸福课程本土化实施模型

健康与幸福课程的知识测评从多个方面突破了传统考试的桎梏。第一，评估题目基于国际健康教育标准和国家相关课程标准制定，测试结果能够根据课程标准进行解释。评估报告可以证明，学生有能力掌握健康知识和技能，促进个人健康和幸福。第二，评估结果表明了学生学习国际健康教育标准以及课本中十项生活技能的情况。这为教师、学生、家长提供了必要的信息，可以激励学生不断进步。第三，评估的目的不是排名并将学生分类，而是了解项目下教与学的实际效果，发现需要改进或提升的地方。

二、需求调研

项目组在明确整体发展方向和建设要求后，开始进行全球范围的信息收集、分析、整理与研究。在前期准备、标准设定和框架设计上，不仅吸收借鉴了美国、加拿大、经济合作与发展组织以及联合国教科文组织等国家和国际组织的先进经验，也有机结合了中国自身的课程标准（详见研发背景）。通过访谈、邮件、文本信息、面对面交流等方式，反复与教育局领导、研究者、教师和校长开座谈会，并利用国际上先进的决策导向型评估模式——CIPP（Stufflebeam，et al，1971）开展需求调研、框架设计、实施监督和结果评价，最终确定了闵行区健康与幸福课程试点项目评估的具体内容和要求（见表 3-1）。同时，在为项目设计知识测评题目时，注意尝试并探索能够有效测评中小学德育教育成效的方式方法，强调生命健康教育应注重培养具备四种特质的人，即：批判型思想者和问题解决者，负责任且有能力的公民，自主学习者，有效的沟通者。

表 3-1 根据 CIPP 模型设计测评方案

评估阶段	内容和要求
背景需求 Context （应该做什么？）	❖ 创建项目评估框架 ❖ 了解如何评估健康与幸福课程实施效果 ❖ 评估健康与幸福课程内容是否适合中国学生 ❖ 健康与幸福课程的系统化及教师专业化发展 ❖ 教材以及资源、材料的本土化
输入需求 Input （如何做？）	❖ 结果报告需要从区和学校两个角度呈现，同时需要呈现学生、教师和校长对课程实施情况的反馈 ❖ 课程评价和项目评估结果不用于排名，而是用于监控项目，为项目改进提供信息 ❖ 可以同时采用国际上健康与幸福的评估标准以及中国的课程标准

续表

评估阶段	内容和要求
过程需要 Process （完成了吗？）	❖ 主要寻找课程内容对学生行为改变的影响 ❖ 教学方法对学生行为的影响 ❖ 学校支持或管理对学生学习的影响
成果需要 Product （成功了吗？）	❖ 评估关键的成功（限制性）因素：教学方法、学校支持、学生学习活动、家长和社区参与等 ❖ 明确试点项目带来的变化、项目预期目标实现的程度、取得的成绩以及需要改进的地方 ❖ 评估学生是否在适当的时候接受了适当的健康概念、情感学习、道德行为的教育

三、评估框架设计

在前期 CIPP 研究的基础上，项目组提出了一个包括三大综合性标准的健康与幸福教育评估框架，即身体和情绪健康知识、实践健康行为与减少患病和自然风险的能力、社交及沟通技能以及提高健康与幸福的能力。这三个标准在评估报告中的简化名称为“健康知识”“个人健康技能”和“生活 / 社会实践能力”，每一条标准都能从《健康与幸福》教材中找出相对应的内容，以此来测评和报告学生通过实验课堂学习和实践活动所出现的行为和态度变化。

为了保证健康项目与项目实施效能评估的有效性，项目组参考健康测量的跨理论模型以及经济合作与发展组织幸福感测量指南（OECD，2013），分别设计了两种形式的评价工具——试卷和调查问卷，试卷和调查问卷的题目都必须紧密结合健康与幸福课程的实施内容以及学生的日常生活内容。除了学生试卷及调查问卷，项目组还设置了相应的教师和家长问卷，意在通过多方面采集的数据，分析了解健康与幸福课程给学生的健康知识、行为、态度和价值观带来哪些变化。

首先，普罗查斯卡（Prochaska）的跨理论模型（Trans-Theoretical Model，TTM）为教师和学校课程管理评估提供了相关的理论依据。其所提出的五阶段理论，即无意图阶段（没有准备）、意图阶段（正在做准备）、准备阶段（做好了准备）、行动阶段（行为改变）、维持阶段（能保持持续行为改变和具有自我效能感），可以适用于多种身体健康和心理健康行为与态度变化的研究（见图 3-4）。不过，行为改变是一个过程且在改变过程中还会发生“回流”现象。该特性不仅能帮助项目组设计行为及态度变化的调查问卷，还可以利用学生、教师、家长的问卷结果进行相互信息的印证，从而更好地了解学生、教师和教育管理者究竟处在健康与幸福课程实施的哪一阶段：有实施的愿望，准备实施，开始实施，持续性习惯性的健康与幸福实践（见图 3-5）。

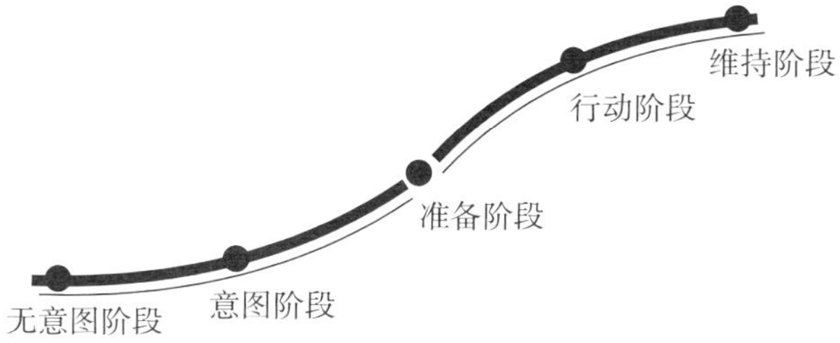

图 3-4　行为改变的五个阶段

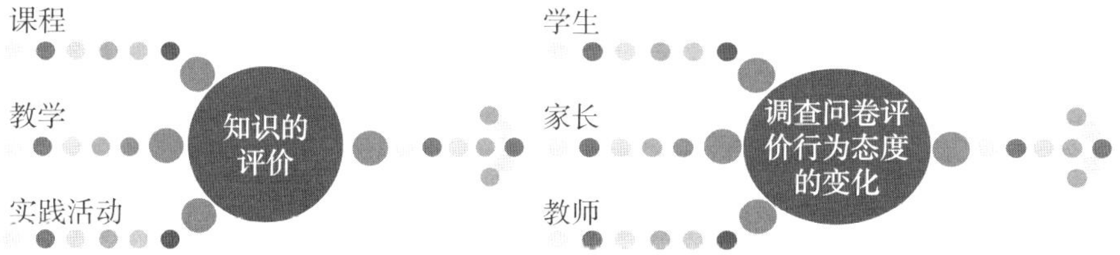

图 3-5　健康与幸福课程知识评价和行为改变评估的流程

其次，OECD 2013 年发布的“测量主观幸福感指南”规定了如何对主观幸福感进行准确、可信、有效的定量测量，这是显示生活质量的核心要素，包含了生活评估、情感和幸福三大要素。生活评估是指对一个人生活或生活的一些方面进行反思评估。情感是指一个人在某个特别时间点的情绪或情感状态。幸福是指对生活有意义、有目标的感觉，或者是良好的心理功能。而这些要素都与中国的教育政策以及闵行区改善中小学生心理幸福和健康行为的目标密切相关。指南中的项目评估方法、数据收集设计、数据分析、评估结果分析等工具，都为试点项目的心理健康教育测评提供了重要参考。

再次，在评价重点和量尺方面，项目组参考了美国《国家健康教育标准》第二版所提供的有效健康教育特征（见表 3-2），同时还根据项目需要添加了本土化，校本化，与家庭和社区结合，与探究课、德育课、体育课结合等内容。

表 3-2　有效健康教育特征

课程实施应该关注	课程实施应该
学生的具体行为结果	使用以研究为基础的、以理论为导向的评价
满足个体价值和社会道德规范，支持健康促进行为	防范会危害健康的行为，提高个体对它们的防范意识，加强保护性因素

续表

课程实施应该关注	课程实施应该
社会压力	培养个人和社交能力
提供有用的健康知识，这些知识是基础的、准确的、直接的，有助于做出健康促进决策，有助于健康促进行为	使用策略，让信息个性化并让学生一起参与
提供适合学生年龄和身体发育状况的恰当信息、学习策略、教学方法和教学资源	从文化角度包含学习策略、教学方法和教学资源
强调充足的教学时间	提供机会，实践和强化技能和积极健康行为

最后，在信度和效度方面，项目组采用了 OECD 高质量测量和数据分析的有效测量七原则，即信息相关性、信息准确性、信息可信性、信息及时性、信息可达性、信息可解释性、信息一致性，来尝试验证健康与幸福项目评估的信度和效度。测量工具的开发要根据信度和效度的标准来进行。效度是指测量或调查题目能够准确测出所需测量事物的程度。信度是指测量和调查结果的一致性和稳定性。信度同时也是效度的一个必要因素。如果评估内容没有得到一致性的结果，那么这个测评就不能说是有效的。因为 2013 年是课程考核和项目评估的第一年，所以，项目组为课程考试题目和问卷调查题目的信度指数进行了项目分析，同时还分析和报告了测量的标准误差，用置信区间解释了测评结果并报告了测量的总体统计数据。量化分析评估结果主要报告了项目反应理论（IRT）分数和行为态度因子指数分数，并对学生、父母、教师的问卷调查结果进行了相关性分析。

四、测评系统开发

（一）测评目标和指标确定

闵行区健康与幸福课程在 2012—2013 年首次在 12 所中小学进行了本土化的实践。此次测评项目采用五种评估形式：学生课程知识掌握测试、学生行为及态度变化问卷调查、教师问卷调查、家长问卷调查、校长访谈。目的是通过不同形式的评估，提供能够相互印证的健康教育实验证据，一是看学生所获得的知识和技能是否有助于其健康的行为，二是看教学方式和学习策略是否有助于学生根据健康教育标准不断进步。项目组经过与闵行区教育学院的多次沟通以及对所有材料进行审阅并组织系列专家讨论之后，确定了以下三个健康与幸福项目评估质性分析与统计分析的首要目标：

目标 A：评价学生通过课程的学习所获得的成果和效益。

目标 B：评价课程实施与学生、家长、教师等学校教育工作者关于健康与幸福项目的经验和建议。

目标 C：评价根据课程与国内外健康教育标准以及心理健康研究得出的学生健康与幸福维度的相关性。

为了进一步明确对教师教学方法和学校管理水平进行评估的目标，项目组根据国际社会与心理健康项目在学校实施的评价标准，为闵行区构建了评估目标，即评价量表（见表 3-3 和表 3-4），并用评价量表所提供的校长和教师信息来核实试点项目设定的实施目标，确保闵行区得到预期的数据报告和结论。由于本次评估是首次进行，我们提供以下方案供参考。

表 3-3　学校课程实施管理评估内容和等级描述

应该做什么	如何做的	实施成果成熟	有一些实施成果	起步和计划中
校长的参与、领导与支持				
成立实施团队				
校本化，有选择地整合教材				
保证授课时间				
渗透各学科，利用班会、主题活动等				
与家长、社区、社会教育相结合				
建立评价机制				
有教师培训和资金支持				
有长远、多年级推广计划				

表 3-4　教师教学方法评估内容和等级描述

应该做什么	如何做的	实施成果成熟	有一些实施成果	起步和计划中
增强自我对健康与幸福的理解				
参加项目团队集体教研				
保证授课时间				
设计校本健康与幸福课程授课教案				
利用班会、主题活动为学生创造实践的机会				
关注学生心理健康				

续表

应该做什么	如何做的	实施成果成熟	有一些实施成果	起步和计划中
培养学生独立探究的能力				
鼓励学生积极与人沟通				
运用形成性评价反馈				
与其他教师、校长沟通				
与家长、社区沟通				
参加校际及区里培训交流				

1. 测量目标设计

（1）测量目标 A 的相关设计

研究目的

目的 1：对比参加课程和不参加课程的学生之间健康知识水平的差异。

目的 2：对比参加课程和不参加课程的学生之间健康行为、态度和价值观的差异。

研究假设

假设 1：与不参加健康与幸福课程的学生相比，参加者在课程知识测评中的得分更高。

假设 2：与不参加健康与幸福课程的学生相比，参加者表现出更积极向上的态度和价值观。

假设 3：与不参加健康与幸福课程的学生相比，参加者能更敏感地认识到行为或行为变化。

假设 4：与不参加健康与幸福课程的学生相比，参加者在学习方面取得了更大的进步。

（2）测量目标 B 的相关设计

家长调查问卷。此问卷负责调查家长，了解家长对孩子的“健康与幸福”状态的认识及其观察到的孩子在上“健康与幸福”课程以来行为态度的变化，询问家长对“健康与幸福”课程的满意度。问卷题目关注国际健康教育标准 A、B、C 中关键的身心健康领域和学生的生活实际情况。

教师调查问卷。此问卷负责调查教师，询问如下内容：一是学生在“健康与幸福”课程中的表现，及教师观察到的学生行为态度的变化。二是教师如何看待“健康与幸福”课程的重要性，及其对“健康与幸福”课程教材的满意度。三是有关教师培训、课程质量和课时充分性的问题。四是教师认为“健康与幸福”教育中可加入哪些对学生有益的做法。五是教师在“健康与幸福”课程教学中的感受以及在教授课程中发生的教学变化。

（3）测量目标 C 的相关设计

评价实验课程与国内外健康教育标准以及心理健康研究得出的学生“健康与幸福”维度之间的相关性。项目组主要从两方面进行研究：

相关性及同一性分析：在学生知识测评工具开发的过程中运用质性分析的方法，对联合国教科文组织健康教育标准、美国《国家健康教育标准》和中国《中小学心理健康教育指导纲要》《体育与健康课程标准》《品德与生活课程标准》《品德与社会课程标准》等与“健康与幸福”相关的教育标准，进行相关性和同一性分析。

校长调查及访谈：在校长访谈调查中，了解“健康与幸福”课程与试点学校目前已有的课程和教学的相关性，以及试点学校在课程实施中的校本化实践内容与经验。校长需要总结课程实施团队教师的意见，代表本校课程实施团队完成一份开放式问卷，代表学校管理层就课程、目标和标准等教师或校长认为需要注意的方面提出汇总反馈意见。

2. 定性测量系统构建

项目组在数据收集和系统搭建过程中使用了认知测评工具和非认知测评工具，也进行了国际国内标准内容的比照。

认知测评工具内容的整体设计是以国际健康与幸福教育标准的三个维度为依据，分别为三年级和六年级各设计一套客观题测试，每套题包含 45 道多项选择题，同时还列出了与国际标准和国家标准对应的内容，以及以标准为依据的测评题目样本。由于篇幅所限，这里仅展示三年级的测评设计蓝图、标准制订和样题（见表 3-5、表 3-6 和表 3-7）。

除认知测评工具之外，项目组还设计了非认知测评工具——学生家庭和自然背景信息调查（三年级和六年级各一套），以配合认知测评和行为态度的调查问卷。学生家庭和自然背景信息调查将收集被测者的年龄、性别、家庭背景情况等对分析测评结果有用的信息。调查目标受访群体是学生和家长。学生行为、态度变化调查问卷一共设计两套（三年级和六年级各一套），负责评估学生的身心健康行为、身心健康态度、身心健康价值观三方面的变化。

表 3–5　三年级以国际健康与幸福教育标准为依据的课程测评设计蓝图

测评标准 / 目标	题目类型	题目数量	分数	总分数
健康与幸福知识	多项选择题	16	16	16
个人生活技能	多项选择题	13	13	13
生活实践	多项选择题	16	16	16
总计		45	45	45

表 3–6　国际健康与幸福教育标准 HAWA® 1.0（三年级）

<table>
<tr><th>健康与幸福标准</th><th>美国全国健康教育标准</th><th>联合国教科文组织健康民众</th><th>三个标准与中国体育健康与心理健康标准的对应关系</th></tr>
<tr><td>健康与幸福标准 A：学生了解相关的健康促进和疾病预防的概念（知识层面）</td><td rowspan="9">标准 1：学生了解相关的健康促进和疾病预防的概念，以增进健康
标准 2：学生分析家庭、同龄人、文化、媒体、技术和其他因素对健康行为的影响</td><td rowspan="9">人体的结构与功能</td><td rowspan="9">1. 了解个人卫生保健知识和方法，了解疾病预防知识
2. 学会生活</td></tr>
<tr><td>1. 能描述出个人健康行为和个人幸福之间的关系</td></tr>
<tr><td>2. 知道儿童时期心理的、情感的、社会的和身体健康的指标</td></tr>
<tr><td>3. 能描述人体系统的基本结构和功能</td></tr>
<tr><td>4. 能描述家庭如何影响个人的健康</td></tr>
<tr><td>5. 知道物理、社会、环境和情感环境如何影响个人的健康</td></tr>
<tr><td>6. 了解常见的儿童健康问题</td></tr>
<tr><td>7. 了解应当及早发现并治疗的健康问题</td></tr>
<tr><td>8. 解释儿童时期的受伤和疾病如何预防或治疗</td></tr>
</table>

续表

健康与幸福标准	美国全国健康教育标准	联合国教科文组织健康民众	三个标准与中国体育健康与心理健康标准的对应关系
健康与幸福标准 B：学生有能力采取增进健康的行动，从而减少健康风险（个人能力层面） 1. 能够识别具有责任感的健康行为 2. 全面发展体能与健身能力，提升身体柔韧性、灵敏性、速度和力量 3. 掌握提高或保持个人健康的策略 4. 构建预防伤害和管理个人健康的方案 5. 掌握避免和减少威胁的方法 6. 能够运用技巧来管理压力	标准 5：学生具有使用决策技能来增进健康的能力 标准 6：学生具有通过设定目标来增进健康的能力 标准 7：学生有能力采取增进健康的行动，从而避免或减少健康风险	学习，思考，作出理性的决定，并按决定行事的能力	1. 积极参加多种体育活动 2. 掌握运动技能和方法 3. 增强安全意识和防范能力 4. 塑造良好体形和身体姿态 5. 全面发展体能与健身能力 6. 提高适应自然环境的能力 7. 培养坚强的意志品质 8. 形成合作意识与能力 9. 具有良好的体育道德 10. 学会学习
健康与幸福标准 C：学生能够运用沟通技能来增进健康与幸福（社会能力层面） 1. 能够区分语言和非语言沟通 2. 能够描述做一个值得信赖的朋友和家庭成员所需要的特征 3. 能够用健康的方式来表达需求、愿望和感情 4. 能够关心、照顾、尊重他人与自重 5. 能够运用细心的倾听技巧来建立并维护健康的人际关系 6. 能够运用拒绝的技巧来增进健康	标准 3：学生具有获得有效信息、产品和服务从而增进健康的能力 标准 4：学生具有通过人际沟通来增进健康、避免或减少健康风险的能力 标准 8：学生有能力倡导个人、家庭和社区的健康	在不同的社会环境中与他人建立并保持关系的能力；能够识别并充分、恰当地表达需要与感受的能力	1. 人际交往方面，善于与同学、老师交往，培养自主参与各种活动的能力，以及开朗、合群、自立的健康人格 2. 学会体验情绪并表达自己的情绪 3. 让学生学会了解自我、认识自我 4. 社会适应

续表

健康与幸福标准	美国全国健康教育标准	联合国教科文组织健康民众	三个标准与中国体育健康与心理健康标准的对应关系
7. 区分在发生冲突时的消极行为和积极行为			
8. 能够运用非暴力策略解决冲突			
9. 能够区分健康信息资源以及促进健康的产品和服务			

表 3-7　以国际健康与幸福教育标准为依据的三年级测评样题规范

标准	健康与幸福标准 A：学生了解相关的健康促进和疾病预防的概念
指标	6. 了解常见的儿童健康问题
级别	3
题目类型	选择题
认知级别	回忆或应用
内容范围	可能包括传染性疾病和慢性疾病 可能包括传染病预防
备注	内容必须与中国儿童所熟悉的文化相关
样题	疾病从一个人传播到另一个人，通常是以下哪一项所致？ a. 细菌 b. 药品 c. 疫苗 d. 抗体 下列哪项是预防慢性疾病的良好措施？ a. 常洗手 b. 避免与他人近距离接触 c. 健康饮食 d. 吃非处方药

第二节　系统优化阶段 HAWA® 2.0（2014—2015 年）

一、研发背景

2014 年，闵行区健康与幸福国际课程本土化项目进入第三年。2015 年初，项目团队支持闵行区教育学院组织该项目实施效能第二次评估。根据闵行区的要求，此次评估需要在 2013 年评估工作基础上进行，延展评估深度和广度，对课程实施效果、课程理解、课程实施方式、项目整体效能和后续影响等进行评估。换句话说，就是要对课程实施进行深层次价值挖掘。

2013 年，闵行区 12 所实验校首次参加健康与幸福项目评估，包括来自 9 所小学的 1 597 名三年级学生和来自 3 所中学的 332 名六年级学生；对照组来自 9 所小学的 1 500 名三年级学生和 3 所中学的 311 名六年级学生；合计 3 740 人。经过两年的发展，实验校数量和参与实验的学生人数都有了可喜的增长——参与本次评估的是分别来自 30 所闵行区实验校的 8 093 名学生和 5 所闵行区对照校的 1 601 名学生，合计 9 694 人。所以，本次评估的规模与复杂性都远远超过前次评估。

二、评估目标与需求分析

世界“质量管理之父”戴明（Edwards Deming）博士说过，“What you measure, you improve”，意思是“测量之，改进之”，即说明了科学评估对提升质量之重要。鉴于此，在认同前次评估报告中描述的健康与幸福教育“四个培养”的终极目标和意义的基础上①，项目组经与闵行区多次沟通，确定了闵行区健康幸福项目评估需求的四个方面：

1. 结果性评估：对三、四、五、六年级的实验组和对照组进行横向对比，捕捉同一年级不同群体之间的差异，通过数据统计深入探索“健康与幸福”国际课程的开展效果。

2. 课程评估：教师、校长对“健康与幸福”国际课程的理解、课程实施方式的评估；学生对“健康与幸福”国际课程的教学方法满意度的评估。

3. 项目评估：借用国际通行的评估标准，从以下四个维度对闵行区健康与幸福项目整体实施情况进行评估，即公平的学校健康教育政策、安全的学习环境、

① 《健康与幸福课程对上海闵行区学生影响调查报告》（2012—2013 学年）。

以技能为基础的健康教育以及以学校为基础的卫生和营养服务。

4. 后续影响评估：对学生批判性思维培养的评估，探讨“健康与幸福”国际课程实施对师生关系、家庭关系的影响。

三、评估方案设计

广义而言，教育项目的评估是为了更好地了解课程实施运作情况及其是否满足学生、教师、家长和其他利益相关者的需求而进行的一系列活动。一套优秀的评估方案需要符合以下要求：架构清晰，考虑周全，抽样具有代表性，相关数据搜集充足，以及系统地分析和呈现这些数据。为了确保项目评估的延续性，本次评估将在以下方面与 2013 年项目评估总体保持一致：（1）项目评估方法（CIPP 模型，Stufflebeam，et al，1971）；（2）评估框架与测评模型；（3）评估工具研发依据与研发方法。

新的项目评估方案主要包括以下六个方面的内容：

◆ 在充分了解和征求学生、家长、教师等学校教育工作者的意见与期望的基础上，科学地制定“健康与幸福”项目评估方案的目标；

◆ 与目标相关的主要统计假设和为评估而开发的测评工具列表及其描述；

◆ 相关的准实验设计和被试信息；

◆ 测评与评估初步的数据分析方案；

◆ 与参试年级相关的国内外健康与幸福教育课程标准框架（3~7 年级）；

◆ 评估报告内容。

在明确评估目的、评估需求并制定了双方认可的评估方案后，项目组对三年级和六年级评估工具进行修订，并开始研制四年级、五年级和七年级健康与幸福评估框架以及相应的试卷、问卷蓝图和评估工具。

四、测评框架完善

1. 增加评估标准

首先，项目组运用质化分析方法对联合国教科文组织对健康的最新概念内涵和中国教育部颁布的《中小学心理健康教育指导纲要》（2012 年修订）、《品德与生活课程标准》、《品德与社会课程标准》、《体育与健康课程标准》进行了相关性和统一性分析。**研究发现，不论是国内标准，还是国际标准，都把情绪管理作为一项独立的评估健康的重要指标**。于是，项目组决定对 2013 年健康与幸福国际测评标准框架进行修订，将原来的三项标准（健康知识、健康技能、生活 / 社会实践）改为四项标准：健康知识、健康技能、社交健康、情绪健康。将原来第三项标准（生活 / 社会实践）改为社交健康和情绪健康两个独立标准，主要基于以下考虑：一是联合国教科文组织关于个体健康的定义，即个体健康包括身体健康、智力健康、社交健康、道德健康和情绪健康。二是我国《中小学心理健康教育指导纲要》中明确指出，情绪调适是心理健康教育工作的一个重点。三是大量关于情绪与儿童发展关系的文献研究。修订后的健康与幸福测评体系包括健康知识、健康技能、社交健康和情绪健康四项标准（见表 3–8），既符合本土实践，也更加专业化、国际化。

表 3–8 健康与幸福测评体系标准框架

标准 1	健康知识	让学生了解人体的结构与功能，了解相关的健康促进和疾病预防的概念
标准 2	健康技能	让学生学会学习、思考，有能力进行增进健康的行动，从而减少健康风险
标准 3	社交健康	让学生具有社会适应能力，能够运用沟通技能来增进健康与幸福
标准 4	情绪健康	学生能够清晰地表达自己的需求和观点，学会体验情绪表达和情绪调适

其次，项目组又与美国加州大学伯克利分校大爱研究中心的专家合作，共同修订了 2013 年三年级和六年级国际健康与幸福测评框架和测评工具，研制了四、五、七年级测评框架和测评工具。在此基础上继续抽离出了二级指标，并与各年级《健康与幸福》教材内容进行了逐一比对，明确了评估主要采用的四种方法：

（1）学期末对学生进行“健康与幸福”课程考试，评估学生对该门课程知识的掌握情况。

（2）用学生问卷调查来评估学生在健康行为和态度方面的转变。

（3）用教师和家长问卷调查核实和评估学生在行为和态度方面的转变，了解家长和教师对课程的满意度、教师的教学情况以及待改进的地方。

（4）通过校长访谈了解学校对“健康与幸福”课程的管理与本土化实施情况。

2. 增加评估内容和评估手段

一是增加评估内容。依据 2014 年联合国教科文组织发布的学校卫生保健核心指标体系 FRESH（Focusing Resources on Effective School Health，意为“聚焦有效的学校健康资源”），对闵行区的健康保健状况进行了评估。FRESH 支持有效的、现实的、以结果为导向的学校健康工作，以促进学校为学生提供一个更为健康的学习环境，并教育学生如何保持健康。其监测与评估体系包括八项核心指标：四项国家层面指标和四项学校层面指标。闵行区测评应用的是四项学校层面指标，主要包括：

（1）公平的学校健康教育政策是为保护和促进学生与员工的健康和安全而制定的工作重点、目标、标准和规则。

（2）安全的学习环境包括物质环境和社会心理环境，即能够影响学生的生理和社会心理良好状况的学习环境。

（3）以技能为基础的健康教育采用参与式活动，帮助学生获得健康行为的相关知识、树立正确态度并习得相关技能。这些技能包括：认知技能，如解决问题的能力、创造性和批判性思维以及决策能力；个人技能，如自我意识、愤怒管理和情绪应对方式；人际交往技能，如交流、协作和谈判的能力。

（4）以学校为基础的卫生保健和营养服务。校内常见的学生健康问题可以通过学校保健与营养服务，进行有效、简单、低成本的管理。校内咨询服务可以帮助识别正处于困境中的儿童和青少年，并对他们给予支持。项目组据此制定了闵行区项目的评价重点和量尺，见表 3-9。

表 3-9　FRESH 体系评估内容和等级描述

	没有起步	正在形成	已经完成
公平的学校健康教育政策			
安全的学习环境			
以技能为基础的健康教育			
以学校为基础的卫生保健和营养服务			

二是增加评估手段。在题目设计方面，有意识地进行评判性思维方面的测量。比如，很多题目评测学生批判性思维发展的不同阶段：心理准备状态、意愿和倾向。在有关情绪健康的试题和问卷中，我们既测量学生对健康与幸福内容的认知发展，又检测学生在社会关系健康方面的发展以及运用批判性思维解决问题的能力。在实际操作层面，引导教师创造新型的课堂教学文化，鼓励学生进行有益的怀疑，鼓励他们提出问题、探察假设、寻求合理性。这就需要教师消除以往的课堂一言堂权威意识，以课程内容培养学生的自我尊重和对他人的尊重。提倡探究性学习。激活学生个体的批判性思维意识，促使学生朝某个方向去思考，并以审视的眼光来看待问题。具体来说，教师不向学生提供知识的全貌，而是给学生一个知识框架或知识的局部，让学生自己思考、查阅资料、讨论，发现知识和法则。在问卷设计和试题开发中重视提供富有思考性的问题。富有思考性的问题不要学生回答“是什么”，而是考查学生是否会思考。学生需要超越原有知识和能力，对熟悉的知识和信息进行重构，以产生尚未知道

的东西。

选择题举例：

假如一辆私家车停在你身边，车上陌生人要求你上车帮忙，你会怎么做？

选择 A　不要靠近那个人，保持一定的距离，看能否帮忙

选择 B　赶紧走开，因为他可以求助于成人

选择 C　及时伸出双手援助，去帮助陌生人

选择 D　找几个同学，一起去帮忙

选择 E　其他方法

3. 增加评估目标与目标假设

项目组与闵行区教育学院进行了多次沟通并对所有材料进行审阅和多次小组讨论之后，双方就闵行区健康与幸福项目实施效能评估目标及其假设达成如表 3-10 所示共识。

表 3-10　评估目标与目标假设

评估目标	目标假设
评估学生通过对课程的学习所取得的成果和效益，即评估健康与幸福课程的实施效果	1. 与不参加健康与幸福课程的学生相比，参加者在课程知识测评中得分更高 2. 与不参加健康与幸福课程的学生相比，参加者表现出更积极向上的认知倾向性和态度 3. 与不参加健康与幸福课程的学生相比，参加者能更敏感地认识到行为或行为变化
评估课程实施与学生、家长、教师等学校教育工作者对“健康与幸福”项目的需求一致性。评估该课程是否符合和满足学生、教师、闵行区教育局领导与其他利益相关者的设想 -- 评估教师、校长对“健康与幸福”国际课程的课程理解、课程实施方式 -- 学生对“健康与幸福”国际课程教学方法是否满意 -- “健康与幸福”国际课程实施对师生关系、家庭关系是否产生持续影响 -- “健康与幸福”国际课程实施对学生批判性思维的影响	1. 校长、教师对“健康与幸福”国际课程的理解、课程实施方式观点一致 2. 学生对“健康与幸福”国际课程教学方法表示满意 3. “健康与幸福”国际课程实施对师生关系、家庭关系产生了持续影响 4. “健康与幸福”国际课程实施对学生批判性思维发展产生了积极影响

续表

评估目标	目标假设
评估课程与国内外健康教育标准以及心理健康研究得出的学生健康与幸福维度的相关性。评估该课程是否与国内外相关健康教育标准和研究成果相匹配 -- 课程大纲是否符合现有的中国课程标准和国际教育标准 -- 课程大纲与中小学教育中外心理学研究确定的学生“健康”的多个维度的联系	1. 课程大纲与现有的中国课程标准和国际教育标准具有较高一致性 2. 课程大纲与国内外中小学心理学研究确定的学生“健康”定义相匹配
评估闵行区健康与幸福项目在国际卫生项目中的地位和水平。基于国际通行的评估标准，从公平的学校健康教育政策、安全的学习环境、以技能为基础的健康教育、以学校为基础的卫生保健和营养服务四个维度，进行闵行区健康与幸福项目整体实施的评估	从总体上来说，闵行区为学生提供： 1. 公平的学校健康教育政策 2. 安全的学习环境 3. 以技能为基础的健康教育 4. 以学校为基础的卫生保健和营养服务

4. 增加评估工具

（1）针对测评目标一

项目组还在数据收集过程中使用了认知测评工具和非认知测评工具。认知测评工具是指基于“健康与幸福”课程内容的客观知识评估，其中包括对学生态度和理念、认识、行为的测评。除认知测评工具之外，还为各参试年级（三、四、五、六、七年级）设计了一套关于学生行为、态度、批判性思维的调查问卷。

认知测评工具：为了检测“健康与幸福”课程学习给学生带来哪些行为、态度方面的变化，我们参照健康与幸福测评体系的四项标准，为四、五、七年级各研制了一套标准化学生试卷，同时对 2013 年三年级和六年级试卷进行了较大范围的修订。这套系列学生问卷将评估学生的身心健康态度、身心健康行为以及批判性思维三方面的变化。其中，三年级试卷包含 40 道单项选择题；四年级试卷包含 37 道单项选择题（四个选项中有一个是最合适的）和 3 道多项选择题（四个选项中可以选择多个选项）；五年级试卷包含 45 道题，其中单项选择题 42 道，多项选择题 3 道；六年级试卷包含 45 道题，其中单项选择题 41 道，多项选择题 4 道；七年级试卷包含 45 道题，其中单项选择题 42 道，多项选择题 3 道。各年级学生试卷的计分原则是，单项选择题每题只有一个正确答案，回答正确计 1 分；多项选择题属于半开放式问题，考查学生的批判性思维以及学生内心的真实想法，因此，多项选择题不计入总分，只分析频次。

这套系列标准化学生试卷，与一般随堂测试的根本区别在于，其试卷研制与命题严格遵循国际考试委员会（International Test Commission）的行业规范（Guidelines），所依据的评估标准是在综合国内与国际健康教育标准之上提炼出的、既符合国内教学实际又与国际标准接轨且经过初期验证的测评体系。针对2013年测评中发现的高年级答题社会赞许性问题，我们又做了如下工作：一是增加反向题；二是改进了指导语；三是加强测试前宣讲。科学的评估体系和标准化学生试卷的研制是后续评估工作得以公平公正开展的技术保证。这里以五年级“健康与幸福”课程学生试卷的设计蓝图为例（见表3-11）。

表3-11　五年级“健康与幸福”课程学生试卷设计蓝图

测评标准 / 目标	题目类型	题目数量	分数
健康知识	单项选择题	14	14
	多项选择题	1	
健康技能	单项选择题	12	12
	多项选择题	1	
社交健康	单项选择题	10	10
	多项选择题		
情绪健康	单项选择题	6	6
	多项选择题	1	
总计		45	42

（2）针对测评目标二

在家长调查问卷中增加了家长对孩子的关注点和“健康与幸福”课程重点的调查。

在教师调查问卷中增加了教师对自己教学方法的评估和满意度调查。

（3）针对测评目标三

在相关性和同一性分析研究的基础上，生成了一套既适合国内健康教育发展又与国际健康教育标准接轨的健康与幸福教育测评框架。

（4）针对测评目标四

除校长访谈外，增加了校长问卷。在校长开放式问卷中，第一部分是对学校基本情况及健康与幸福国际课程实施情况的调查；第二部分是对学校卫生保健管理的评估，该部分的评估框架基于联合国教科文组织、世界卫生组织等多家国际机构于2014年联合推出的《学校卫生工作监测与评估指南》，从以下四个维度对闵行区健康与幸福项目整体实施进行评估：公平的学校健康教育政策；安全的学习环境；以技能为基础的健康教育；以学校为基础的卫生保健和营养服务。这是本次评估有别于前次评估的重要方面之一。

5. 增加计分方式

在 FRESH 核心指标体系的计分方法中，最常用的评分标准如下：

0= 潜在的 / 差 / 没有

1= 正在形成 / 初级水平 / 有限

2= 已经形成 / 好 / 有

本次校长问卷中，除第 8 题外，其他 13 道题目中，答案选择 A 为 0 分，选择 B 为 1 分，选择 C 为 2 分，例如：

第 2 题：学校是否有监督学校落实健康政策的程序？

A. 没有监督程序（0 分）

B. 正计划建立相关程序（1 分）

C. 已经建立明确程序（2 分）

第 8 题：您所在学校是否开设了以技能为基础的健康教育课程？

计分以开课频率为参照：选择 A 为 0 分；选择 C 或 D 均为 1 分；选择 B 为 2 分。

A. 没有（0 分）

B. 一周一节（2 分）

C. 两周一节（1 分）

D. 一个月一节（1 分）

6. 确定变量名称

实验组是参加"健康与幸福"课程的同学、教师、校长和学生家长；对照组应采用与实验组有相同学业水平和自然背景的学校、教师和学生；尽力减少影响结论分析的对照组与实验组样本中的混同因素。家长、教师、校长只采用实验组的人员回答调查问卷。根据以上的测评工具和实验设计，本次涉及的变量如下。

能力（Know）：指学生对相关知识的理解和掌握。本报告中的健康能力是对健康与幸福测评体系中的四项标准（健康知识、健康技能、社交健康、情绪健康）和《健康与幸福》教材教授的十大生活技能的统称。使用以教育心理测量经典理论和项目反应理论模型为基础的方法，对每个学生的健康知识客观题测试进行评分。在能力方面以国际教育标准为依据进行成绩分析，以生成学校报告、闵行区实验组报告和统计分析技术报告。目标对象是三、四、五、六年级的学生。此最终结果的变量名为健康能力。

行为（Behavior）：指在日常生活中表现的有目的的活动。使用以教育心理测量经典理论为基础的方法，对每个学生的健康与幸福问卷调查结果进行评分。在行为方面以国际教育标准为依据进行分析，以生成学校报告、闵行区实验组报告和统计分析技术报告。目标对象是三、四、五、六年级的学生。此最终结果的变量名为健康与幸福行为。

态度（Attitude）：指对外界事物的内在感受、情感和意向。使用以教育心理测量经典理论为基础的方法，对每个学生的健康与幸福问卷题回答进行评分。在态度方面以国际教育标准为依据进行分析，以生成学校报告、闵行区实验组报告和统计分析技术报告。目标对象是三、四、五、六年级的学生。此最终结果的变量名为健康与幸福态度。

批判性思维（Critical Thinking）：指学生的质疑能力、独立思考以及解决现实问题的能力。使用以教育心理测量经典理论为基础的方法，对每个学生的健康与幸福问卷题回答进行评分。在批判性思维方面以国际教育标准为依据进行分析，以生成学校报告、闵行区实验组报告和统计分析技术报告。目标对象是三、四、五、六年级的学生。此最终结果的变量名为批判性思维。

7. 丰富数据分析手段

（1）增加了试卷的难度分析

项目组首先对三、四、五、六年级客观题的难度进行了 IRT 模型标准化，然后用 IRT 标准化的题目难度参数计算学生的分数，再使用罗氏（Rasch）模型校正数据。Rasch 模型最重要的特征是创造了一个连续体，在这个连续体上，学生的成绩和项目的难度都可以得到标定，这两个成分可以通过一个概率函数联系起来。图 3–6 中的虚线代表了三年级题目分布的 Rasch 连续体，虚线之上的数字代表项目难度，虚线之下的数字代表题目序号。“X”为学生分数的分布。从图中可以看出，三年级的测验中，有几个容易的题目，大多是中等难度的题目，还有一些高难度的题目。四、五、六年级的测验中题目的难度分布和三年级类似，不再逐一列举。

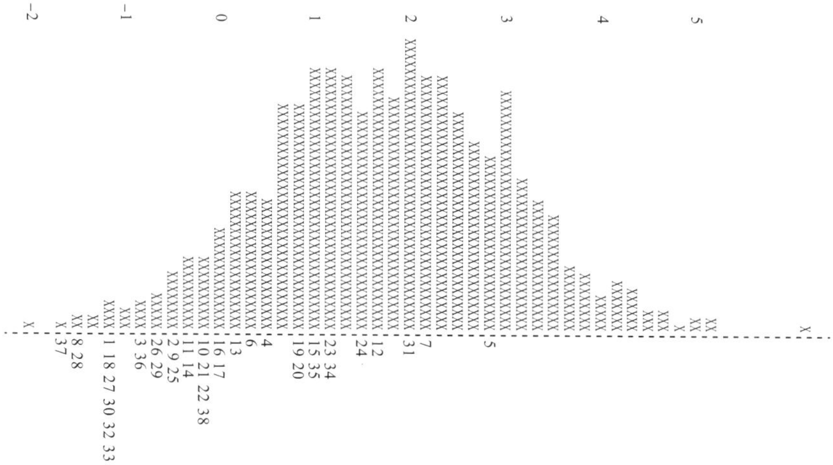

图 3–6　三年级学生的分数和题目难度分布

（2）丰富了问卷的信度和效度分析

信度分析

表 3-12 显示，除了六年级问卷的内部一致性信度略低于 0.80，其余三个年级问卷的内部一致性信度均高于 0.80，表明这三个年级的问卷具有较好的一致性，达到了测量学的标准，而六年级的问卷信度尚可，可以用于测量。

表 3-12　各年级问卷的信度

信度	三年级	四年级	五年级	六年级
Cronbach a 系数	0.883	0.893	0.823	0.794

效度分析

项目组采用 MPLUS 软件，用验证性因子分析针对问卷的效度进行考察。三年级的学生调查问卷中总共有 40 个问题，有 21 个问题用来计算两个因子指数。四年级的学生调查问卷中总共有 40 个问题，有 27 个问题用来计算两个因子指数。五年级的学生调查问卷中总共有 45 个问题，有 20 个问题用来计算两个因子指数。六年级的学生调查问卷中总共有 42 个问题，有 20 个问题用来计算两个因子指数。三年级问卷调查验证性因子分析的模型拟合结果见表 3-13，三年级的模型的数据拟合良好，这说明假设的模型可以有效地用来对学生的认知、行为和态度进行评分；两个因子负荷见表 3-14。

表 3-13　三年级问卷调查验证性因子分析的模型拟合结果

拟合指标	χ^2	df	χ^2/df	P	RMSEA	CFI	TLI
结果	1 781.059	167	10.67	0	0.05	0.905	0.892

表 3-14　三年级问卷调查两个因子负荷

问题编号	行为	问题编号	态度
1	0.52	12	0.71
3	0.61	18	0.67
4	0.59		
7	0.63		
8	0.59		
9	0.54		
11	0.36		
13	0.54		
14	0.61		

续表

问题编号	行为	问题编号	态度
16	0.32		
19	0.38		
20	0.44		

从表 3-14 可以看出，总体而言，除三年级第 11、16、19 和 20 题外，因子负荷大部分在 0.45 以上。这一结果表明,该问卷题目确实归属于这两个潜在因子，即行为和态度。

四、五、六年级问卷的模型的数据拟合情况与三年级类似，不再逐一列举。

第三节　成熟发展的 HAWA® 3.0（2018—2024 年）

2018 年，HAWA® 2.0 在教育部与北京师范大学联合主办的第四届中国教育创新成果公益博览会上被授予 SERVE 奖。能够从 1 658 项创新成果中脱颖而出，项目团队备受鼓舞，决定对 HAWA® 2.0 进行再修订。本次修订特邀北京大学儿童青少年卫生研究所余小鸣教授领衔的专家团队指导。专家团队依照 Delphi 法，针对中小学生命健康素养评估模型展开研讨，并参考国内外学生 / 青少年健康素养定义、内涵、评估工具相关研究，确定了中小学生命健康素养内涵的四个维度，即知识、技能、态度和行为。经提炼后形成健康素养评估的理论模型，即 HAWA® 3.0。新冠疫情期间，HAWA® 3.0 更名为中小学生健康素养测评系统。

一、修订后的评估框架

项目组在深度研究国内外健康素养概念及其测评工具中发现，原有框架中维度 A 为健康知识，维度 B、C、D 均为健康能力，有包含关系，不甚恰当，需要修订。在二级指标，即测量领域方面，虽均在《健康与幸福》教材范围内，但不同的一级指标，涵盖的范围并不相同。为此，项目组参照教育部 2008 年发布的《中小学健康教育指导纲要》以及原卫生部 2011 年发布的《中小学健康教育规范》中有关健康教育的内容，对 HAWA® 2.0 进行了全面系统性修订。

（一）维度指标

为了与世界卫生组织及学界对健康素养的认识相一致，同时便于与现有研究结果相对比，HAWA®3.0 中的一级指标，即构成指标，确定为四个维度，即健康知识、健康态度、健康技能、健康行为。

（二）领域指标

考虑到教育部《中小学健康教育指导纲要》对于中国学生健康素养的重要指导作用，HAWA®3.0 的领域指标以其中的五个领域为主，增加了社会适应部分，既涵盖了原来框架的测评内容，也进行了领域分类。六大领域分别为健康行为习惯和生活方式、疾病预防、安全应急与避险、生长和发育、心理健康、社会适应。

1. 健康生活方式，即健康行为习惯和生活方式（health habit and life style）：要求学生能够了解健康的内涵以及维护健康的四大基石，学会基本的个人保健，预防近视和龋齿，睡眠充足，锻炼科学，饮食平衡。能制订健康计划，践行健康行为。不吸烟，不酗酒，远离毒品。

2. 疾病预防（disease prevention）：要求学生能够了解常见传染病和慢性非传染病的发生原因和预防方法，掌握预防艾滋病的基本技能。

3. 安全应急与避险（security and injury prevention）：要求学生能够识别各种暴力和伤害，并掌握基本的预防技能和事件发生后的自救互救技能。

4. 生长和发育（growth and development）：要求学生了解生长发育规律和特点，了解青春期发育特点，掌握青春期保健的知识和技能。

5. 心理健康（psychological health）：要求学生能够了解各种情绪和压力，掌握基本的情绪管理和压力调节的方法，积极自信快乐。

6. 社会适应（social adaptation）：要求学生了解家庭和人际关系健康、社区和环境健康的相关知识和技能，树立健康的理念，践行健康的行为，适应环境、改造环境、爱护环境，与周围环境和谐相处。

（三）技能指标

技能指标中融合了《健康与幸福》教材中强调的中小学生需要掌握的 10 大健康技能（详见第三章第一节相关内容）。新框架依然将这 10 大技能融会贯通其中。另外，项目组综合健康素养的构成指标、领域指标和技能指标，并结合《健康与幸福》教材和教育部 2008 年《中小学健康教育指导纲要》中的知识点，最终构建出中小学生健康素养测评指标体系及测评标准。具体以六年级为例描述如表 3-15 所示。

表 3-15　中小学生健康素养测评指标体系及测评标准（六年级）

一级指标（测评维度）	二级指标（测评领域）	测评标准
A 健康知识 （指的是中小学生对于健康生活方式、疾病预防、安全应急与避险、生长和发育、心理健康、社会适应等相关内容的正确理解）	1. 健康生活方式	能够了解健康的内涵以及维护健康的四大基石，眼睛的基本结构和功能，牙齿的基本结构和功能，睡眠的作用，人体所需 7 大营养素，膳食宝塔的内容，锻炼的作用，烟草、酒精、毒品对健康的危害，药物的作用和滥用药物的危害等
	2. 疾病预防	能够了解常见传染病的传播途径和主要症状（肠道传染病、疟疾、出血性红眼病），常见慢性非传染病的发生原因和主要症状（癌症、心血管疾病、贫血、血吸虫、碘缺乏、哮喘等），艾滋病的传播途径和主要表现等
	3. 安全应急与避险	能够了解常见暴力和伤害（虐待、性侵等）的形式，认识交通安全标志，认识危险标志，了解燃气中毒的原因，了解急救电话
	4. 生长和发育	了解人体的支持和控制系统、传输系统的结构和功能，生命周期的各个阶段，内分泌系统的组成和功能，青春期生理心理发育特点，男女两性第二性征的差异，月经初潮和首次遗精的原因和意义，怀孕的原因和避孕的方法，少女怀孕的危害等
	5. 心理健康	能够了解各种情绪和压力，了解不同人具有不同的个性，了解良好个性的基本特征，了解什么是自尊、负责任，了解自信快乐是心理健康的特征
	6. 社会适应	了解什么是健康的人际关系和不良的人际关系，了解环境对健康的影响，了解环境包括社交、情感、物理三种环境，了解环境污染对人类健康的影响，了解地球资源的有限
B 健康态度 （指的是中小学生对于健康生活方式、疾病预防、安全应急与避险、生长和发育、心理健康、社会适应等方面具有积极健康的态度，倡导健康，愿意践行健康行为）	1. 健康生活方式	愿意做一名健康的倡导者，积极倡导健康行为，积极培养自己健康的生活方式，认为健康行为对健康维护具有重要作用，认为吸烟、酗酒、吸食毒品都对健康具有重大危害
	2. 疾病预防	愿意积极了解传染病的发生原因和预防办法，重视传染病和其他慢性疾病的预防
	3. 安全应急与避险	树立识别暴力、远离暴力的健康理念，会认真学习暴力预防的相关知识和技能

续表

一级指标（测评维度）	二级指标（测评领域）	测评标准
B 健康态度（指的是中小学生对于健康生活方式、疾病预防、安全应急与避险、生长和发育、心理健康、社会适应等方面具有积极健康的态度，倡导健康，愿意践行健康行为）	4. 生长和发育	关注自己的成长，重视青春期保健和个人卫生保健，愿意学习相关知识
	5. 心理健康	积极自信快乐，愿意自己的事情自己做，认真学习各种情绪管理和压力调节的技能
	6. 社会适应	认为与周围环境和谐相处很重要，愿意积极适应环境，愿意努力保护环境
C 健康技能（指的是中小学生在健康生活方式、疾病预防、安全应急与避险、生长和发育、心理健康、社会适应等方面掌握基本的促进健康、维护健康的技能）	1. 健康生活方式	会制订健康计划，会分析健康的影响因素，并知道如何践行健康行为，会拒绝不良的诱惑，拒绝吸烟、酗酒和吸食毒品。能够利用批判性思维分析各种信息，能够正确获取健康服务和健康帮助
	2. 疾病预防	能够识别感染疾病的危险行为，掌握预防常见传染病的技能，掌握预防艾滋病的基本技能
	3. 安全应急与避险	能够识别各种暴力和伤害，并掌握基本的预防技能和事件发生后的自救互救技能
	4. 生长和发育	能够掌握基本的青春期自我保健技能
	5. 心理健康	能够掌握基本的情绪管理和压力调节的方法，会管理自己的情绪、调节压力，能够做出负责任的决定，基本能够维护自己的心理平衡
	6. 社会适应	会运用沟通技巧，掌握有效解决冲突的技能，能够正确运用拒绝的技能，爱护环境，和周围环境和谐相处
D 健康行为（指的是中小学生在健康生活方式、疾病预防、安全应急与避险、生长和发育、心理健康、社会适应等方面能够践行健康行为，促进和维护健康）	1. 健康生活方式	践行健康行为，不吸烟，不酗酒，远离毒品，膳食平衡，每天吃早餐，不暴饮暴食，每天早晚刷牙，每天做眼保健操，每天进行 1 小时以上的户外体育活动，不熬夜等
	2. 疾病预防	不随地吐痰，饭前便后洗手，经常开窗通气，勤换衣服，注意防蚊子，打疫苗，不发生不安全性行为，不去野外游泳
	3. 安全应急与避险	过马路走人行道，不闯红灯，远离有危险标志的建筑物，不独自夜行，不独自到偏僻的地方，不给陌生人开门，不到陌生人家过夜等
	4. 生长和发育	践行青春期保健行为，不被体相所困惑，变声期不大声喊叫，月经期不吃生冷食物，不看黄色读物和图片等

续表

一级指标（测评维度）	二级指标（测评领域）	测评标准
D 健康行为（指的是中小学生在健康生活方式、疾病预防、安全应急与避险、生长和发育、心理健康、社会适应等方面能够践行健康行为，促进和维护健康）	5. 心理健康	积极使用健康的方式表达情绪，和同伴、大人沟通，说到做到，对自己负责任
	6. 社会适应	尊重他人，和谐相处，节约用水，垃圾分类，选择空气好的地方做户外活动

二、评估模型

HAWA® 3.0 评估模型由“健康生活方式、疾病预防、安全应急与避险、生长和发育、心理健康、社会适应”六大领域指标及各领域下“健康知识、健康态度、健康技能、健康行为”四个维度指标，交互排列以矩阵形式呈现，见表 3–16。

表 3–16　生命健康素养评估模型

领域指标	维度指标			
	健康知识	健康态度	健康技能	健康行为
1. 健康生活方式				
2. 疾病预防				
3. 安全应急与避险				
4. 生长和发育				
5. 心理健康				
6. 社会适应				

（一）等级划分

依据国际通用的程序和技术方法，将学生百分制得分划分为四个等级，从高到低依次为：优秀（90 ≤分数≤ 100）；良好（80 ≤分数＜ 90）；中等（60 ≤分数＜ 80）；待提高（0 ≤分数＜ 60）。四个等级划分的标准及其内涵见表 3–17。

表 3–17　生命健康素养等级划分标准及内涵

是否具备健康素养	等级	分数	内涵
具备	优秀	90 ≤分数≤ 100	具备很好的获取和理解基本的健康信息和服务，并运用这些信息和服务做出正确决策以维护和促进自身健康的能力

续表

是否具备健康素养	等级	分数	内涵
具备	良好	80 ≤分数< 90	具备较好的获取和理解基本的健康信息和服务，并运用这些信息和服务做出正确决策以维护和促进自身健康的能力
不具备	中等	60 ≤分数< 80	不完全具备获取和理解基本的健康信息和服务，并运用这些信息和服务做出正确决策以维护和促进自身健康的能力，还有很大提升空间
	待提高	0 ≤分数< 60	几乎不具备获取和理解基本的健康信息和服务，并运用这些信息和服务做出正确决策以维护和促进自身健康的能力，健康素养亟待提高

（二）测评工具的题量分布

测评工具的题量分布遵循如下原则：按照综合（健康生活方式）、身体健康、心理健康、社会适应四个部分平均分配原则，进行题量分配，每个部分均占25%。其中，考虑到身体健康部分内容较多，社会适应部分内容较少，两部分题量调和5个百分点，变成身体健康部分30%、社会适应部分20%。身体健康部分包含三大模块，分别为疾病预防、安全应急与避险、生长和发育，平均每个模块占10%。因此，六大领域的题量分配比例为：健康生活方式25%，疾病预防10%，安全应急与避险10%，生长和发育10%，心理健康25%，社会适应20%。具体见表3-18。

表 3-18 中小学生健康素养测评工具指标及题量分布表

领域指标及题量分布				一级指标及题量分布			
二级指标	描述（六年级）	题量占比	实际题数	健康知识 25%	健康态度 25%	健康技能 25%	健康行为 25%
1. 健康生活方式（health habit and life style）	能够了解健康的内涵以及维护健康的四大基石，学会基本的个人保健，预防近视和龋齿，睡眠充足，锻炼科学，饮食平衡。能制订健康计划，践行健康行为。不吸烟，不酗酒，远离毒品	25%	23	6	5	6	6

续表

领域指标及题量分布					一级指标及题量分布			
二级指标	描述（六年级）	题量占比		实际题数	健康知识25%	健康态度25%	健康技能25%	健康行为25%
2. 疾病预防（disease prevention）	能够了解常见传染病和慢性非传染病的发生原因和预防方法，掌握预防艾滋病的基本技能	30%	10%	9	3	2	2	2
3. 安全应急与避险（security and injury prevention）	能够识别各种暴力和伤害，并掌握基本的预防技能和事件发生后的自救互救技能		10%	9	2	2	3	2
4. 生长和发育（growth and development）	了解生长发育规律和特点，了解青春期发育特点，掌握青春期保健的知识和技能		10%	9	3	2	2	2
5. 心理健康（psychological health）	能够了解各种情绪和压力，掌握基本的情绪管理和压力调节的方法，积极自信快乐	25%		22	4	6	6	6
6. 社会适应（social adaptation）	了解家庭和人际关系健康、社区和环境健康的相关知识和技能，树立健康的理念，践行健康的行为，适应环境、改造环境、爱护环境，与周围环境和谐相处	20%		18	4	5	4	5
合计		100%		90	22	22	23	23

（三）工具的质量

信度是心理测量学中最为重要的测量指标之一，它反映了测评结果的稳定性。只有当一个量表具有足够的信度时，才能够认为测评结果是准确的。克隆巴赫 alpha 系数，即内部一致性系数，是心理测量学中对问卷应用最广的信度评估标准。在人格和心理健康类测评中，信度高于 0.8 即为优秀，0.7 以上即为接受范围，表明该测评工具在这些年级中的测评结果具有较好的稳定性和一致性。HAWA®3.0 测试工具在本次测评中表现出较高的内部一致性信度，三到九年级题本的克隆巴赫 alpha 系数在 0.892 到 0.937 之间。

然而，仅有高信度是不够的。信度只回答了测评结果稳定性的问题，但一种优秀的测评工具还必须具备较高的效度。效度评估了测量结果是否我们需要测评的内容，而非其他无关因素。只有当一个测评同时具备良好的信度及效度时，测评才是合理的。测量学中对于测评效度的评价通常包含多种方法，常用的有内容效度、结构效度及效标关联效度。

HAWA®3.0 在研发过程中，不但参考了国内外健康素养测评框架，而且结合了当前健康促进及健康教育领域的最新理念，使其既符合我国国情和教育实际，又满足时代发展需求。一方面，项目构建了学生成长过程中需要了解并掌握的健康知识和生活技能体系，为学生在个人生存、发展、交往等方面的问题提供应对策略，并教给学生为了幸福生活必须具备的基本的生理、心理和情感准备以及社会生活能力，为学生创设了有意义的学习经历，为学生的一生幸福奠定了坚实的根基。另一方面，项目也带动了学校教育理念、教学方式、管理模式的整体创新与发展，产生了更加积极、健康、可持续的课堂生态和校园文化。

综上所述，科学的设计与实施叠加十多年的用心打磨，HAWA®3.0 测评系统已经成为一款专业性强、灵活性高、延展性大、适应性好且符合国际测评行业标准的中小学健康素养测评工具，不仅在信度和效度上表现出色，为全国范围的中小学生命健康素养公益调查提供坚实的工具保障，也能够融汇东西、博采众长、因地制宜、灵活机动，持续为后续教育政策的制定和优化提供有力支持，推动中小学生命健康教育继续走深走实。

小　结

中小学生健康素养测评系统（HAWA®3.0）的整体设计坚持以习近平新时代中国特色社会主义思想为指导，以《“健康中国 2030”规划纲要》和《中华人民共和国基本医疗卫生与健康促进法》为依据，以教育部《中小学健康教育指导纲要》（2008）、《中小学心理健康教育指导纲要》（2012）、《中小学德育工作指南》（2017）以及国家卫生健康委员会《中小学健康教育规范》（2011）为基础，此外，还借鉴了《中国公民健康素养——基本知识和技能》（2024）中的相关内容，吸收了国内外学校生命与健康教育的成功经验，结合了当今健康促进及健康教育领域的前沿理念，有效落实了教育部关于“加强生命安全与健康教育”的相关要求。

在此，项目团队希望强调：

HAWA®3.0 是预防性的，在中小学生没有出现心理健康问题时，检测学生健康知识和健康技能，并根据检测结果进行查漏补缺，引导学生利用所学的健康知识和健康技能，学会思考，解决学习、生活中遇到的困难与问题，成为自身健康的第一责任人。

HAWA®3.0 是安全的，检测内容不会涉及隐私，更不会引导学生有不良的想法。正如健康项目校的一位校长所说，健康素养是学生成长需要的各种维生素和微量元素，日常看不见、摸不着，关键时刻起大作用。期待 HAWA®3.0 能够持续地为中小学生健康成长保驾护航。

第四章

中小学生健康素养调查

2020 年 9 月，在教育部教育发展研究中心的指导下，中国国家创新与发展战略研究会教育发展与评价研究院（前身为“教育研究中心”）联合北京大学儿童青少年卫生研究所、盈德未来教育测评研究院开启中小学生健康素养公益调查。借鉴国际项目的做法，参照我国实施的居民（15~69 岁）健康素养监测，中小学生健康素养调查计划每年开展一次，拟长期追踪实施，五年一个周期（例如：2020—2024 年）。

本章将汇报 2020 年首次调查结果和 2023—2024 年受北京读懂中国经济与社会发展基金会和腾讯公益慈善基金会资助的调查结果。

▶第一节　2020 年中小学生健康素养调查

本次调查不收取学校任何费用。调查采用在线方式，由学校组织集体施测，利用学校的机房进行在线填写调查题目。遵循知情同意、自愿参加的伦理学原则，保证调查对象的权益不会受到侵害，填写调查问卷后不会对学生产生身心伤害。调查之前，老师宣读知情同意书，学生自愿参加调查，不愿意参加的学生可以随时退出。

2020 年的首次中小学生健康素养调查历时五个月，在自愿的基础上获取了全国有代表性地区的中小学生健康素养一手数据。经过整理，有效数据 35 555 条。现将调查结果汇报如下。

一、调查目的

科学、精准、系统地评估全国中小学生健康素养现状，客观反映中小学健康教育六大领域、四个维度的基本状况，为完善相关教育政策提供参考依据，提升中小学生命与健康教育质量。

二、调查原则

1. 体现“大健康”理念。习近平总书记在全国卫生与健康大会上指出“全方位健康服务，不仅是指生理健康，还包括心理健康、道德健康、社会健康、环境健康等，这些共同构成了完整的健康概念”，本次调查即是全面调查中小学生命与健康教育的各个领域，综合反映中小学健康教育中“大健康”的丰富内涵。

2. 立足中国国情。调查工作依据《中华人民共和国基本医疗卫生与健康促进法》《“健康中国 2030”规划纲要》《中小学健康教育指导纲要》《中小学德育工作指南》《给全国中小学校新学期加强心理健康教育的指导建议》等法律法规文件，注重体现疫情防控常态化背景下加强“生命安全与健康教育”的创新实践。

3. 确保科学规范。调查工作借鉴部分国家和国际项目的做法，科学设计调查指标和工具，规范流程，科学实施，确保调查结果真实有效。

三、调查对象

根据义务教育阶段学生认知发展的阶段特征和教育教学工作的实际情况，调查对象确定为义务教育阶段三到八年级学生。本次调查样本选择方法为全国范围中小学校自愿参加，最终选择样本覆盖 14 个省、自治区、直辖市（福建省、广东省、河南省、湖南省、湖北省、江苏省、青海省、山东省、四川省、浙江省、内蒙古自治区、西藏自治区、北京市、天津市）的 29 个地市 43 个区县，共抽取 35 555 名三到八年级的学生参与调查，性别均衡。

四、调查结果

公益调查的各项量化指标符合测量学要求，具有良好信效度。本次测评使用的测试工具在三年级、四年级、五年级、六年级、七年级、八年级题本的克隆巴赫 alpha 系数，分别为 0.867 9、0.837 7、0.914、0.903 2、0.921 3、0.924 2，均具有非常好的信度。

本次调查工具的编制参考了国内外健康素养测评的框架和当今健康促进及健康教育领域的前沿理念，体现了我国国情教情和时代发展需求。经相关领域专家团队研判，本次测评具有良好的内容效度。

（一）各年级参测学生健康素养水平为 20%~30%，个别年级低于 20%

借鉴中国居民健康素养监测的判定标准，即个体得分达到总分 80% 及以上的作答者判定为具备健康素养，本次调查获得“优秀”与“良好”（80 分及以上）的学生判定为具备健康素养（见图 4–1）。

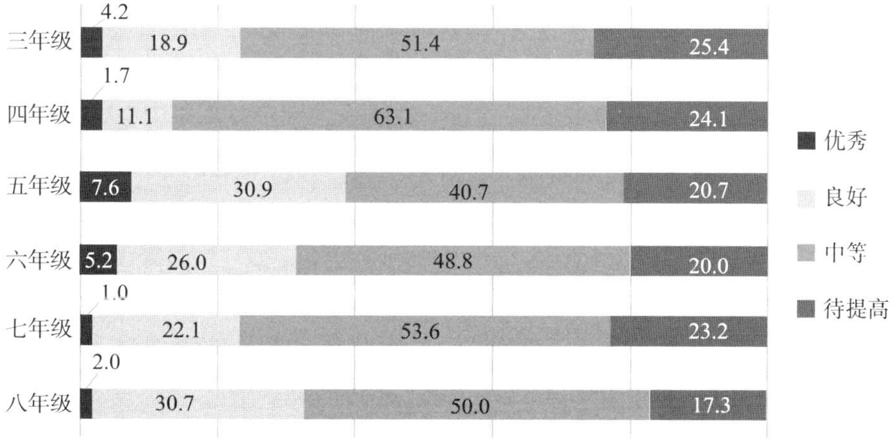

图 4–1　各年级学生健康素养得分的四个等级划分及其人数比例（%）

具备健康素养的学生人数在调查学生总数中所占的比例代表整体健康素养水平，用百分数表示（见图 4–2）。

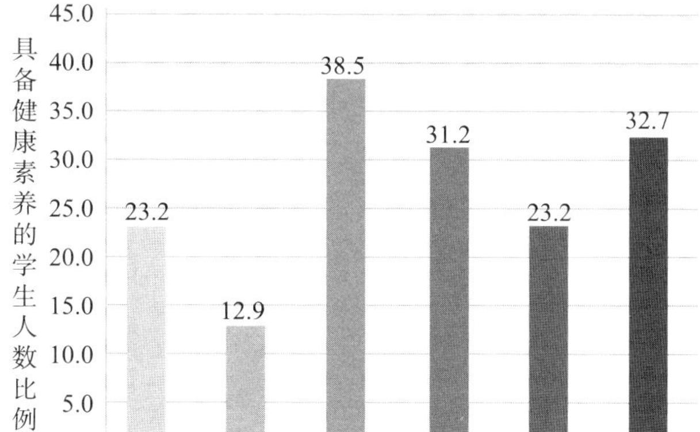

图 4–2　各年级学生的健康素养水平

各个年级获得优秀与良好等级（80分及以上）的学生人数占比，即该年级具备健康素养的学生占比,代表该年级健康素养水平。本次调查覆盖全国14个省、自治区、直辖市的三年级至八年级学生，健康素养水平依次为23.2%、12.9%、38.5%、31.2%、23.2%和32.7%，其中五年级具备健康素养水平的学生人数占比最高，四年级最低。

2016年中共中央、国务院发布的《“健康中国2030”规划纲要》提出具体目标，即2020年全国居民健康素养水平达到20%，2030年达到30%。本次调查中，五年级、六年级和八年级学生整体健康素养水平超过30.0%，三年级和七年级学生整体健康素养水平超过20.0%。四年级获得优秀与良好等级（80分及以上，即具备健康素养）的学生只有12.9%，原因还需进一步研究。

（二）健康素养随年级逐年提升，女生健康素养水平略高于男生

为了使不同年级学生的健康素养得分可以比较，以便分析学生健康素养随年级增长的变化，本次调查基于项目反应理论对学生的调查数据进行分析，采用锚题等值法，将所有年级学生的作答通过锚题进行等值标定，将各年级学生的健康素养分数统一在相同的量尺上进行比较。

通过等值比较发现：随着年级增长，学生健康素养得分整体呈上升趋势，符合教育教学预期。三到八年级学生中，女生总体的健康素养得分均值高于男生。在不同的年级中，女生的健康素养得分均值也都高于男生（见图4-3）。

在分析三年级总体健康素养水平和六个不同健康领域中的健康素养水平时，发现其也普遍呈现女生获得良好等级（80分）及以上的占比高于男生的现象（见图4-4）。

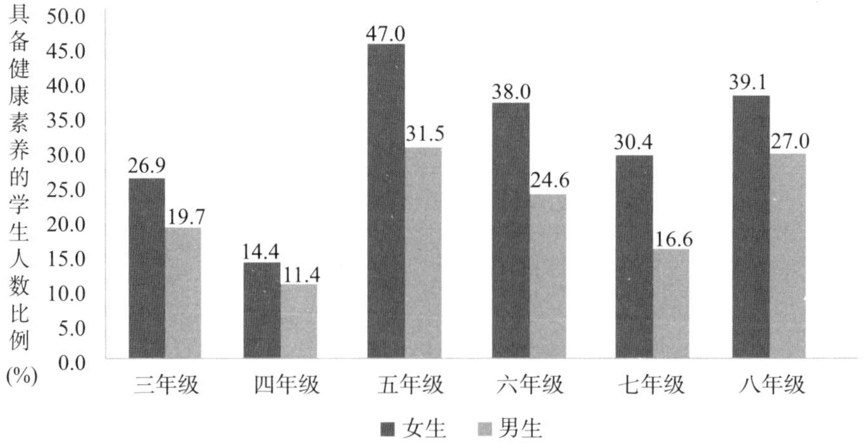

图4-3 男生女生各年级学生健康素养水平

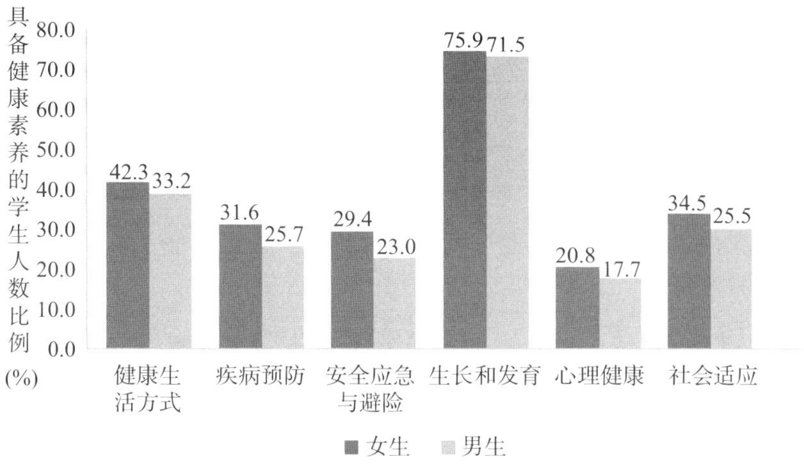

图 4-4　三年级男生和女生六个健康领域的健康素养水平

其他年级男女生健康素养水平对比结果与三年级男女生对比结果趋同，女生整体健康素养水平高于男生，不再逐一呈现。提示：需要有针对性地加强男生的健康教育。

（三）学生六大领域健康素养水平有较大差异

本次调查涉及六大健康领域：健康生活方式、疾病预防、安全应急与避险、生长和发育、心理健康、社会适应。各年级六大健康领域的内容要求会随着学生认知发展进行调整，如表 4-1 是针对六年级的六大健康领域素养描述。

表 4-1　小学六年级六大健康领域素养描述

六大健康领域	描述（六年级）
1. 健康生活方式	能够了解健康的内涵以及维护健康的四大基石，学会基本的个人保健，预防近视和龋齿，睡眠充足，锻炼科学，饮食平衡。能制订健康计划，践行健康行为。不吸烟，不酗酒，远离毒品
2. 疾病预防	能够了解常见传染病和慢性非传染病的发生原因和预防方法，掌握预防艾滋病的基本技能
3. 安全应急与避险	能够识别各种暴力和伤害，并掌握基本的预防技能和事件发生后的自救互救技能
4. 生长和发育	了解生长发育规律和特点，了解青春期发育特点，掌握青春期保健的知识和技能
5. 心理健康	能够了解各种情绪和压力，掌握基本的情绪管理和压力调节的方法，积极自信快乐

续表

六大健康领域	描述（六年级）
6. 社会适应	了解家庭和人际关系健康、社区和环境健康的相关知识和技能，树立健康的理念，践行健康的行为，适应环境、改造环境、爱护环境，与周围环境和谐相处

调查发现，学生在六大健康领域的健康素养水平呈现年级间不均衡和年级内不均衡分布的现象（见图 4-5）。

1. 健康生活方式领域，各年级具备健康素养的学生占比参差不齐。

小学学段，五年级表现最好，但仍有一半以上的学生不具备健康素养；四年级整体健康素养水平最低，仅有 12.5% 的学生具备健康素养。

初中学段的两个年级表现均不理想，健康素养达到优秀和良好等级的学生人数比例均不到 20.0%。

2. 疾病预防领域，小学学段学生的健康素养水平均较高。初中学段的两个年级学生的健康素养水平不理想，达到优秀和良好等级的学生人数比例分别为 7.2% 和 10.0%。提示：需要加强初中学段的疾病预防领域的健康教育。

3. 安全应急与避险领域，学生健康素养水平在各个年级均比较高，且呈现随着学段升高而升高的趋势。

4. 生长和发育领域，不同年级差异很大。三年级学生的健康素养水平较高，具备健康素养的人数比例达到 73.6%，显著高于其他年级。

七年级和八年级中没有达到良好和优秀等级的学生，均处于待提高等级。提示：在突发公共卫生事件背景下，小学低年级学生生长和发育的健康素养水平得以迅速提高，而初中学段的生长和发育相关教育需要大力加强。

5. 心理健康领域，年级间差异相对不大。健康素养水平最高的是八年级，有 49.5% 的学生具备健康素养；最低的是三年级，只有 19.2% 的学生具备健康素养。提示：需要加强小学低年级学生的心理健康教育。

6. 社会适应领域，六个年级学生具备健康素养的人数比例均超过 20.0%。五、六、七、八年级甚至均超过 50.0%。提示：小学低年级学生的社会适应领域的健康教育需要加强。

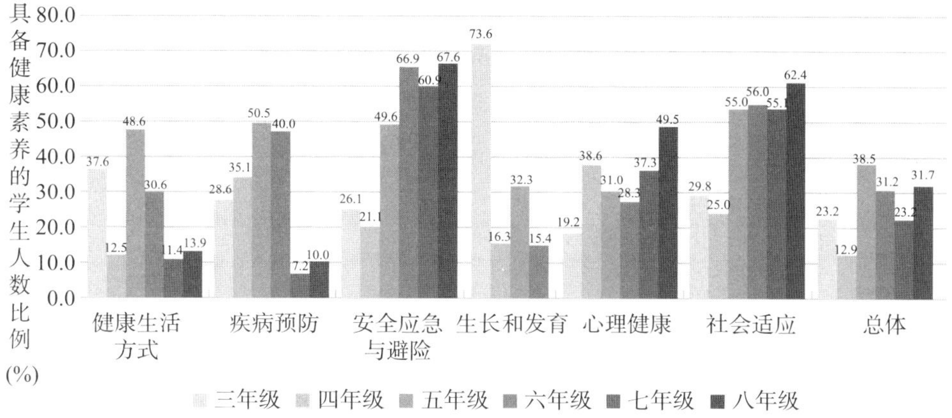

图 4–5　六大领域中各年级学生具备健康素养的人数占比

另外，各个年级中，六大领域中具备健康素养的学生人数比例也不尽相同（图较多，暂略去）。

（四）四个健康维度的健康素养水平呈现不均衡现象

本次调查从健康知识、健康态度、健康技能和健康行为四个维度考查学生健康素养水平。学生在这四个健康维度的健康素养水平呈现不同年级和同一年级内的不均衡现象（见图 4–6）。

1. **健康知识**

健康素养水平相对较低，不同年级间差异较大。七年级、四年级和八年级学生的健康素养水平相对较低，具备健康素养的学生人数比例分别为 5.3%、8.8% 和 10.6%。小学其他三个年级学生中具备健康素养的学生人数比例均高于 20.0%，最高的是六年级，但也只达到 35.4%。提示：小学和初中学生均须加强健康知识方面的系统学习。

2. **健康态度**

健康素养水平在各个年级都相对较高，具备健康素养的学生人数比例除了四年级，均超过 50.0%。提示：一半以上的学生具有良好的积极的健康态度。

3. **健康技能**

五年级整体健康素养水平最高，但仍有 58.9% 的学生不具备健康素养；六年级、七年级、八年级分别有 67.5%、70.9% 和 62.8% 的学生不具备健康素养；四年级有 79.2% 的学生不具备健康素养，三年级有 83.2% 的学生不具备健康素养。提示：小学和初中学生均须加强健康技能方面的系统训练。

4. 健康行为

健康素养水平在各个年级都相对较高，是四个维度中健康素养水平最高的维度。各个年级学生中具备健康素养的人数比例均超过 30.0%，相对均衡。提示：在突发公共卫生事件背景下，中小学生能够积极践行健康行为，促进身心健康。

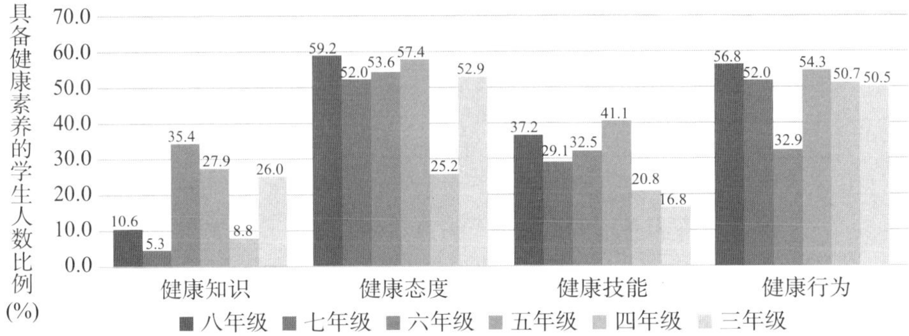

图 4-6　四个健康维度中各年级学生具备健康素养的人数比例

另外，各个年级中，四个健康维度的健康素养水平也呈现不均衡现象（图较多，暂略去）。

（五）传染病预防的相关知识、技能和行为较好

突发重大公共卫生事件对学生的传染病预防知识和行为模式产生了很大影响。中小学生的洗手、戴口罩和公共场所防护相关知识、技能和行为水平较高。

1. 洗手。洗手是预防传染病的一项重要措施。调查发现：三年级有 75.4% 的学生能够做到饭前便后洗手。四年级中，89.9% 的学生认为餐桌上边吃边说是错误的，而用公筷给别人夹菜是正确的，饭前洗手是正确的。五年级中，89.4% 的学生了解经常洗手、保持手的干净卫生可以避免细菌和病毒传播；82.7% 的学生认为吃东西前洗手是健康行为，可以提高健康水平。**六年级中，91.1% 的学生知道放学回家后需要洗手后再吃水果，但只有 47.9% 的同学知道放学回家后需要使用香皂洗手**；74.0% 的学生能够做到吃东西前洗手。七年级中，76.7% 的学生知道勤洗手是健康行为，可减少感染传染病的机会。八年级中，这个比例是 74.0%。（见图 4-7）

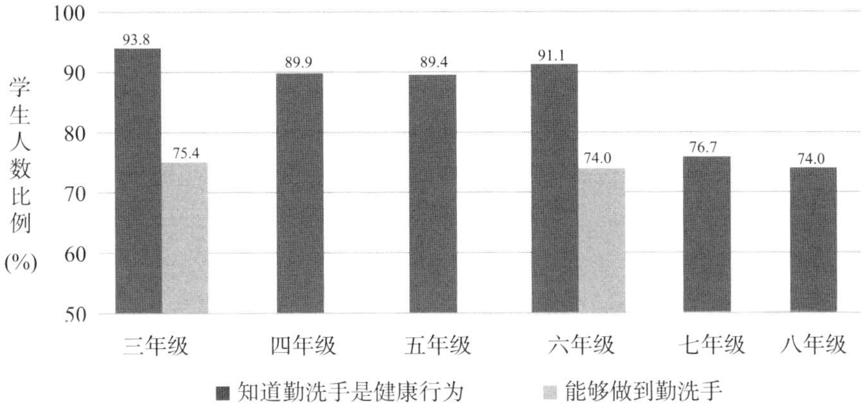

图 4–7　学生关于洗手可以预防传染病的知识和行为

2. 戴口罩。戴口罩是预防呼吸道传染病的重要措施，更是在突发公共卫生事件背景下大力倡导的健康行为。调查发现：三年级中，88.3% 的学生掌握正确佩戴口罩的基本技能，知道口罩需要专人专用。四年级中，这个比例为 90.9%。五年级中，64.3% 的学生反对“戴口罩与否是自己的权利和自由，别人无权干涉”的观点，同意每个人都应该遵守国家疫情防控要求，遵守社会公德，在公共场所正确佩戴口罩。六年级中，这个比例为 67.2%。七年级和八年级中，分别有 72.2% 和 78.8% 的学生掌握远途出行中正确佩戴口罩的基本技能。（见图 4–8）

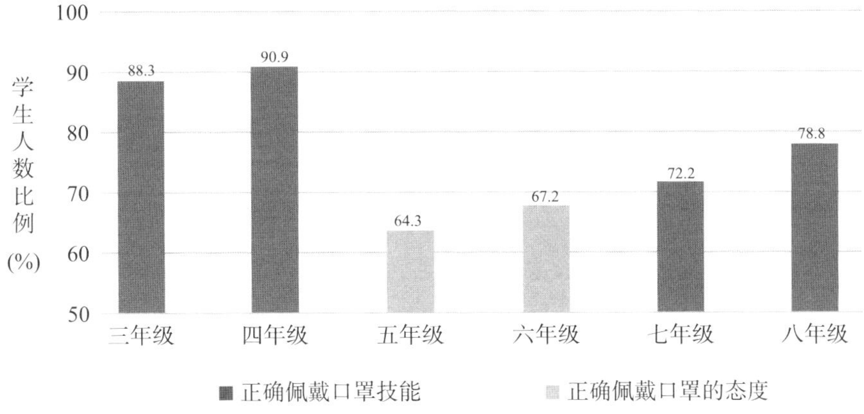

图 4–8　学生关于佩戴口罩的技能和态度

3. 公共场所防护。疫情期间，为了保障青少年学生的健康成长和学习秩序，教育部要求学校有序开学和开展户外活动。学生需要掌握公共场所疫情防控的基本知识和技能。

通过调查发现，83.7% 的三年级学生掌握在校疫情防护基本知识和技能，懂得经常洗手，室内随时保持良好通风，按规定要求和指定场地适当地开展运动，不可以随意走动，不去找高年级和低年级同学，公共场所佩戴口罩，人与人之间间隔保持 1 米以上距离。这个比例在四年级为 85.9%。

64.2% 的三年级学生懂得在家疫情防控基本知识，懂得居家学习需要早睡早起、不熬夜，提高自身免疫力，保持良好的个人卫生习惯，坚持安全的饮食习惯，食用海鲜、肉类和蛋类要煮熟、煮透，避免密闭门窗，非必要不出门。89.9% 的四年级学生懂得餐桌上需要使用公筷给别人夹菜。

五年级中，76.1% 的学生掌握疫情期间公共场所玩耍的自我防护知识和技能，知道需要全程佩戴口罩、保持 1 米距离、不用手揉眼睛等。六年级中，这个比例为 89.6%。

七年级和八年级中，分别有 72.2% 和 78.8% 的学生掌握远途出行的防疫防护知识和技能，懂得尽量不在旅途中摘下口罩吃喝；摘口罩时，不要触碰口罩的外表面；勤洗手，不乱摸，保持手部的清洁等。（见图 4–9）

另外，疫情发生以来，广大医务工作者义无反顾冲上疫情防控第一线，同时间赛跑，与病魔较量，顽强拼搏、日夜奋战，为抗击疫情付出了艰苦努力、做出了重大贡献。六年级中，69.6% 的学生感受到广大医务工作者是推动卫生健康事业发展的重要力量，彰显了广大医务工作者敬佑生命、救死扶伤、甘于奉献、大爱无疆的崇高精神，他们赢得了党和人民高度评价。

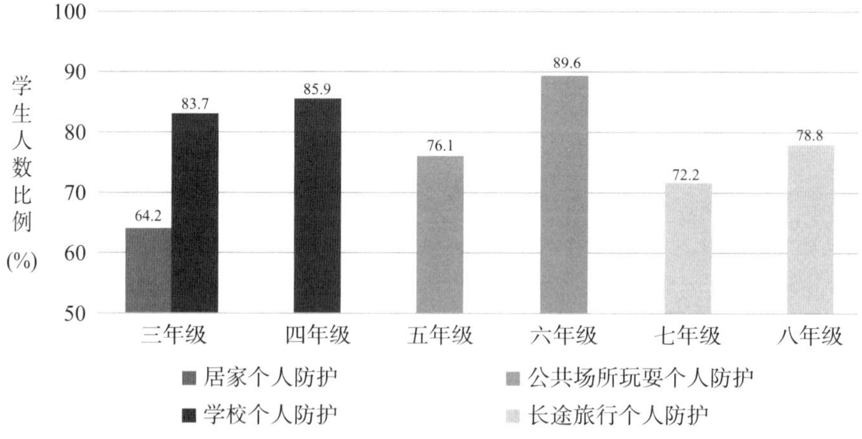

图 4–9　学生个人防护基本知识和技能

（六）不同年级对生命价值的认识不同

我们对三年级、四年级、五年级使用相同的题目（六年级使用了不同的题目），了解学生对生命价值的认识，绝大多数学生都认为生命是宝贵的；对七年级和八年级使用相同的题目了解生命价值观，同样，绝大多数学生都认为生命是宝贵的。并且发现，不论是小学学段还是初中学段，有这种认识的学生的占比均表现出随着年级升高而升高的现象。但值得注意的是，初中学段认为生命宝贵的学生的占比低于小学学段（见图 4-10）。提示：关注并分析影响初中生生命价值观的因素。

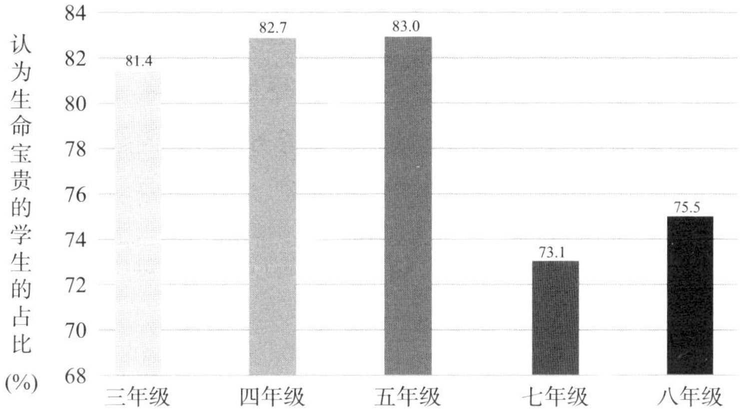

图 4-10　各年级学生关于生命的价值观

1. 中小学生睡眠普遍不足

睡眠是影响青少年健康成长的重要因素。国家规定，小学生每日睡眠时间是 10 小时，初中生每日睡眠时间是 9 小时。我们对学生的睡眠行为进行了调查，结果显示，三年级学生每天睡眠时间在 9~10 小时及以上的占 46.2%，五年级学生认为自己睡眠充足的占 54.2%，六年级学生每天睡眠时间在 9~10 小时及以上的占 52.4%，近一半小学生睡眠时间不足。知道教育部规定的中学生每日睡眠时长的学生占比，七年级为 50.7%，八年级为 52.5%。（见图 4-11）全社会都需要加强学生睡眠的健康促进工作，保障中小学生睡眠，促进中小学生健康成长。

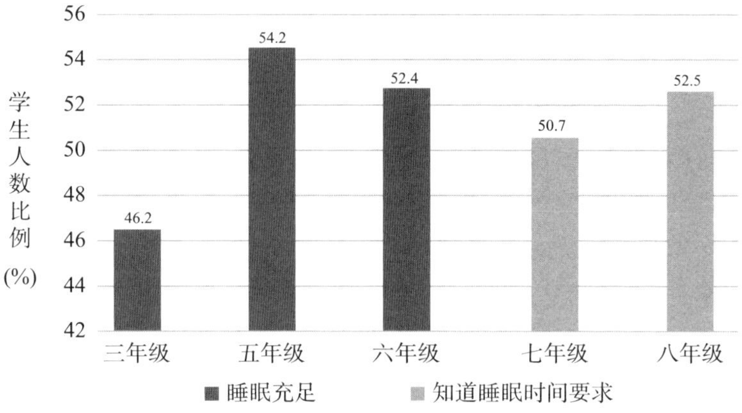

图 4-11　学生睡眠时间情况和实际睡眠情况

2. 学生在调节情绪、缓解压力、应对焦虑等方面存在问题

突发公共卫生事件背景下，学生的心理健康一直是各方关注的问题。调查结果显示：学生在调节情绪、缓解压力、应对焦虑等方面的健康素养水平整体处于中等偏下。因此，我们对学生在调节情绪、缓解压力、应对焦虑等方面进行了深入分析（见图 4-12）。

三年级中，当感到难过或悲伤时，能够以正确方式调节情绪的学生占比为 48.4%。

四年级中，当遇到伤心事件时，能够以正确方式调节情绪的学生占比为 59.0%，能够以正确方式缓解和管理压力的学生占比为 5.0%。

五年级中，能正确认识情绪的学生占比为 54.0%，能够以正确方式缓解焦虑的学生占比为 60.0%，能够正确认识压力对身心影响的学生占比为 49.0%。

六年级中，能够正确认识压力对身心影响的学生占比为 47.0%，能够对压力产生积极身心反应的学生占比为 62.0%，能够以正确方式调节情绪的学生占比为 58.0%。

七年级中，能够正确认识情绪的学生占比为 43.3%，面对压力能够积极采取行动减少压力的学生占比为 44.3%；面对突如其来的疫情，80.5% 的学生能够积极采取行动维护心理健康。

八年级中，能够正确认识情绪的学生占比为 60.3%；面对突如其来的疫情，83.6% 的学生能够积极采取行动维护心理健康。

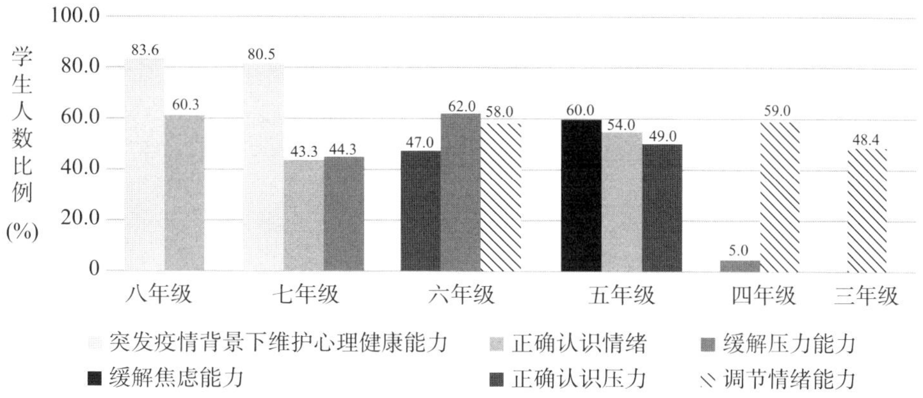

图 4–12　学生心理健康领域主要问题

调查发现，学生整体在调节情绪、缓解压力、应对焦虑等方面的情况有待进一步提高，尤其是小学生相对更弱。需要加强心理健康教育，帮助学生认识情绪、认识压力，掌握调节情绪、缓解压力、应对焦虑的能力，促进身心健康成长。可喜的是，突发疫情背景下，七年级和八年级学生大多能够以正确的行为方式维护心理健康。

▶第二节　读懂青少年项目下的中小学生健康素养调查

一、项目简述

在全球化和信息化迅猛发展的新时代，青少年的成长与发展面临着前所未有的挑战和机遇。联合国人口基金执行主任娜塔莉亚·卡奈姆提出，"全球有 13 亿青少年即将步入成年，他们的未来就是世界的未来。可持续发展的进展取决于我们今天在青少年健康、福祉和赋权方面的投入"。"读懂新时代青少年成长与发展——青少年生命健康素养提升计划"公益项目正是在当前时代背景下应运而生，呼吁社会（特别是教育界）读懂新时代青少年成长规律与发展需要。

该项目由腾讯公益慈善基金会与北京读懂中国经济与社会发展基金会联合发起，盈德未来教育测评研究院作为技术支持与实施单位，旨在助推教育生态优化，提升青少年生命健康素养。依托中国国家创新与发展战略研究会教育发展与评价研究院的学校健康教育创新实践以及强大的专家团队，"提升计划"从区域青少年成长与发展现状评估调研、中小学生健康素养测评及提升、生命健康教育课程资源实施、师生心理健康促进、教师研修、教研指导、家校社协同共育等方面提供相关资源和服务。

这不仅是一项关注青少年健康的公益项目，更是一项具有深远意义的系统工程，是教育高质量发展的基石工程。项目的核心旨在通过深刻理解党中央和政府的相关政策，特别是新时代习近平总书记关于青少年发展的重要思想，关注新时代的历史背景下如何引导当代青少年，将个人命运同国家命运、民族命运结合在一起，在构建人类命运共同体的进程中贡献青春力量。通过全面提升青少年生命健康素养，我们不仅是在培养一个个健康的个体，更是在塑造一个更加健康和谐的社会未来。

本项目通过专业测评、问卷调查、专家组实地深度访谈和焦点小组等多种研究方法，对青少年的生命健康素养现状展开调研，并由项目的专业研究团队联合志愿者与外部专家团队密切合作，在教育部门领导、学校校长、教师、家长和学生的积极配合下顺利推进。期待通过这一项目，引发社会各界尤其是教育界对青少年生命健康素养的高度关注，并付诸行动，共同营造青少年健康成长的良好环境。项目团队希望以此能够：

· **揭示生命健康素养的现状：**系统性地了解当前中国青少年的生命健康素养水平，为教育政策的制定和改进提供科学依据。

· **识别区域与群体差异：**有助于发现不同地区、不同群体间生命健康素养的差异，推动公众关注教育公平问题，呼吁更多针对性措施的落实。

· **强化生命健康教育在教育生态中的核心地位：**引发公众对生命健康教育重要性的认知，尤其是对在当前教育生态系统中的关键地位的认知。青少年的身心健康不仅影响其个体发展，还直接关系到整个教育生态的质量与效能。

· **促进学校与家庭的合作：**为学校和家庭提供科学指导，帮助他们在日常生活中更有效地进行生命健康教育。期望公众认识到家校合作对于构建健康教育生态的重要性，从而加强沟通与合作，共同营造一个支持青少年健康发展的环境。

· **倡导全社会共同参与，构建健康教育生态：**引导公众认识到，青少年的生命健康素养不仅是教育系统的责任，更需要全社会的支持与参与。呼吁各界力量共同努力，打造一个多元、健康、可持续的教育生态系统，为青少年提供全面发展的优质环境。

二、调查过程

（一）样本介绍

为了确保调研的青少年样本具有广泛的代表性，项目组在选取样本时，深入覆盖了不同地区和学段的学生，同时还广泛走访了校长、教师、家长等相关人群，以获取全面的视角。

在地区的选择上，项目组选取了国内经济欠发达地区和经济发达省份的若干区域作为调研对象。具体而言，四川省覆盖了凉山州等 3 个地市的 7 个区县；广东省覆盖了 1 个区县；山西省覆盖了 2 个地市的 4 个区县；江苏省覆盖了 1 个区县；总覆盖 13 个区县，每个区县约 30 所中小学，共计 366 所中小学参与了项目。

生命健康素养调研的主要对象为三至九年级学生，366 所学校约 20 万名中小学生参与了测评调查。此外，项目还选取了样本学校的部分学生、家长、教师、学校领导和所在地区的教育主管领导作为访谈对象，以更深入地了解不同群体对青少年生命健康素养的看法和理解。最终，共有 14 名教育主管领导、82 名学校领导、245 名教师、399 名学生和 242 位家长参与了此次调研。

通过多层次、多角度的调研设计，力求全面反映不同地区、不同背景下青少年生命健康素养的现状，为后续深层分析提供坚实的基础。

（二）调研方法

1. 访谈法

在此次关于中国青少年生命健康素养现状的调研中，广泛采用了半结构化访谈的方法。访谈提纲经过了严格的内部审阅和多轮试访谈，并根据试访谈的反馈进行了进一步的调整和优化，以确保访谈内容的科学性和适用性。访谈任务主要由心理学、社会学、教育学等领域的专家和学者承担，各地区根据实际情况，组建了具备当地特色的执行团队。

访谈的主要目的包括以下几点：

· **了解目标地区对生命健康教育的重视程度，** 包括是否制定了具体规划与举措等。

· **评估师生健康素养现状，** 探寻他们对健康素养的认知与关注。

· **梳理教育活动中的困境与诉求，** 了解教育工作者和家长在学校教育、家庭教育和社区教育（家–校–社共育）过程中，开展生命健康教育活动遇到的困难和需求。

访谈对象涵盖了多个关键群体，包括教育部门领导、学校领导、教师、学生和家长。通过多层次、多角度的访谈，能够获得全面的反馈和见解，为项目的深入分析和策略制定提供宝贵的参考。访谈流程如下：

资源整合与团队组建：项目牵头人整合资源，组成执行组，学习研究任务要求，明确调研工作要点，落实具体分工安排和访谈提纲内容，同时开展动态督导。

执行对接与准备：执行人员与地区学校牵头负责人对接，确认访谈细节并准备材料。

现场访谈与记录：按计划进行访谈，详细记录现场内容，确保信息的准确性和完整性。

内容整理与汇总：访谈内容整理后交由项目组专家进行汇总分析。

分析与提炼：项目组专家参考青少年生命健康素养创新工程的相关内容，结合专业知识，对访谈材料进行深入分析与提炼，为实施“青少年生命健康素养提升计划”提供重要依据，推动生命健康素养提升工程的高质量发展。

访谈提纲根据不同类型的受访者，设计了不同的核心问题（见表 4–2），以确保调研的针对性和有效性。这一科学、系统的访谈方法，为我们全面了解中国青少年生命健康素养现状奠定了坚实的基础。

表 4–2　访谈提纲核心问题

访谈提纲核心问题	
教育部门领导	学校落实学科育人要求的挑战、措施、督导办法、困难和问题
	区域教育主管部门对生命健康教育的重视、考核机制及标准
	体育与健康教育方面的教师队伍建设
学校领导	“生命健康素养”概念理解
	教育主管部门对学校进行生命健康教育的督导和支持
	学生生命健康素养测评
	学生身心健康问题及学校课程设置、师资
	教学目标和“生命健康”教育同步达成，并促成师生幸福健康
教师	对“生命健康素养”的理解
	体育与健康教育的教学及活动，学校资源配备及教师培训
	处理学生身心健康问题、促进其身心健康发展的措施和经验
	学生的健康素养情况
	促进“生命健康”和“幸福”的教学手段
学生	学校体育及心理健康相关课程及活动
	课后体育活动及睡眠

续表

访谈提纲核心问题	
学生	学生体质健康相关生理指标
	对“生命、健康、幸福”的理解
家长	对“生命健康教育”的理解
	学生课后体育运动情况
	学生体质健康相关生理指标
	对学生教育的期待，和其互动的情况，学生的学习、生活状态
	学生所在学校在健康教育方面的措施及问题

2. HAWA®3.0 测评实施

本次测评由学校统一组织，学生集体参与，并利用学校机房进行在线答题。整个测评过程严格遵循伦理学原则，确保知情同意和自愿参与，以最大限度地保护学生的权益。测评内容经过多轮专家审查，保证其科学性和适宜性，避免因题目设置不当对学生造成心理压力或不适。通过这些措施，确保了测评的顺利实施，不仅保障了数据的可靠性和有效性，也切实维护了学生的权益和身心健康。在线测评的方式有效提高了数据收集的效率和准确性，为本次调研提供了坚实的技术支持和保障。

三、数据分析结果

（一）基于 HAWA® 测评的学生生命健康素养基本情况

依托本次测评工具 HAWA®3.0 采用的六大领域、四个维度的测量模型，基于测评工具得到的原始分数，使用国际通用的程序和技术方法，将学生的百分制得分划分为四个等级，从高到低依次为：优秀（90 ≤分数≤ 100）、良好（80 ≤分数＜ 90）、中等（60 ≤分数＜ 80）、待提高（0 ≤分数＜ 60）。生命与健康素养测评得分处于优秀和良好的学生，被认定为具备健康素养。

1. 健康素养整体情况

从四省份学生参与测试的结果来看，整体上仅有 27.5% 的学生具备健康素养，而处于中等和待提高水平的学生比例则高达 72.5%。这一数据表明，当前青少年健康素养的整体水平偏低，亟须引起社会各界的重视（见图 4–13）。

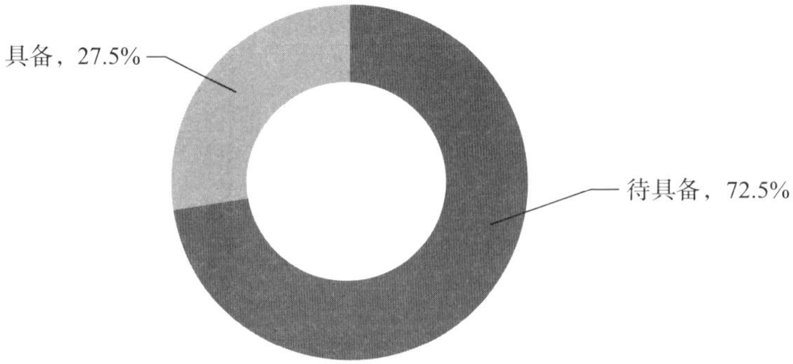

图 4-13 健康素养整体具备情况

关注参与测查的不同省份情况，发现江苏省的样本学生具备健康素养的比例相对较高。从访谈的结果了解到，为确保生命健康教育的顺利开展，江苏省参与调查县的教育局积极争取财政支持，用于教师培训、教材教具购置、活动组织、宣传推广等方面。各校结合学生年龄特点和认知水平，对课程内容进行系统规划和调整。小学阶段结合《生命安全》《心理健康》等教材注重基本知识介绍和习惯培养，初中阶段强化原理机制讲解和健康行为养成的主动性。通过主题班会、专题讲座、研学实践等活动提升学生生命教育认知水平，促进学生热爱生命、珍惜生命。做好筛查与干预，重点关注学习困难学生、留守儿童等特殊群体的心理健康状况，对筛查出的问题进行及时干预和辅导。经过一系列措施的实施，该县中小学生命健康教育取得了一定成效，使得学生健康素养得到了提升。

除了关注健康素养的地域差别，项目组还关注了不同年级学生健康素养的水平是否有差异。一个关键问题是，是否可以推断学生随着学龄的增加，其健康素养水平会相应提升。从本次测查的地区数据可以看出，事实并非如此。结果显示，高年级和低年级学生健康素养的状况较差，五年级、六年级学生的健康素养优秀和良好的比例则较高（见图 4-14）。

从数据可以看出，随着学龄的增加，经过生命健康教育的干预，学生的健康素养水平确实有所提升。然而，初中阶段的学生由于学业压力增大，且正处于青春期，生理和心理发展不均衡，自我意识增强，认知功能快速发展，但情绪波动大，易产生两极化现象，性心理也开始成熟。这些因素可能导致部分学生出现逆反心理，对健康素养的掌握有所下降。

对这一阶段的学生，学校和家庭应给予更多的关注，密切留意他们的生理和心理变化，并因人而异地制定适应不同特点学生的教育策略。通过针对性更强的健康教育干预，帮助学生更好地应对青春期的身心变化，促进他们在这个关键成长阶段的健康素养发展，为未来的全面发展奠定坚实的基础。

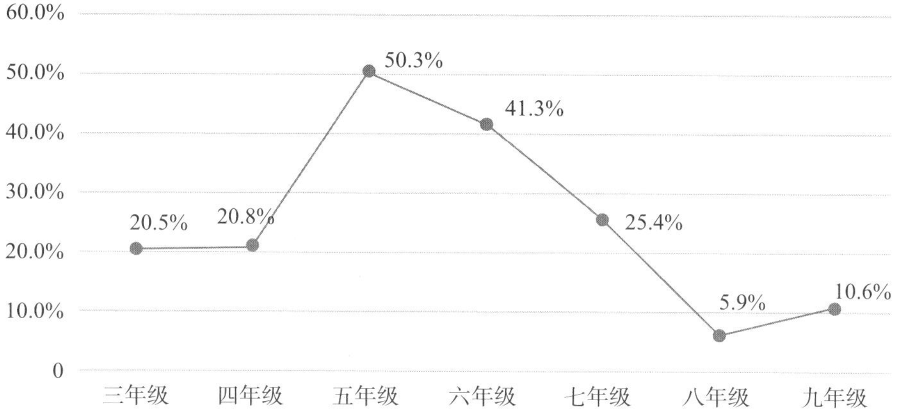

图 4-14　不同年级学生的健康素养水平

具体到健康素养的不同水平表现上，五年级、六年级学生达到优秀的比例显著高于低年级学生和中学生，而三年级、八年级和九年级学生待提高的比例都超过了 30%，生命健康素养知识匮乏，亟须提高生命健康素养（见图 4-15）。

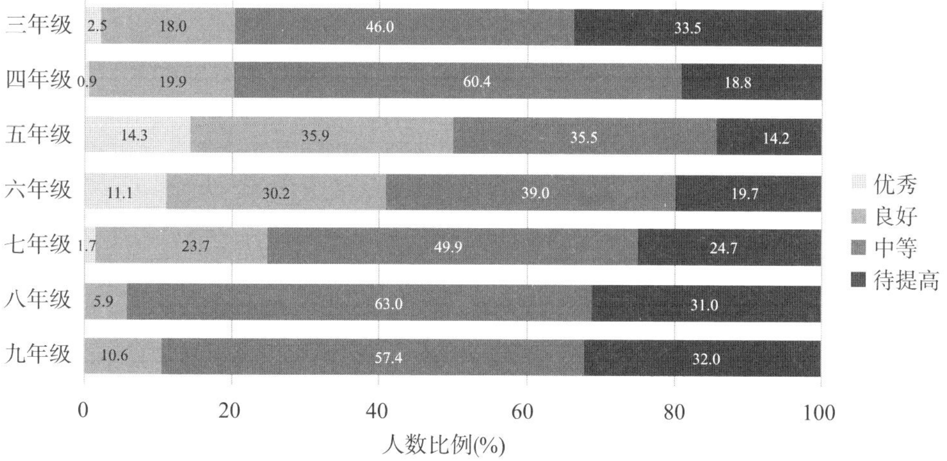

图 4-15　不同年级学生的健康素养水平情况

从性别上看，各年级具备健康素养的女生的比例均高于男生。尤其五年级学生的差异较大，约 12.2 个百分点。虽然与男生相比，女生的健康素养水平相对较高，但在八年级、九年级，具备健康素养的女生的比例却都不到 15%（见图 4-16）。

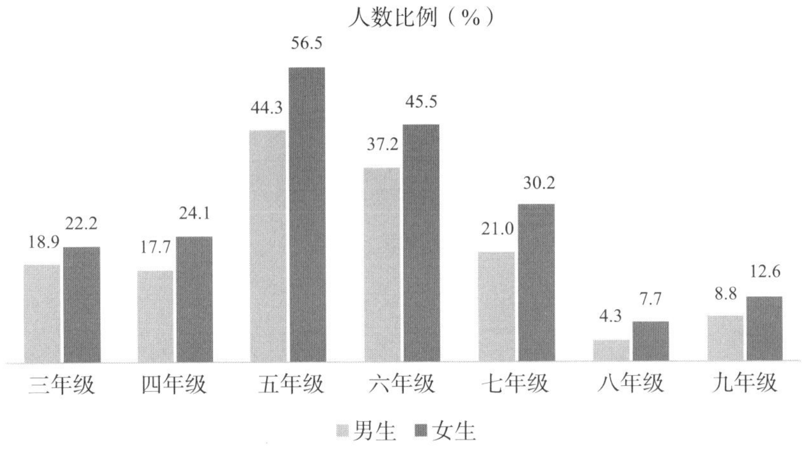

图 4-16 不同年级学生分性别健康素养情况

2. 健康素养六大领域的状况

深入分析六大领域的健康素养水平（见图 4-17 和图 4-18），结果发现，“安全应急与避险”领域的健康素养水平相对较高，小学和初中的掌握比例分别为 58.6% 和 59.1%，这表明，学校和家庭在安全应急教育方面取得了一定成效，学生具备了较为良好的安全意识和应对突发事件的能力。在“社会适应”领域，中小学的掌握比例也超过了 40%，这一数据表明，随着健康教育的普及，学生在社会适应能力和环境保护意识方面有了一定的提升。

然而，值得注意的是，在“心理健康”领域，数据则显示出令人担忧的趋势。无论是小学还是初中，学生在该领域的掌握比例都相对较低，反映出学生的心理健康素养亟须加强。这与现代社会中的一些普遍现象相吻合，世界卫生组织 2021 年发布的青少年精神卫生实况报道，列出了几个重要事实：（1）全球 10~19 岁人群中，有七分之一患有精神障碍，占该年龄组全球疾病负担的 13%；（2）抑郁症、焦虑症和行为障碍是青少年患病和残疾的部分主要原因；（3）自杀是 15~29 岁人群的第四大死因；（4）青少年的精神卫生问题得不到解决，后果会延续到成年期，损害身心健康，并限制成年后过上充实生活的机会。当今社会，学生面临因学业压力、社交焦虑及青春期生理心理变化带来的困扰，心理健康问题日益凸显。

根据埃里克森的心理社会发展理论，青春期的学生正处于“自我同一性 vs. 角色混乱”阶段，个体面临自我认同的压力与挑战。如果这一阶段的心理需求未能得到满足，容易导致学生情绪波动、焦虑增加，甚至可能陷入角色混乱的状态。

通过分析学生从三年级到九年级在“生长和发育”、“疾病预防”和“健康生活方式”这三个领域的健康素养水平的发展变化，发现初中阶段学生的掌握比例显著低于小学生。这一趋势令人担忧，可能反映出在学生进入初中后，学校和家长在这些领域的健康教育或引导上存在一定程度的忽视，导致学生在关键的青春期阶段缺乏必要的健康知识和行为指导。

这一现象可能与青春期的特殊发展阶段密切相关。根据**皮亚杰的认知发展理论**，学生进入初中后逐渐从具体运算阶段进入形式运算阶段，抽象思维能力增强，但他们对自我身体变化和健康行为的认知并未同步发展。同时，青春期带来的生理和心理变化使学生更容易感到困惑和不安，而学生在生长发育和青春期保健方面，往往又缺乏系统的指导与支持。这一时期，正是他们最需要全面了解身体变化、疾病预防和健康行为的重要阶段，却由于学校和家庭在教育上的侧重发生变化而被忽视。

马斯洛的需求层次理论指出，青少年在满足了生理和安全需求后，开始追求爱与归属感、自尊和自我实现。这意味着学校和家长应通过更加多元的支持体系来满足学生的心理需求，帮助他们在应对学业压力的同时，平衡生理、心理健康的发展。此外，针对不同年级和个体特点，应制定更加个性化和差异化的健康教育方案，注重学生的身心变化，提升他们的健康素养应对能力。

综合这些心理学理论的视角，调研结果凸显了加强学生心理健康教育的迫切性。学校和家庭应共同努力，通过定期的心理健康监测、心理辅导课程以及针对性干预措施，为学生提供全面的心理支持体系。尤其在青春期阶段，心理健康教育应成为生命健康教育的重要组成部分，以确保学生在面对日益复杂的社会环境和学业压力时，能够拥有足够的心理韧性和应对能力。这将有助于他们更好地应对成长过程中的困难和挑战，迈向健康、积极的人生。

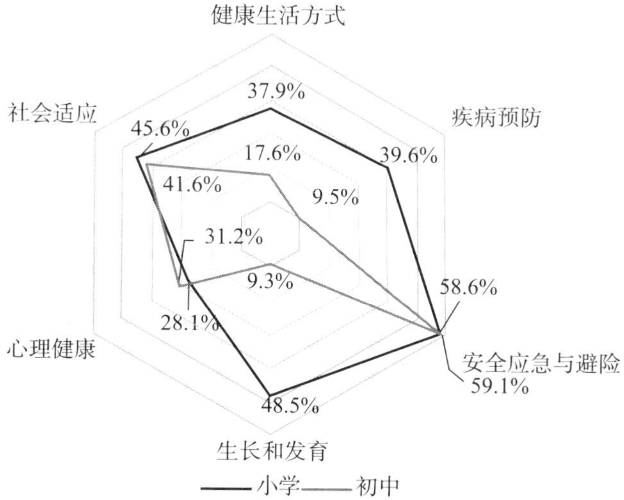

图 4-17　健康素养六大领域掌握情况

针对各个年级在健康素养六大领域的掌握情况分析发现，各年级各领域发展不均衡。在健康生活方式领域，对学生的睡眠、饮食、个人保健等健康知识进行了调研。结果发现，小学五年级具备健康生活方式的学生比例最高，约为49%。而在初中阶段，学生的健康生活方式出现了大幅下降的情况，初中生青春期的生理变化往往带来心理上的困惑和适应问题，有时会导致一些不健康的生活方式，如饮食失衡、睡眠不足等。为了改善这一现状，需要家庭、学校和社会共同努力，为初中生提供适应其生理和心理发展需要的健康教育。

在疾病预防领域，小学阶段除四年级外，具备此领域健康素养的学生比例均较高，尤其是五年级学生的比例，达到49.1%。然而，在初中阶段，具备疾病预防健康素养的学生的比例都在20%以下。健康的身体是有效学习的基础，教育学生如何识别和预防常见疾病（如流感、感冒）、如何保持个人卫生（如正确洗手）等知识，可以显著减少意外伤害和疾病的风险。

在安全应急与避险领域，具备此领域健康素养的学生的比例都保持在较高水平，且在小学阶段三至五年级整体存在随着年级升高而升高的趋势。但是值得注意的是，从六年级开始，学生的安全应急与避险知识水平反而有所下降。安全应急与避险教育对中小学生至关重要，它旨在通过提供必要的知识和技能，帮助学生在遇到紧急情况或潜在危险时能够保护自己和他人。学校和家庭应共同努力，将安全应急与避险教育纳入日常教育体系中，通过课堂教学、演练、体验活动等多种形式，使学生从小就具备必要的安全知识和技能，为他们的安全成长提供坚实的保障。

在生长和发育领域，学生具备此领域健康素养的比例呈逐年下降趋势，需要引起重视。具备生长发育和青春期保健的知识，不但有助于学生了解成长伴随的生理知识，对抗生理快速变化产生的压力和挑战，也能够促进学生心理健康发展，帮助学生更快适应身心发展带来的影响，更好地安排自己的学习和生活。所以，学校应该注重对学生该领域健康素养的培养。

在心理健康领域，小学生和初中低年级学生具备此领域健康素养的比例呈逐年升高的趋势，但到了八年级、九年级，学生的心理健康素养水平急剧下降，该阶段学生的心理健康不容忽视。中学生阶段是个体从儿童向成年人过渡的重要时期，这一时期个体会经历剧烈的生理变化和心理调整，因而容易出现多种心理健康问题。维护中学生的心理健康不仅对其当前的学习和生活有着重要影响，而且对其个人发展、人际关系和未来的发展都有着深远的影响，近年来，抑郁和焦虑的学生的比例有上升趋势，学校应该采取必要的措施如提供心理健康服务、创建支持性环境，为需要帮助的学生提供及时的心理支持和咨询服务。

在社会适应领域，学生总体上具备此领域健康素养的比例呈现较为乐观的比例，在四至九年级都超过了 40%，表明学生能够树立健康的理念，践行健康的行为，适应环境、改造环境、爱护环境，与周围环境和谐相处。学校应该着重培养学生的社会适应能力和环境健康素养，这不但有助于学生的全面发展，也为促进学生成为负责任的公民打下坚实的基础。

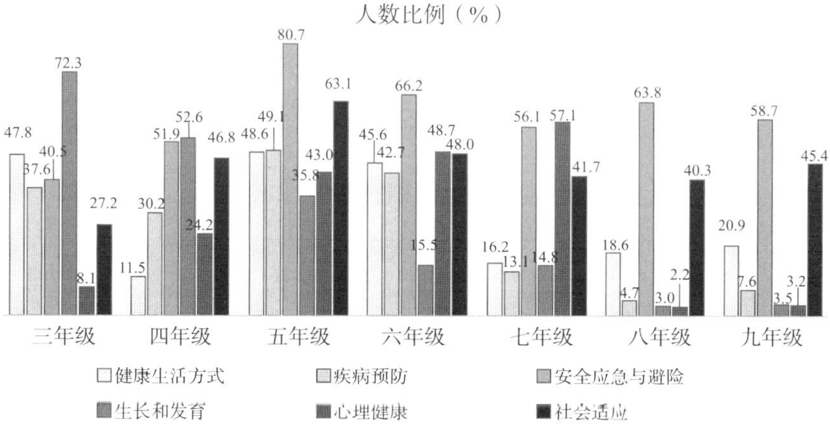

图 4-18　不同年级健康素养六大领域掌握情况

3. 健康素养四大维度的状况

深入分析健康素养的四大维度情况发现，健康知识的掌握水平最差，比例只有 21.9%，其余三个维度的掌握水平稍好，都在 35% 以上。值得注意的是，健康态度维度达到优秀的比例虽然较高，但待提高的学生的比例也是四个维度中最高的。（见图 4-19 和图 4-20）

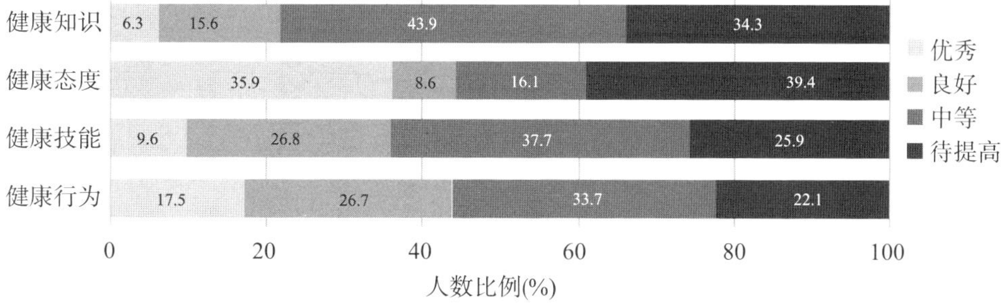

图 4-19　健康素养四大维度掌握情况

从不同年级结果来看，各年级发展也不均衡，尤其是健康知识维度和健康技能维度。在健康知识维度，不同年级学生具备健康知识素养的比例有比较大的差异，五年级学生具备健康知识素养的比例相对较高，达到了 41.7%，而初中阶段学生具备健康知识素养的比例则相对较低，均不足 15%。掌握健康知识可以帮助学生了解如何保持平衡饮食、适量运动、足够休息等，预防疾病，增强体质，从而更好地参与学习和日常活动；也可以帮助学生了解如何识别和应对压力、焦虑、抑郁等心理问题，促进心理健康。

在健康技能维度，四至六年级学生具备健康技能素养的比例较高，但是八年级、九年级学生具备健康技能素养的比例则不到 30%，需要加强健康技能方面的学习。健康技能对中小学生的重要性不可小觑，这些技能是学生健康成长的基石，学校需加强健康技能的培养，帮助学生从小培养良好的健康习惯和技能，为未来的挑战做好准备。

在健康态度维度，除三年级、四年级表现较低外，五至九年级学生具备健康素养的比例相对平稳，且均超过 55%。学生的生命健康态度对他们的个人发展、幸福感以及未来的生活和工作有着深远的影响。这种态度不仅关系到个人的身体健康，还涉及心理健康、社会交往和职业成功等多个方面。建议学校加强此方面的培养。

在健康行为维度，八年级、九年级学生具备健康行为素养的比例显著低于低、中年级学生，培养健康行为不仅对他们目前的健康和学业成绩有益，而且对他们的整个生命过程都具有持久的积极影响。因此，学校、家庭和社会应当共同努力，为学生创造支持健康行为的环境，提供必要的知识和资源。

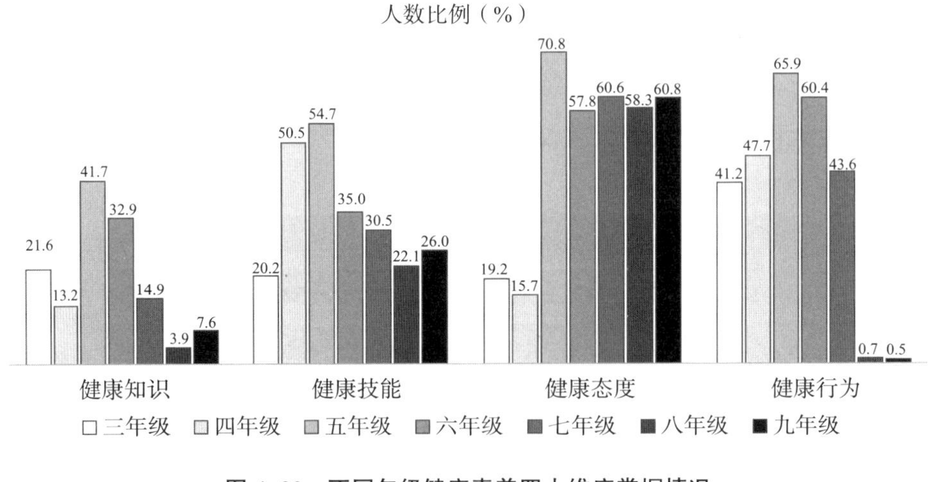

图 4-20　不同年级健康素养四大维度掌握情况

4. 调查结果与分析

（1）大部分学生注重饮食搭配

从学生的成长和发展来看，多数学生在饮食、运动、睡眠等方面的习惯比较好。对于小学低年级学生，肉蛋奶、谷物和蔬菜都是非常重要的营养来源，体育锻炼有利于人体骨骼、肌肉的成长，增强身体机能，促进生长发育；充足的睡眠有益于大脑，并促进注意力、记忆力和分析性思维（见图 4-21）。

我国对于贫困地区的农村义务教育阶段学生，启动了学生营养改善计划，确保学生的“营养餐”。许多地区实施了“蛋奶工程”，实现了学生体质健康状况的明显改善。从调查结果看，75.8% 的学生表示会注意肉蛋奶及蔬菜、谷物的搭配，说明大家对于营养摄入的均衡性已经有了较强的意识。

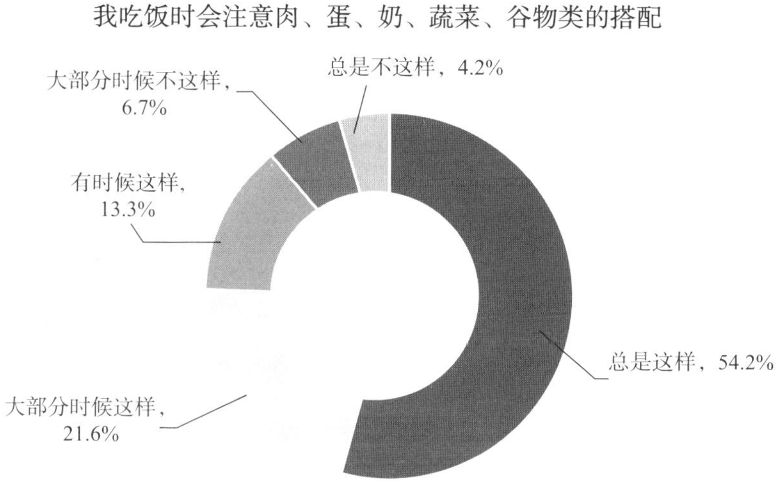

图 4-21　低年级学生营养搭配情况

（2）睡眠不足问题需得到重视

测查结果显示，低年级学生每周进行 2~3 次体育运动的比例为 76.3%，每天睡眠时间 8 小时及以上的比例为 79.2%，9 小时以上的比例为 48.2%（见图 4-22 和图 4-23）。尽管这些数据在一定程度上显示了学生的运动和睡眠情况尚可，但与教育部发布的《关于进一步加强中小学生睡眠管理工作的通知》（2021）中规定的标准仍存在差距。根据该通知，小学生每天睡眠时间应达到 10 小时，初中生应达到 9 小时。由此可见，虽然部分学生每天睡眠时间接近标准，但仍有相当一部分学生未能满足政策要求，尤其是达到 10 小时睡眠标准的小学生比例明显偏低，反映出睡眠不足的问题依然普遍存在。

睡眠是机体复原整合和巩固记忆的重要环节，对促进中小学生大脑发育、骨骼生长、视力保护、身心健康和提高学习能力与效率至关重要。从教育学和心理学角度来看，充足的睡眠是学生身心健康发展的基础，直接影响其学习能力、情绪调节和身心成长。充足的睡眠对于低年级学生的大脑发育尤为关键，能够促进认知功能的发展，增强学生在课堂上的注意力、记忆力和学习效率。长期的睡眠不足则可能导致学生情绪不稳定、注意力分散，甚至影响身心健康和学业表现。

家长应意识到，虽然运动对学生的健康有重要益处，但睡眠作为生理恢复的关键环节，同样不可忽视。确保学生按时入睡、减少干扰因素和拥有充足的睡眠时间，并建立健康的作息习惯，能够显著提升学生的整体健康水平和学习效率。学校和家庭应协同合作，帮助学生合理安排学习与生活时间，避免过度的课业压力，确保学生有足够的时间进行体育锻炼与休息，全面促进学生的健康成长。

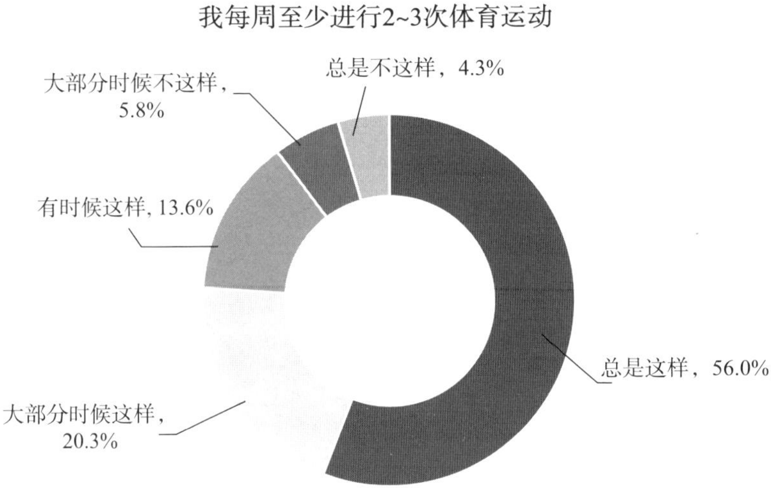

图 4-22　低年级学生体育运动情况

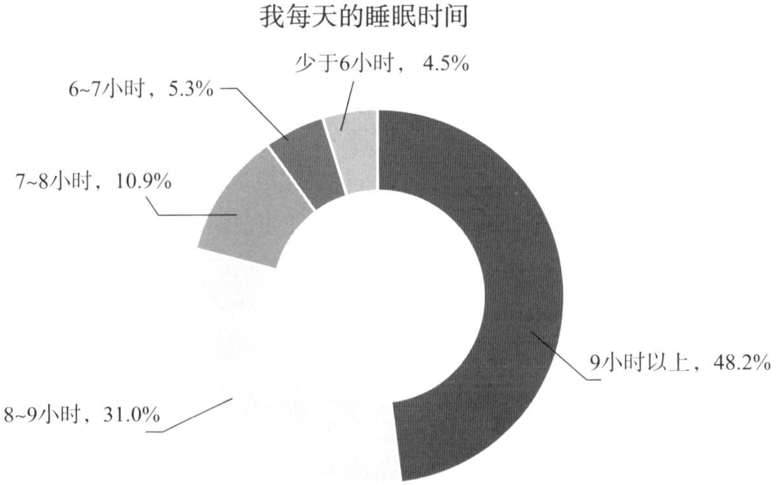

图 4-23　低年级学生睡眠状况

（3）高年级学生面临着心理健康挑战

高年级学生在心理方面面临的挑战更大，他们正处在从幼稚走向成熟的青春期，经历着生理和心理的剧烈变化。青少年开始试图摆脱家庭、老师的束缚，成为自主而独立的个体。然而，中学生由于身心发展尚未完全成熟，依然保留着某些幼稚的特质，面对学业压力、挫折以及人际关系和情感问题时，常常感到力不从心。在调研中，37.9% 的学生表示自己面对压力时，很难采取行动减少压力的有害影响（见图 4-24）。

情绪障碍在这个阶段的学生中很常见，其中焦虑障碍（包括恐慌或过度担忧）最为普遍。据报道，包括焦虑、抑郁在内的心理健康问题影响着全球 10%~20% 的儿童青少年，占全球疾病负担中相当一部分比例。《中国国民心理健康发展报告（2019~2020）》显示，2020 年我国青少年抑郁检出率为 24.6%（傅小兰等，2021）。抑郁症和焦虑症有一些相同的症状，包括情绪快速和意外的变化。焦虑和抑郁性障碍会严重影响学业和出勤，让学生逃避社交，加剧孤独感，严重的情绪障碍甚至可能导致自杀。

在这个关键阶段，学生迫切需要外部的支持来帮助他们缓解压力并逐渐掌握应对压力的技能。学校的心理健康课程、心理咨询服务、生命健康教育活动，以及教师和家长的理解与支持，都是帮助学生渡过青春期心理难关的重要资源。通过加强心理健康教育，增加学生对压力应对技巧的认知，并提供切实可行的心理支持体系，能够帮助青少年顺利度过这一充满挑战的成长阶段，逐步适应学业、社交和情感等多方面的变化，为他们的健康发展奠定坚实基础。

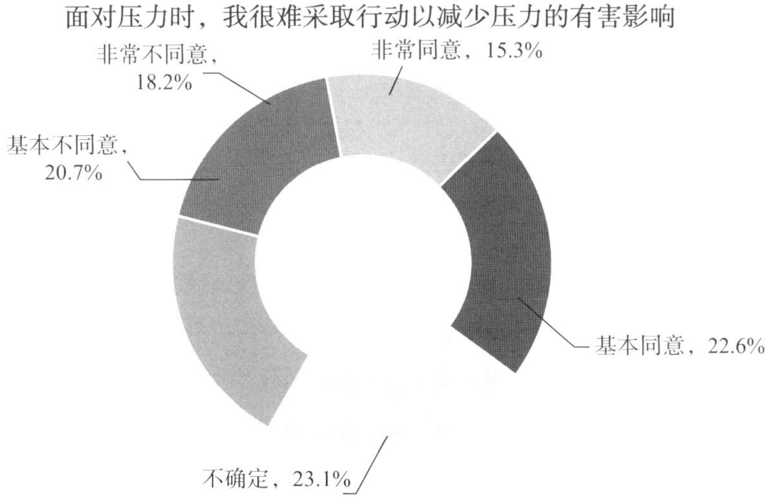

图 4-24　高年级学生压力应对情况

调查显示，43% 的学生在与同学发生冲突时难以冷静处理问题（见图 4–25）。青春期的学生情绪波动较大，这与他们大脑神经功能发育尚未成熟密切相关。尤其是由于第二性征的快速发展，学生的身体与心理发展常常不协调，神经功能中的兴奋与抑制能力也处于不平衡状态。这种不成熟的神经调控机制，导致了青春期学生情感丰富但不稳定，容易陷入情绪化反应。

面对冲突时，青春期学生往往情绪体验深刻，容易激动，缺乏足够的自我调控能力。这种情况下，教师和家长应采取疏导和支持的方式，而不是单纯的指责和批评。心理学研究表明，情绪管理和冲突解决的能力是通过学习和实践逐步形成的。学生在经历情绪波动时，若能得到及时的支持和引导，有助于他们逐渐学会如何冷静应对问题。

提供生命健康教育，帮助学生提升情绪管理和冲突解决的技能，能够有效减少冲动行为。研究表明，支持性环境下的引导，能够帮助学生更好地理解自己的情绪，并学习如何在压力和冲突中保持冷静，从而促进他们在青春期阶段的心理健康与社会适应能力的提升。

和同学发生冲突时，我很难冷静地解决冲突

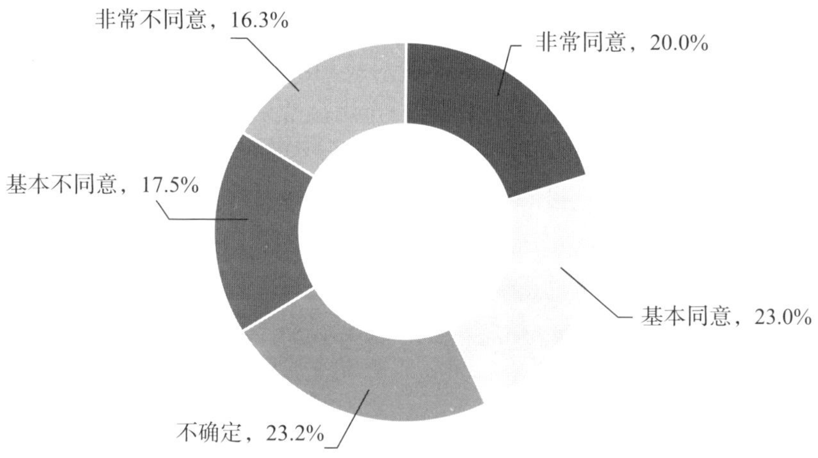

图 4–25　学生冲突解决情况

（4）学生成长问题

在调研中，我们还关注了学生在身体健康、心理健康、安全意识和学习行为等方面展现出的一些值得关注的趋势和问题。

身体健康

在身体健康方面，大多数学生的营养状况基本均衡，身高普遍达标。参与调研的许多地区也已经实施了“蛋奶工程”，明显改善了学生的体质健康情况。调研中有 75.8% 的学生能在大部分时间注意肉、蛋、奶、蔬菜、谷物类的搭配，但存在一些值得关注的问题。首先，约 48.3% 的学生有挑食习惯。学生有挑食的习惯，可能影响他们的营养摄入均衡，进而影响整体健康。其次，视力问题较为突出，有约 40.6% 的学生存在不同程度的近视问题。这与学生长期使用电子设备、缺乏户外活动等因素有关。更加值得重视的是，部分学生手机、网络使用时间长，难以自控，还存在懒于学习、不思读书或沉迷手机游戏现象，并且在农村尤为严重，这在一定程度上提升了生命健康教育的难度。

安全意识

在安全意识方面，学生普遍需要进一步加强。2022 年 7 月以来，多地连续发生多起 3 人以上溺亡事件，造成多名中小学生死亡，反映出一些地方存在预防学生溺水教育不到位、家长履行监护责任不到位、农村地区开放水域巡查防护不到位等突出问题。调研也发现，许多学生没有意识到私自下河玩水的危险性，仍然存在擅自到江河及池塘、水库嬉戏玩耍等行为；在正确用火用电方面的安全知识也掌握不足，火灾隐患也随之增加。这种现象提醒我们，学生在面对日常生活中的潜在危险时缺乏基本的防范意识和应对能力，需要在学校教育中进一步加强安全教育，让学生更好地认识和规避日常生活中的各种潜在风险，加强与家庭、学校、社会之间的衔接配合，确保学生生命安全。

学习行为

在学习行为方面，农村学生的主动学习动力和能力相对不足，他们的学习方式较为固化，学习效率偏低。这可能与他们的学习环境、教育资源的匮乏以及家庭教育支持的缺乏有关。此外，性教育的滞后现象也较为明显。学生能够通过手机和网络轻易获取性方面的信息，但由于缺乏辨别能力，容易受到不良信息的影响。小学三年级、四年级学生已经开始出现青春期懵懂，甚至有提前进入青春期的趋势，但老师和家长由于缺乏适当的知识或因羞于启齿，未能有效进行性教育。这导致学生在性认知方面存在较大的风险和困惑。

心理健康与行为控制

对教师的访谈中，很多教师提及了部分学生在行为控制方面存在问题，许多班级里都有一两个行为和情绪易失控的学生。首先，在学习行为方面，从小学低年级开始，厌学现象已经显现，如个别学生会在课堂上神游、发呆、不听课等。

这些现象在年级升高后则会加剧，尤其是在知识难度加大的情况下，学生的积极性和主动性明显下降。许多教师认为，手机、网络和游戏对学生的认知造成了严重的负面影响，短视频自媒体的奇谈怪论也占据了学生的心智，进一步增加了教育的难度。其次，在情绪方面，中学教师普遍反映班级学生存在抑郁和焦虑现象，甚至有个别学生存在不同程度的自残行为。这些情绪问题的成因不仅与学业压力和社会环境密切相关，也与学生的自我认知和情感调控能力不足有直接关系。

为应对这些挑战，学校、家庭与社会需要共同努力。一方面，学校应加强心理健康教育，帮助学生提高情绪调节能力，并通过合理的引导，减少不良网络内容对学生的负面影响。另一方面，家庭教育也应注重与孩子的沟通，关注其心理状态。通过这些措施，我们可以为学生营造更健康的成长环境，提升他们的行为控制能力和心理健康水平。

家庭背景的影响

对于农村地区外出务工的家庭，孩子往往成为留守儿童，通常由祖父母或托管机构照顾。这些家庭普遍存在经济条件差、家长受教育程度偏低、家庭教育动力不足的现象。外出务工的家长大多从事劳动密集型产业，工资微薄，生活经济压力大，普遍处于一种“拼命”赚钱的生活状态，无暇顾及孩子的教育，学校老师反映家访常常找不到人。大多数家长受教育程度不高，缺乏对子女进行教育监督和管理的意识和能力。这些家长在孩子的教育中容易缺位，更加依赖于学校教育。而孩子在成长过程中缺乏父母的陪伴，面临着更大的心理和行为发展风险。有些祖父母溺爱孩子，导致孩子性格乖张、自控力差；而一些托管机构则不负责任，孩子的生活和学习缺乏规律，容易沉迷于网络。此外，在单亲或离异家庭中，孩子往往得不到父母的足够关注，这进一步加大了他们生命健康的隐患。

从综合调研结果来看，尽管学生的身体健康在基本层面得到了较好保障，但在营养摄入、视力保护等方面仍存在较为明显的不足。同时，学生的安全意识和学习行为仍需进一步加强教育与引导。更为重要的是，心理健康问题凸显，成为当前亟须重点关注的领域。这些问题的出现警示我们，青少年的生命健康素养提升，不能仅依赖于某一方面的干预，而应从学校教育、家庭教育和社会支持等多个维度，采取综合、系统的应对策略。通过多方协作和精准施策，才能有效提升学生的健康素养水平，推动其在身体、心理和社会适应能力等各方面的全面发展。

（二）访谈问题归纳与思考

1. 中小学生命健康素养测评发现的问题及成因

项目团队自2014年开始研发生命健康教育测评系统（HAWA®），十多年来一直致力于中小学生命健康教育领域的系统建设与发展，多年来的研究成果真实反映了中小学生命健康教育的现状、问题及其成因（见表4-3）。

表4-3　中小学生命健康素养测评发现的问题及其成因

	主要问题	主要原因
生命教育	（1）生命意识淡漠、不敬畏生命、怀疑和否定生命价值、不理解生命意义、不尊重其他生命个体、不重视生命安全等 （2）生存自救技能不足，缺乏基本的自救知识、实际的自救技能、应对危机事件的能力以及参与自救的意愿 （3）学校对生命教育重视不够，生命教育课程设置不足，无法满足学生对生命知识的需求；生命教育内容不深入，无法激发学生的思考和感悟；缺乏专职生命教育教师，导致教学效果不佳；缺乏生命教育的教学资源，影响了生命教育的开展；缺乏生命教育的评估体系，无法对生命教育进行长期有效的评估和改进	（1）生理发育不完全：中小学生的生理发育尚未完全成熟，特别是大脑发育不完善，导致他们的认知和理解能力有限，对生命的价值和意义缺乏深刻的理解和认识 （2）心理和社会适应能力不足：中小学生处于心理和社会适应能力的发展阶段，面对各种压力和挑战时容易产生焦虑、抑郁、自卑等负面情绪，这些情绪可能使他们产生对生命的淡漠和消极态度 （3）教育缺失：学校和家庭对生命教育的重视程度不够，缺乏对中小学生进行生命教育的相关课程和活动，导致他们对生命的重要性和价值认识不足 （4）社会环境的影响：在现代社会中，一些不良的文化和环境因素，如暴力、色情、毒品等，可能对中小学生的生命意识产生负面影响 （5）个人经历和家庭环境：一些中小学生可能经历过家庭暴力、虐待、失去亲人等事件，这些经历可能导致他们对待生命的态度变得淡漠和消极
安全教育	（1）内容资源供给不足，缺乏系统性和全面性 （2）教育方式方法单一，缺乏创新性和趣味性 （3）教育对象没有针对性，缺乏分层分类的教育内容 （4）教育评估机制不健全，缺乏科学性和客观性	（1）当前安全教育的内容主要集中在传统的交通安全、消防安全、食品卫生安全等方面，对于新型的安全风险，如网络与信息安全、心理健康安全等方面的教育还不够重视 （2）现在的安全教育方式仍然以传统的讲授为主，缺乏实践性和互动性，难以激发学生的学习兴趣和参与度 （3）现在的安全教育内容往往是一刀切，没有

续表

	主要问题	主要原因
安全教育	（5）师资力量不足，缺乏专业性和稳定性 （6）校园安全存在问题，需要加强校园环境的治理和管理	根据不同年龄段、不同地域、不同文化背景的学生进行分层分类的教育，导致教育效果不理想 （4）现在的安全教育评估主要依靠传统的考试、问卷调查等方式，难以全面、客观地评估学生的安全意识和安全能力 （5）现在很多学校的安全教育课程由其他学科的教师兼任授课教师，缺乏专业性和稳定性，难以保证教学质量和效果 （6）存在一定的安全隐患，例如用电线路老化、火炉取暖等
健康教育	（1）健康教育课程设置不规范，没有纳入中小学核心课程体系。因没有意识到健康教育课程对于学生的全面发展和身心健康的重要性，导致其教学内容不够全面和深入 （2）健康教育师资力量薄弱，导致课程设置不规范、教学质量不高 （3）健康教育课程政出多头，缺乏整体设计和协同联动 （4）学校重视心理健康教育，但缺乏对常见病及预防、膳食均衡等知识的普及教育 （5）学校在应对学生健康问题时缺乏有效的鉴别和应对能力 （6）体制性障碍，家校以及社会多方面未能有效合作，对学生的不良生活习惯及行为方式缺乏有效引导 （7）结构性矛盾，如健康教育教师配备不足、校医配备不齐等问题，导致无法提供全面的健康服务和支持 （8）瓶颈性制约，学校在推进健康教育时缺乏符合学生日常学习、生活实际的教育方法，影响了健康教育的有效	（1）对健康教育重视不够。在某些地区，健康教育课程可能只是作为体育或医学课程的一个子模块，缺乏独立性和系统性 （2)在一些地区,健康教育课程的教育资源不足，包括教材、师资、设施等方面。目前，许多中小学的健康教育课程由体育教师或者校医等非专业背景的人员担任授课教师，他们可能缺乏专业的健康教育知识和技能，难以胜任健康教育课程的教学工作 （3）在某些地区，健康教育课程可能由不同的部门或者人员负责，如卫生部门、教育部门、学校等，导致缺乏统一的指导和规划，影响了课程的质量和效果 （4）在一些地区，学校可能更注重学生的心理健康，但是对于一些常见疾病的预防和膳食均衡等方面的知识普及不够，这可能导致学生缺乏全面的健康知识和技能 （5）在某些情况下，学校可能无法准确判断学生的健康问题，或者在应对学生的健康问题时缺乏有效的措施和策略，这可能导致学生的健康问题得不到及时解决 （6）在某些地区，学校、家庭和社会等方面可能缺乏有效的沟通和合作，导致无法形成合力，

续表

	主要问题	主要原因
健康教育	推进和实际效果	对学生的不良生活习惯和行为方式缺乏有效的引导和纠正 （7）在一些地区，健康教育教师的数量和质量可能无法满足需求，而校医的配备也可能不足或者不够专业，所以无法提供全面的健康服务和支持 （8）在某些情况下，学校的健康教育方法不能满足学生日常学习和生活的实际需要，导致学生缺乏学习兴趣和积极性

青少年是生命健康素养提升计划的核心群体。通过与学生的直接交流，不仅可以了解他们对健康素养的理解，还能评估他们在生活中如何应用这些知识。调研学生对健康素养的认识现状，有助于发现当前健康教育中的盲点和不足，从而为政策制定者和教育工作者提供改进教学内容的依据。考虑到学生对生命健康素养的概念可能较为陌生，所以调研分别询问了学生对生命、健康和幸福的理解。

学生对生命的理解

调研询问了学生对生命的理解。总体来看，我国青少年对生命健康素养的理解和重视程度较为深刻。多数学生能够认识到生命的无价和宝贵，并且能够理解健康不但是指身体上没有疾病、拥有强健的体魄，而且是指拥有健康的心态和保持心理的健康。超过 70% 的学生认为生命非常宝贵，只有一次，必须珍惜时间和生命，积极保护生命的价值。他们强调，生命不能被轻视，应当利用有限的时间去做有意义的事，实现自我价值。

学生对生命的理解呈现多样化的特点。约 15% 的学生指出，生命是父母赋予的，个体应该对自己的生命和父母负责任，珍视生命的来之不易。另外，还有学生认为，生命的存在使人有机会体验世界，感受亲情与快乐，因此每个人都应展示生命的价值，承担社会责任并做出贡献。

但也有部分学生对生命的理解较为模糊。约 8% 的学生表示无法描述生命的含义，认为生命并非个人能够掌控的事物，而是父母决定的。另外还有个别学生认为生命过于抽象，无法给出明确定义，或仅将生命视为生物体的一生。

学生如何理解生命？

- 生命只有一次，非常宝贵，是无价的，要珍惜生命、珍惜时间，需要我们去好好保护。生命不能儿戏，不能轻贱自己的生命价值，要做有意义的事。
- 生命是一个人存在的意义，有生命才能活着、才有机会感受世界。让我们拥有亲情、体验快乐。每个人都要展现自己的生命价值，要担当社会责任，做有贡献的事。
- 生命是父母孕育的，不能轻视生命，要对自己、对父母负责任。
- 生命就是做好自己。人可以在有限的时间做有意义的事情，实现自我价值。
- 生命只有一次，不仅要保护好自己的生命，也要保护好他人的生命。所有的动植物也都有生命，比如花草树木、飞鸟走兽。
- 说不出来，无法理解生命是什么。
- 人的生命不是自己能决定的，是由父母决定的。人不是主动想来到这个世界的。

学生对健康的理解

在此次调研中，学生对健康的理解也表现出多元化且富有层次的特点。约半数的学生对健康的定义较为全面，认为健康不仅仅指身体的强健，还包括心理健康。他们强调，拥有健康的身体和积极的心态同样重要，一个人不仅要身体健康，还要保持开朗、乐观的心态，心情好是健康的重要标志。这些学生普遍认为，健康不仅是无病无痛，更要在心理上活泼开朗、情绪积极。这些展现了他们对身心和谐的重视。

约三分之一的学生强调身体状态的正常与稳定，认为健康就是身体没有疾病、身材适中、没有残疾。这些学生主要关注身体的表面特征，强调身体的正常运作是健康的核心。

也有学生强调健康需要通过后天的努力来维持，认为保持健康的关键在于多锻炼、保持良好的饮食习惯，比如多吃水果、避免垃圾食品、注意个人卫生等。例如，有学生认为健康的人可以类比为机器人，人的器官如同机器人的零件，需要保养和维护，心理健康则是人类相较于机器人的独特之处。

还有几名学生对健康的理解更为全面和深入。他们认为，健康不仅仅是身体健康，还包括心理健康和社会适应的平衡。这些学生认识到，健康不仅仅是个人的生理状态，还涉及人与社会环境的互动和心理适应，体现了多维度的健康观念。

学生如何理解健康？

- 身体要健康、心理也要健康。
- 健康的人可以拿机器人来作比较，人的器官就跟机器人的零件一样，需要保养和维护，这是身体健康。但是，机器人是死板的、冰冷的，不像人一样有感情，所以人比机器人还多一种健康，叫作心理健康。
- 健康很重要，要爱护自己的身体，不能只顾学习而忽略了健康。
- 健康是心情开朗，开心和快乐，不抑郁、不郁闷，阳光自律，心理钝感。
- 健康是心理与身体的健康，身体没有疾病，心理没有缺失，包括思想健康、不吃垃圾食品、做健康运动、关注视力和牙齿健康等。
- 健康是身体、心理、社会适应三方面的平衡。

学生对幸福的理解

学生对幸福的理解也多种多样。几乎所有的学生对幸福的理解都提到了家庭，认为幸福来自家庭，和睦的家庭关系是幸福的基础，家人团圆、感受到家庭的爱就是幸福。也有许多学生认为，人生应该有理想、有目标，能够为社会创造价值。还有很多学生能从生活的小事中体验到幸福。有的学生认为，人生不一定非要轰轰烈烈，健康快乐、家庭和睦、拥有真诚的友谊同样是幸福人生的体现。还有的学生则提供了更加具象化的答案：“幸福就像是我回家，爸爸给我炒了一盘非常好吃、我非常喜欢的菜，我觉得那盘菜就是幸福。”在一些农村偏远山区，虽然经济条件相对较差，但许多学生依然感觉非常幸福。一些学生认为，与家人一起干农活、与朋友一起看风景也是快乐的生活方式；同时，他们也向往北京等大城市的繁华与美景。而对于那些父母外出务工的学生，他们普遍表达了希望父母能留在身边的愿望，渴望家庭的陪伴和支持。以下通过词云图的方式将学生对幸福的理解展现出来（见图 4–26）。

图 4–26　学生对幸福的理解词云图

这些调研结果为教育工作者未来规划更加全面的生命与健康教育课程提供了宝贵的参考依据。通过结合学生的不同理解与需求，能够更加有针对性地设计课程内容，既关注生命意义的探讨，也加强身体和心理健康的全面培养。这将帮助学生更好地认知生命、珍惜生命，并在身体和心理上都保持健康，为他们的长远发展奠定坚实的基础。

2. 学校生命健康教育

透视分析参加调查的三至八年级学生的健康素养水平，我们发现，各年级具备健康素养水平的学生人数占比介于20%~30%，个别年级甚至更低，学生健康素养处于较低水平。深入分析学生在健康素养之四大维度方面的表现可知，健康知识的掌握水平最差，只有五分之一的学生具备健康水平，健康技能和健康行为大致为35%。

高年级学生在心理方面面临的挑战更大。在调研中，37.9%的学生表示自己面对压力时，很难采取行动减少压力的有害影响。如果学校不及时采取补救措施，这些学生步入高中，甚至以后步入社会，会面临更大的苦难。

在汇总访谈调研结果时令人印象最为深刻的是，尽管学生们对生命、健康、幸福的认知已经很深刻，但是只有16.7%的学生认为幸福是自我实现，做自己喜欢做的事，实现梦想；10.0%的学生认为幸福是有自己的兴趣爱好，能做自己喜欢的事情。我们推测，大部分教师和家长都没有意识到引导学生认知幸福的真谛、感悟自己内心追求的重要性。

受访的学校管理者中，三分之二对生命健康素养有基本认知，多聚焦于身体健康和心理健康；只有9.2%的学校管理者提到生命健康素养包括人格健全，学生要自立自强，要有社会责任感和适应能力。调研结果显示，大多数学校管理者没有意识到健全的人格和良好的社会适应能力对于学生成长的重要性。社会适应能力是指人为了在社会更好地生存而进行心理上、生理上以及行为上的各种适应性的改变，与社会达成和谐状态的一种执行适应能力，包括个人生活自理能力、基本劳动能力、选择并从事某种职业的能力、社会交往能力、用道德规范约束自己的能力等，从某种意义上来说就是指社交能力、处事能力、人际关系能力。

受访学校中大部分开设了生命安全课程，心理健康课程也在逐步系统化、特色化，学校通过课堂教学、实践活动、家校合作等多种方式努力普及生命健康知识和技能。中小学对生命安全教育的重视程度在提升，但仍面临巨大的挑战，最大的挑战是学校育人文化。如果一所学校的校长、教师以及家长，所有人的精力都放在抓分数、抓成绩上，忽视学生个体发展需要，那么无论学校在健康教育方面做怎样的投入，都是杯水车薪。

健康教育师资队伍

学校健康教育既可与班会或少先队活动结合，亦可与学科教学结合。但无论是学科教师还是班主任，都只在自己熟悉的领域内开展活动来支持学生的健康素养提升，还是比较有限。少部分教师参加过一些相关领域的研修培训，但缺乏系统性、全面性，实操能力尤为不足。

学校教师承受着较大的工作压力，自身没有经过系统的健康教育专业培训，还需不断协调家庭与事业、学校与社会、家长与学生、学生之间等方方面面的关系，教师队伍面临着身心健康方面的严峻挑战。

我们呼吁加强职前教师的健康教育，提升职前教师的健康素养水平，这一点做起来不容易，毕竟人的健康素养是从小培养起来的。也就是说，娃娃阶段，我们就要抓健康素养。

家庭对学生生命健康教育的认知

家长对孩子成长的期待涉及多个方面，从生存技能、习惯养成、健全人格、身心健康到学有所成等。虽然大部分家长主观上认为心理健康比学业成绩更为重要，希望学生能有稳定的情绪和良好的心理状态，但在实际学习和生活中，家长还是把学业成绩看得相对更重一些，对学生期待较高，这是一个普遍现象。然而，过高的教育期待会给学生带来压力，影响学生的身心健康和学业发展。更为令人担忧的是，家长并没意识到问题的严重性，甚至不能正视和接受自己的孩子有心理问题，也不认为是家庭教育存在偏差。

综上，中小学生健康成长需要家校社协同共进，秉持“爱、尊重、责任、担当”的教育理念，为孩子长远可持续发展提供良好、滋养的教育生态。学生对生命、健康和幸福的理解源于他们未经世事雕琢的心灵，以及对生活最原始、最真挚的感知，体现了学生的纯真和善良，值得家长和教育工作者深刻反思。家长和学校应该给予学生一定的自由空间，培养他们的独立性和自主性，让他们学会独立思考和解决问题，学会选择。正如南京师范大学原副校长吴康宁教授在上个世纪末指出的，“教会选择”确已成为我国学校道德教育不能不承担的、一项刻不容缓的根本任务。[①]

家长应与孩子建立良好的沟通渠道，了解他们的内心世界和真实需求，沟通时要保持耐心和理解，尊重孩子的想法和感受，共同制订教育计划。家庭教育是

① 吴康宁 . 教会选择：面向 21 世纪的我国学校道德教育的必由之路：基于社会学的反思 . 华东师范大学学报（教育科学版），1999（3）：10–18.

一个长期过程，家长应遵循教育第一性原理，不断调整和改进自己与孩子的沟通方式，深究孩子心理问题起因，为孩子提供更好的教育和成长环境。

学校管理者应为教师提供持续学习和发展的机会，促进教师的专业成长，提升教师的职业幸福感。没有健康幸福的教师，就不可能有健康幸福的学生。

小 结

教育面临前所未有的挑战。信息技术的飞速发展不断改变着人类的生活和学习方式，孩子们的成长环境也在变，导致人们对于未来世界发展的不确定性、复杂性和模糊性感知越来越强。读懂新时代青少年成长与发展是思考和解决教育问题的起点，是办好教育的前提要件。如何让教育土壤厚植科学的育人理念？如何让我们的教育文化更加滋养，为校长、教师、家长和学生平添几分定力？如何赋能校长、赋能教师？如何合理分配教育资源？如何让科学管理与评估更加深入人心？这些都是当代教育人、特别是教育管理者需要思考的问题。

中小学生正处于身心发展的关键期，学生社会适应能力弱，心理健康问题就会日益增多。**中小学生心理健康问题不是学校心理老师可以解决的**。中小学生的社交、处事和人际关系能力，应引起学校管理者、教师和家长的特别关注。中小学生社会适应能力的提升，将有助于减少学生心理健康问题的出现。

总之，**中小学生命健康教育是一项系统工程**。学校和家庭需要齐心协力，针对中小学健康素养测评结果，及时采取适合且行之有效的预防措施，在中小学生出现（严重）心理健康问题之前，健全学生健康知识体系，引导学生学会思考，运用所学的健康知识和健康技能，解决学习和生活中遇到的困难与问题。这样，经过学校和家庭的持续不懈努力，学生终将会成为自身健康的第一责任人。当然，此话说起来容易，做起来难！接下来，我们介绍基于 HAWA®3.0 测评的中小学健康教育整体解决方案及其实施效果。

第五章

中小学生命健康素养提升
——案例采编

第一节　基于 HAWA® 的中小学健康教育解决方案

中小学生健康素养测评系统（HAWA®）在服务生命健康教育实践的过程中不断升级和迭代，从最早在上海市闵行区和松江区落地，到疫情期间启动为期 5 年（2020—2024）的全国中小学生健康素养公益调查，再到腾讯公益慈善基金会支持的“读懂新时代青少年成长与发展”项目走向全国，基于 HAWA® 的中小学生健康素养测评的解决方案，逐渐在北京、广东、四川、山西、浙江、江苏的 25 个区县近 500 所中小学校落地。

一、中小学健康教育整体解决方案

经过 12 年的努力，除了中小学生健康素养测评系统（HAWA®），项目团队根据区县教育 / 教师进修学校以及中小学的实际需求，又研发了中小学健康教育整体解决方案（见图 5-1），其中包括：以培养学生健康知识、健康技能为目的的在线健康课程，幸福教师研修，卓越校长研修，家庭会议（适合小学生家长），青春期家长课程（适合初中生家长）和生涯教育（适合高中生家长）。

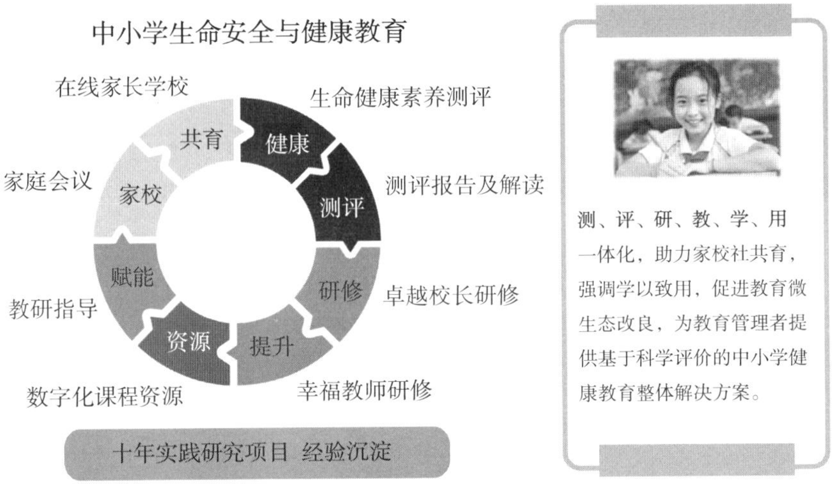

图 5-1 中小学健康教育整体解决方案

其中，学生以年级或班级为单位进行健康素养测评，基于测评导出各班优先关注点（即健康素养水平低于 60%）。教师根据优先关注点，利用在线健康课程资源，通过班会、少先队会或者与学科内容进行融合，组织学生开展基于健康素养的教学活动。

学生将所学的健康知识、健康技能应用到自己的学习与生活中，学会独立解决问题，逐渐养成健康的行为习惯。周而复始，每年进行一次健康素养测评，助力学生的健康素养不断得到提升（见图 5-2）。

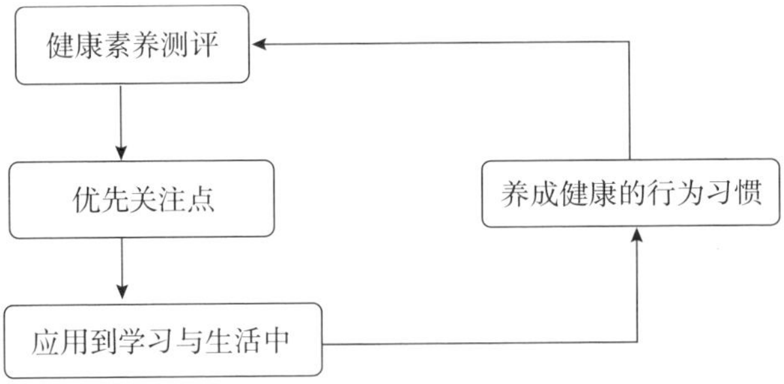

图 5-2 学生端（测评—学习—应用—行为习惯—再测评）

二、整体方案的实施效果

（一）教学目标开始从注重知识技能到关注学生的行为改变和习惯养成

教师开始从原来按照教材设计的知识和技能活动进行教学，到自己设计更加贴近学生生活的活动。比如，引导学生学习如何辨别药物的有效期和用途，请学生回家后与父母或者外婆进行角色扮演；班主任现身说法，与学生分享自己一周的工作计划，引导学生设定自己的学习目标和健康目标，并且要确保目标是科学的、可以实现的。教学活动设计开始注意引导学生不断地体验和感悟如何做、怎么做，逐步培养学生的健康生活习惯和正确思考方式。

（二）教学内容开始强化生活技能，突出在体验中习得

各学校将健康与幸福课程内容同校本课程进行整合，将新的教学理念和方法渗透到班级、年级、校级活动中。例如，将课程的相关内容和“品德与社会”学科、年级主题教育活动、校本教材《生命的旋律》整合渗透，让学生在活动中学习，在活动中运用课堂中学到的技能；提出“健康在于行动，幸福源于体验”的课程校本化理念，实施以“幸福体验”为主路径的心理教学、以“学科渗透”为辅的点线结合式行动教学和以“知行课程”为龙头的校本化融合教学，培养学生的十大生活技能；将健康与幸福课程同心理健康教育工作相结合，设计符合学生需求的团队心理游戏和活动，让学生在游戏和活动中掌握十大生活技能；利用每年的寒暑假开展活动，让学生在活动中学会怎样与家人沟通、怎样创建和谐型家庭；利用特殊的重大纪念日，结合健康与幸福课程中的环境健康内容，让师生共同完成一次与纪念日相关的探究活动和宣传活动。

（三）教学形式已经实现了时空扩展、内外结合

在教改实验过程中，积极搭建健康多元的教与学的生态系统，整合并利用各种校外资源，拓展教学内容和教育手段，延展学习时间和学习效果。例如，从校外请来儿童教育专家，就“孩子的健康成长和幸福生活”这一主题为教师和家长支招；举办“每月一道思考题活动”，为教师和家长搭建沟通平台，引导家长转变育儿观念，增进与孩子的沟通，孩子由此获得了更多生活上的指导；邀请社区民警、专业医生、社会团体进校园，分别为学生进行安全及法治教育、中医学知识教育和急救技能教育；与其他学校的健康与幸福教师团队进行校际交流研讨；召开区域或全国范围的校长 / 教师培训。

中小学生健康素养测评系统（HAWA®）自诞生以来，历经十多年的创建、优化与发展，已经积累了大量基于测评系统制定生命健康教育解决方案的实践案例。大家对实验课程给予了高度肯定和认可：一方面认为课程实用、有新意，因为课程知识多与生活息息相关，既可以通过教学增强学生的生活技能，培养其良好的人格品质和社交能力，也可以通过小游戏、小实验、小调查等活动，充分调动学生的积极性，锻炼他们的动手能力和探究能力；另一方面认为课程受到学生喜欢、有创意，因为课堂学习提倡教学互动，通过积极参与、发现问题、小组讨论等形式，能够不断激发学生的好奇和兴趣，充分拓展学生自由想象的空间，主动进行创新与创造。由于篇幅有限，本章只是在不做形式改动的情况下，原样呈现了少部分在实践中收集到的小故事和获奖教案，意在客观反映通过 HAWA® 开展中小学生命健康教育而产生的实践成效。

第二节　我们的故事和感受

一、教师成长篇

教孩子感受幸福

上海市闵行区汽轮小学　吴周云

“幸福”是现在的热门词语。但是，身边的学生每天背着沉甸甸的书包，一回家就埋头读书，作业有时到半夜也写不完，双休日又被补习班“填鸭”……这样的学习现状距离“幸福”实在太遥远了。为了应付考试，课堂讨论取消了，体育锻炼放弃了，阅读书刊的时间没有了，结果学生独立思考问题的能力始终得不到提升。正如美国著名学者内尔·诺丁斯所说的，幸福或许不是教育或生活的唯一目的，但它是核心的目的。可以说，教育的重要目的就是学生的幸福。

我们作为教师，不仅要向学生传授基础知识，更要传承品质，教会孩子感知幸福，当然还要培养很多能力，比如与人沟通、克服挫折、敢于担当……这样培养出来的学生，才是全面的、健康的。他们不仅有健康的体魄，还有健康的心智。

2012 年 9 月新学年开始，我校三年级开始实施综合性的生命健康课程，这对孩子的健康成长来说无疑是一种福音。该课程通过六大领域的生活技能训练，帮助学生解决成长中遇到的问题。生命健康课程的教学形式也不同于一般的科目，该课程通过学校、家庭、社区等多种途径，以自学、课堂教学、班会、主题活动、家庭教育等形式展开。最重要的是，它不进行纯道德的说教，而是给学生以非常具体的技能指导。回顾这一年来的点点滴滴，经过扎实而创新的实践研究，实现了预期的目标，我也从一名“新手”逐渐成长起来。

1. 构建幸福课堂

传统的课堂模式为：复习导入—新授知识—巩固练习—总结—布置作业。学生成为听众、看客，课堂成为教师的讲堂。如果生命健康课程也按照传统模式教授，那些鲜活的生活知识将会变得枯燥乏味，学生无精打采、似懂非懂，教师也无法将自己投入其中。那么，生命健康课程所倡导的课堂教学模式究竟是什么样的呢？面对这门从国外引进的课程，我们自以为“不会上”“不知道怎么上”，把“不可能”的圈子画得很大，“可能”的边界越来越小。我们总是被未知的困难、失败吓住。要先找到自己，将自己准确定位，找到“幸福感”，才有可能真正潜心研究。

在自己学习摸索的过程中，针对生命健康内容与学生生活密切相关的特点，在上课时，我搬掉学生课桌，以小队为单位排座，提高板书利用次数。教学中运用情景创设、角色表演、操作实践、游戏竞赛等多种方法激发学生的兴趣，调动学生的主动性。“台上”他们或表演、或唱歌、或讲解，精神抖擞、活力四射，令在一旁的我也激动不已。学生之间、师生之间、小队之间相互质疑、相互探究、相互融会、相互补充、相互碰撞，大家畅所欲言，感染促进。这时候，我与他们一起讨论，从旁指导。我只是课堂的组织者、引导者、帮助者，而课堂完完全全成了学生自己的展示舞台。他们在课堂中自主探究，自主获取知识，真正实现课堂效益最大化。我感受着每一位学生的个性、活力，感受着他们的快乐与幸福，之前的“不可能”在这一过程中得以化为“可能”，心中的满足感、幸福感也不断提升。

所谓幸福课堂，也许就在于能够给每个孩子一个认可的机会，给孩子一个展示自我的舞台，给孩子充分发挥自我潜能的一片天地。与传统课程相比，生命健康课堂在教学价值取向和学习方式上都有很大区别。

	传统课堂	生命健康课堂
教学价值取向	主要由教师传授知识，让学生回答教材中的问题、记课堂笔记	通过生活中的事例引发学生思考，引导学生解决实际问题，评测他们在实践过程中的表现。教师参与学生开放式的探究，引导学生掌握真正的健康生活方式

续表

	传统课堂	生命健康课堂
学习方式	听讲与接受 记忆与模仿 书本知识 间接经验	自主探究与合作交流 理解与创造 实践活动 直接经验

2. 构建和谐师生关系

当下的应试教育，分数俨然成了衡量一名学生“好坏”的标杆，成了教师能力的考核表，孩子全面、个性的发展反倒变成次要的。这既给孩子加重了负担，也让一线工作的我们筋疲力尽。

因此，我不断地告诫自己：要平等善待每一个孩子，而不是只注重成绩。要营造一种具有感染性的、催人积极向上的课堂氛围，而不是紧张、充满负面情绪的氛围。生动活泼、积极主动的课堂氛围能激发学生的学习兴趣，也是他们健康成长的一种心理需求。

建立和谐的师生关系，不仅有助于形成生机勃勃的生命健康课堂气氛，而且也会形成轻松愉快、生动活跃的校园学习气氛。学生不仅保持了学习的积极性，而且积极参与实践活动，培养了动手创新能力。如在这学期开展的主题为“石榴花”的环保小卫士志愿大行动中整合了生命健康课程第 10 章“环境健康”的内容，学生开展社区环境调查、节约自然资源的调查研究，他们兴趣盎然，积极寻找生活中节约自然资源、少制造垃圾的行为，并提出健康生活的倡议。整个活动开展得有声有色，意义实在。

学生有了学习动力后，我逐步指导他们查阅资料、实地调查、开展采访活动等，他们从中受到熏陶、感染、启迪，并有所感悟，从而提高悟性，增长智慧，变得越来越聪明。他们在与我的沟通交流中，收获健康与快乐；在与我的合作策划中，逐步提高自己的分析判断能力……而我也在这个过程中学会了改变教育思路，转变世俗的眼光，善于发现学生的优点并加以肯定。我对每个孩子都充满信心，努力营造温暖的氛围，让他们重新认识自己，从而帮助他们扬起前进的风帆，驶向胜利的彼岸，也逐步拥有一个阳光般的灿烂人生。

3. 构建多元评估机制

生命健康课程能否成功实施，关键在教师。落实新课程不是一个简单的执行过程，而是师生互动的过程。受传统应试教育的影响，分数是学生的命根、教师的法宝，因而教师对学生的评估被狭隘地理解为对学生学习情况的评估，对学生学习情况的评估转化为用考试的方法得出考分。

要扭转这个局面，关键在于打破单一的分数评估体系。首先，要让考试的形式多样化，使其评估学生的功能更加全面。鉴于生命健康这门课程特殊的学习方式和为了减轻学生的心理压力与学习负担，我不建议进行相关书面形式的考试，而主张运用“多样化”的评估方式实现对学生的全面评估。也就是说，评估学生，不能只看他的学习成绩，还要看他的个性和兴趣发展，要关注他有没有想象力、创造力。其次，要全面客观地了解情况，尽可能防止“第一印象”等认知偏差的干扰，避免个人的偏见，实事求是地依据学生的表现情况给予恰如其分的评估。目前我们采用的评估方式有：每周以专栏形式在学校橱窗展出；建立个人成长档案袋，在收集整理资料上进一步规范化；每月开展生命健康课程开放活动，邀请家长及社会各界人士观摩课堂；进行生命健康特色班评比，激发师生参与课程的兴趣。通过多元化的评估，促进学生生动、活泼、积极、主动地学习，促进学生全面而有个性地发展，让学生真正感受到学习的乐趣。这样的评估机制也让我在教学中更放得开手脚，最大化地发挥自己的创造力。

在生命健康课程中，我深深地体会到，生命健康不仅仅是新理念，它已经与协作、创新、探究、激情、希望、生活这些字眼紧紧联系在一起，让我们与它一起成长，为学生每一天的健康成长而快乐着。

I-message 的魔力

上海市闵行区梅陇中学　董鸣

学生 A 和学生 B 打架。事后，我询问学生 A：“谁先动手打人的？”

学生 A：“他先打我。”

我：“他为什么打你？”

学生 A：“不知道，他就是莫名其妙地打我。”

我：“你之前说过什么或做过什么吗？”

学生 A：“没有，我什么都没做。”

奇怪的是，询问学生 B，得到的也是相似的回答。

每当学生之间发生冲突后，无论你询问冲突中的哪一方，得到的都是类似的对话，任何一方都是一口咬定——自己没有错，全是对方的错。其实，初中阶段的低年级学生发生冲突是很正常的。六年级作为初中阶段的起始年级，是由一群有着不同成长背景的学生组成的新集体。他们渴望被同龄人接纳，期望能融入同辈群体，渴望家长、学校、社会及同伴给予他们成人一样的尊重和信任。但是他们的社会经验、认知能力、思想方式等并不成熟，在人际交往方面存在着一定片面性的理解以及一些困惑。因此，彼此之间难免会发生冲突。可是，在发生冲突后，如果永远觉得是对方错，这就给教育工作增添了一定的难度。如何在这个叛逆的阶段给初中生一个正确的引导呢？“互相包容”“互相尊重”这些道理他们未必不懂，可是口号式的道理在现实生活中有时显得非常空洞，是不是有具体的做法呢？

在接触到了生命健康这本教材后，“I-message”这个知识点让我眼前一亮。

“I-message”是一组陈述或信息，包括所涉及的一种特定行为或事件、这种行为或事件的影响以及自己对结果的感受。这种类型的信息允许对方来解释自己的观点而又能使对方的感情不受伤害。与它相对的是“You-message”，“You-message”是一种责备或羞辱对方的信息。

例如：打篮球的时候，同学不小心将球砸到了自己。

“You-message”：你怎么搞的，球打到我了，痛死我了。

“I-message”：我被球打到了，好痛，我感到生气。

在课堂教学时，我设置了几个生活中的冲突情境，让学生们在角色扮演的过程中感受“You-message”和“I-message”的区别。同时通过社会新闻的讨论，思考我们的生活中需要“You-message”还是“I-message”。

在讨论中，学生们深切地感受到了“You-message”在那一瞬间让自己很解气，却往往会激化冲突，最严重时可能会影响人身安全。而相比较之下，“I-message”只谈问题感受，才是真正解决问题的办法。生活中，如果我们需要和谐、需要温暖，就应该解决问题而不是激化问题。

可是，要真正做到“I-message”又谈何容易。在情景表演中，很多同学“我，我……”了半天，也没说出完整的句子。“老师，这样说好别扭啊！”是的，的确别扭，因为随着生活节奏的越来越快，我们早就遗忘了这样的表达方式。在学生的支支吾吾中，我感到了点滴的悲哀：为什么我们会不习惯这样一句很简单的话呢？这让我想到了最近社会上流传的“垃圾人定律”：社会上，有这样一群“垃圾人”，他们到处跑来跑去，身上充满了“负面垃圾”，充满了沮丧、愤怒、嫉妒、算计、仇恨，充满了傲慢与偏见、贪心、不满足、抱怨、比较，充满了见不得人好、愚昧、无知、烦恼、报复，充满了失望。随着心中的垃圾堆积又堆积，他们终需找个地方倾倒，于是，只要遇到一个机会，他们就无情地倾倒，结果造成了一个个不幸。

要让我们的社会有更多“幸福”的味道，就要避免有更多“垃圾人”的存在，就要让“I-message”的不习惯变为习惯。在接下来的一个月里，我让学生们记录自己的“I-message”使用情况：在什么情况下用了“I-message”。结果，从一开始的好玩，到后来的认真，学生们越来越深地感受到了“I-message”的魔力，简单的一句话，却能让大事化小、小事化无。那不是口号式的“退一步海阔天空”，而是付诸行动，和他人良好的沟通。虽然不能完全将班中的打架事件消除，但让这一群个性张扬的孩子变得越来越团结。生命健康课程里有很多类似教会我们如何生活的内容，它简单实用。希望越来越多的人能得益于这门课程，让每个人都能圆自己的“幸福梦”。

起绰号的风波

上海市闵行区浦江第三小学　倪志英

那天，班中几个学生气呼呼地结伴来办公室向我汇报：小施因为同学小娟叫他“培根”，一怒之下用书打了小娟，使她的鼻子出了血。我一听，马上跑到教室，眼前的一幕真是让我哭笑不得：打人的、被打的都抽抽噎噎的，哭得像两个泪人。看到这种状况，我心里还真有点气不打一处来。我瞪了他们一眼，无奈地摇了摇头，就带着正出鼻血的小娟到校医务室进行了处理。回来之后，我对两人的这种做法也没有多加言论，先来了个冷处理。

之所以这件事让我如此愤懑与无语，还要提及我之前上过的一堂生命健康课。

就在上学期，根据区生命健康课程项目组的安排，我接受了上一堂录像课的教学任务。该如何运用生命健康的课程内容，从学生本位出发，让他们从中受益呢？基于我对本班学生的观察与分析，我认为三年级的孩子在人际交往方面的体验都是浅层面的，他们缺少正确的认知，缺乏科学的交往技巧与方式。一番斟酌之后，我决定从学生的这一实际问题入手，联系《生命健康》A 单元第 2 章“家庭和社交健康”中的第 1 课“健康的人际关系”进行教学设计与实施。我希望通过课堂的指导与学习，引导学生在体验中掌握尊重与被尊重的原则和方式，探究一些人际交往的“高招”，提高人际交往能力，形成正确的态度，学会健康交往，学会幸福生活。

为了给孩子们一个更立体化、更形象化的感受，我将课名改为“你我他的世界”。在这堂课上，我创设了许多教育情境，旨在让学生在思辨性的体验与辨析中形成对人际关系的正确认知，提高他们解决人际交往问题的能力，并初步掌握一些基本生活技能，学会尊重他人和获取他人尊重的方法，以此构建和谐、健康的你我他的世界。更值得一提的是，在“你我他的世界”这堂课上，我是将同学之间互起绰号这种现象作为一个教学重点来加以落实的。

课堂上，从孩子们的言论与表现可以看出，他们似乎的确受益匪浅。我的这堂录像课在区生命健康优质课评选中也获得了许多赞誉。为此，我还真有些沾沾自喜。可是这次班中发生的“起绰号”风波无疑给我当头浇了一盆冷水，心中顿生一股挫败感。

但是，冷静之后，我觉得这件事让我对同学之间互起绰号的行为有了更清晰的认识与理解：同学之间互起绰号在学校是比较普遍的现象，是符合孩子们的心理和成长特点的。而我想一劳永逸地通过一堂课就彻底解决这个现实问题似乎太过脱离实际。我何不利用这起风波，让孩子们进行一次更为深刻的“现身说法”？

在午间的专题教育课上，我让孩子们针对这起事件，围绕同学之间互起绰号的行为进行讨论与辨析，让他们联系之前所习得的人际交往技巧与方法，运用沟通技能，在多边的互动与交流中，再一次清楚地认识到：给同学起侮辱性的、针对别人缺点的绰号是一种不文明的行为。许多孩子也提出了这样一个观点：同学之间互起绰号应该以尊重为前提，给他人起绰号应该顾及他人的感受，尽量把起绰号变成起“雅号”。两位当事人也在相互的沟通与交流中冰释前嫌，取得了相互的谅解。

这起风波的平息，给了我深刻的启示：面对身边的伙伴，孩子们喜欢抓其特征起绰号，这体现了孩子们的观察力和想象力。因此，完全禁止起绰号的行为，不科学也不实际。作为老师，我们不能用成人的眼光、观念去衡量学生，他们毕竟还是孩子，他们的心是善良的、纯洁的。我们也决不能扼杀孩子们这种追求个性的意愿，而应该深入孩子们当中，倾听他们的声音，观察他们的行为，及时从某些现象中发现积极的因素，因势利导，使学生自己懂道理，我们的教育工作也会更轻松。

此外，我们也要时刻警醒自己：课堂教学的结束并不是一个休止符，如何将一些课堂上学到的知识、技能自觉地运用到生活中，是一段持之以恒、循序渐进的教育历程，需要我们提升课程意识，不断地引领、指导孩子们去学习、去领悟、去反思、去实践，帮助他们更好地处理成长中的一系列问题，逐步提升、强化他们对健康幸福观念的理解以及对生活技能的掌握。

二、学生生长篇

小辉的成长故事

上海市闵行区实验小学景城校区　王莹

三年前，我走上了梦寐以求的三尺讲台。作为新教师，我深深感到做一名老师是不简单的，做一名班主任更是不容易。三年级的孩子天真无邪，还没有真正形成良好的学习习惯和行为习惯，但却已经俨然一副小大人的模样，有了自己独立的想法和思维方式，状况百出。我到底应该如何面对呢？正当我苦恼万分之时，生命健康课程如雪中送炭，给了我前行的方向和希望，也让我见证了一个孩子的成长历程。

1. 凄冷寒夜，苦徘徊

三（1）班是我所带的班级，全班一共 36 个孩子。每个孩子都很有特点，有的天真可爱，有的内向害羞，有的活泼调皮，有的聪明过人。9 月份开学没几天，给我留下最深印象的是一个黑黑瘦瘦的小男孩——小辉。因为每次上课之前走到班级门口，我都看见他满头大汗地在地上爬来爬去，大声喊叫，汗水和泥水混成一团，小手脏极了，他却玩得不亦乐乎；上课时，小辉注意力不集中，总是坐不住，动来动去、东张西望，时不时地大声插嘴，还经常把脚重重地放在椅子上发出声音；下课时，小辉在走廊里乱跑，不是撞到这个就是碰到那个。有一次，他竟然还从 6 级台阶上跳了下去！当看到这一幕时，我的心脏都几乎停止了跳动。我赶紧将这一情况告知学校领导，并与小辉的家长取得联系，商讨教育的办法。从那以后，这个孩子便成了我的一块心病。我在心里告诉自己，这个病得尽快治。但如何医治呢？没有良方。我苦苦地思索，陷入困境。

2. 温馨曙光，暖心间

生命健康课程内容非常有价值，且贴近孩子的生活实际，能够起到十分有意义的指导作用。当第一次看到这些内容时，我真的是如获至宝，也就在那一秒钟，我找到了帮助小辉的方向。在一年一度的“蒙正金秋”教学展示中，我有幸执教了“和朋友一起做负责任的决定”一课。课上，我创设了孩子们十分熟悉的春游场景，孩子们通过游戏，相互合作，共同实践，深入地学习了“做负责任的决定指南”，即：它健康吗？它安全吗？它符合规则和法律吗？它符合家庭准则吗？它能体现你良好的性格吗？等等。一节课下来，孩子们的变化真的是有目共睹，教室里经常能够听到这样的声音——你对自己的行为负责任吗？它健康吗？它安全吗？……

一天，当我再一次看到小辉在地上爬来爬去时，我亲切地把他叫到身边，将他带到了洗漱间。我先让他看看镜子里的“小花猫”，然后一边帮他洗干净小手和小脸，一边问他：“你对自己负责任了吗？这样健康吗？在地上爬，会有很多的细菌进入你的肚子里，会生虫子。”他眨着亮晶晶的眼睛对我说：“老师，在家里都是妈妈帮我洗脸的，现在我健康了！”当再次看到镜子里的自己时，他不禁开心地笑了。但孩子的自控能力是有限的，教育的效果也不是一朝一夕就能达到的。两天之后的一个下午，我走在回班级的路上，走着走着，只感觉迎面飞过来一个黑影，在离我还有两米远的地方跪地向我滑了过来。我抬头一看，不是别人，正是我的“心病”。当时，我真是火冒三丈，但理智还是战胜了我想训斥孩子的冲动。孩子毕竟还是孩子。我再一次把他从地上扶起来带进了洗漱间，最后还把自己的干净手帕送给他，对他说：“老师相信，你是一个对自己负责任的好孩子！”他若有所思地点点头回去了。从那以后，这个孩子真的慢慢开始改变。“对自己负责任”，当几个简简单单的字渐渐地刻在一颗滚烫的心上的时候，也就是奇迹发生的时候。现在，我们班级的小朋友经常会相互询问：你对自己负责任了吗？生命健康课程就像一缕清风，吹走了冬夜的寒意，让我感受到了春的暖意。相信在它的吹拂之下，所有的花朵都能沐浴爱的阳光雨露，都能健康、茁壮成长，迎来百花齐放的春天。

3. 将幸福进行到底

小辉依旧像从前一样活泼好动，但是他懂得了克制。偶尔他还是会管不住自己的手，会像只小树袋熊一样趴在桌子上，会大声地插嘴。但是只要我说“希望你对自己的行为负责任”，他就会马上坐端正。在他的身上，我看到了成长，这就够了。教育的结果不是一蹴而就的，这是一个漫长的过程。生命健康课程，让一个孩子明白了要对自己的行为负责任。幸福的旅程已经开启，让我们用爱和孩子一起将幸福进行到底。

我们的约定

上海市闵行区梅陇中心小学　毛澄宇

每个孩子都是要求学习、渴望成功的。而人的内在主动性及其所蕴含的无限可能性，就是教育的秘诀。在整个教育的过程中，教师所起的作用实际上是引导、协助、激扬、突破。就像是一根火柴，点燃学生本体的生命潜能，更像是一位牧者，引领学生到“绿草地”，即帮助孩子不断肯定自己、选择自己、完善自己，而不是束缚、控制孩子发展的自由。

小龙，一个长得很可爱的男孩，思维敏捷、乐于助人。可这么一个孩子，在班级中却比较孤立。下课后，同学们都不大和他一起做游戏；在每个任课老师的心目中，他是“学习困难生”。原因何在？“慢！”下课、午间，都能看到他伏案疾书；放学后，他又是最后一个回家。一次次的谈心，和他一起寻找问题的根源，又一次次地失败。望着孩子在写字间隙偷瞄同学玩耍的羡慕眼神，望着孩子脸上失去了笑容，我思索着：我究竟该如何去引导这个原本聪慧的孩子呢？

1. 我和他的约定

“时间存储本”是我和小龙之间的一个小小的约定。小小的约定，给这个孩子的是一种信任、一份肯定，它激起了埋藏在孩子心底的希望被“认可”的意愿。这个约定帮助小龙走出了和“快”交朋友的第一步。5 点 20 分，校园已经空荡荡了。又一次陪着他做作业的我轻轻地说了一句：“唉，下班时间是 4 点半，现在已经快 5 点半了，你每天这样慢，欠了我多少时间啊？”他看了我一眼，又埋头写了起来。看得出，现在的笔动得挺快的。不一会儿，他补齐了作业，交给了我，说：“老师，我现在欠了多少时间？”

“大约 70 分钟吧！”我故意说道，“欠了可要还的，你说对吗？”

“嗯，”他看着我，重重地点点头，“那怎么还呢？”

看着他郑重的表情，我暗自惊喜：有戏了。“这个嘛？我想想……不如这样吧，你从现在开始，每天每项作业比一个同学快，就还我一分钟；比两个同学快，就还我两分钟……下班让老师陪，陪多少时间就加多少时间。我和你设一本‘时间存储本’，好吗？”

“好呀！我一定会很快还清的。但老师，如果我还清了，多出的时间怎么办？”

“这样啊……如果时间多出了，累计满一个小时就完成你一个心愿，好吗？”

“我喜欢唱歌，可老师不让我去。如果我做到了，可以去合唱队吗？”

“当然。合唱队老师那里，我帮你去协商。你能还清吗？”

“我一定能！”孩子眼中流露出的喜悦和坚定让我动容。

第二天，他一来学校就专心地完成练字本作业。一个个学生走进教室，他没有像以往那样一个个去关注。大约过了 10 分钟，他快乐地来交练字本了：“老师，今天我是第几个交的呀？”“我看看！哇，今天你真厉害，是第 14 个……”

“那我还了 10 分钟了，我还欠您 60 分钟。老师，您看，这样我不用一个星期就能还清欠您的债了。”

“是呀，但这只是刚刚开始，谁知道你接下来的数学、英语课堂作业会如何呢？你这么聪明，这些题目肯定难不倒你，你说对吗？”

“那当然！”他信心满满地说。

看着他快乐的身影，我想我该去和任课老师沟通一下，给这个孩子一个成长的空间——用鼓励加耐心重新去看待这个孩子。

一天，两天，三天……小龙在悄悄地转变着：放学看不到他留下来的身影，午间活动看见他在找同学玩耍。家长打电话和我联系说孩子回家做作业速度快了，每天回家都在一本小本子上计算着时间，说还有多少就可以完成第一个心愿了。两周后，他拿着时间存储本来找我：“我积满60分钟了，老师，我现在有67分钟。”“那明天开始，你就可以参加合唱队的训练了。但有条件的，如果欠我了，那就失去资格了。”他兴奋地回答：“我不会欠的。”

百尺高台，起于垒土。小龙这个孩子还处于行为养成期，“慢”的原因就是孩子的注意力不集中。其实，这也是现在许多孩子共同的坏习惯。要改变它，说教效果并不显著。在孩子行为的引导方面，我们一直力求帮助孩子改掉坏习惯。但在引导过程中，我们一定要从小处入手，给予孩子信任和鼓励，和孩子一起积累好习惯。积累是一种现象，随着时间的推移，积少成多、稳步改进，并最终形成巨大的变化，这便是积累的巨大威力。我和小龙之间的一个小小的约定，引领着他迈出了关键的一步。

2. 同桌和他的约定

在改变或培养好习惯的努力过程中，还有一个关键的要素，那便是他人的支持。老师、父母、同伴都可以成为支持、鼓励、激励自己的人选，成为友善的提醒者——他们完全有可能成为决定改变的关键。

同桌，是学校生活中距离你最近的人。同桌之间应该有竞争，有帮助。开学初，我组织孩子自找同桌。好朋友成为同桌是快乐的事，但如何发挥同桌效应，一起来帮助小龙呢？生命健康课程的引入，为教学注入了新的活力。

《生命健康》中的“健康的人际关系”，从尊重、沟通、倾听三个层面指导孩子学会建立健康人际关系的方法。在孩子们理解了“尊重、沟通、倾听”的正确有效的方法后，我引领孩子和自己的同桌一起制订一份健康合约——《你我的约定》。在班会课上，我引领孩子分析了自己和同桌现在最需要解决的问题，一起寻找解决的方法，一起制定有效的措施。

小晨和小龙是同桌，两人找到了成为同桌后最需要改进的地方，各自做出了自己的承诺，制定了他们的约定。小龙：我写作业很慢，很拖拉，要改正。小晨：我要学会在别人说话时认真倾听，不打断别人说话。他们还针对目标制订了实施计划。孩子们将自己的约定张贴在桌角上，时刻提醒自己。

在阶段小结中，小龙这样写道："有一天，我在教室里慢吞吞地写作业。忽然，小晨对我说：'我们比英语抄写吧！''不，不，我写得……'我刚想说慢这个字时，看到了我们的约定，我停住了，想，我自己做出的约定，怎么能言而无信呢？这么一想，我转口说：'当然可以！'于是我们开始比赛了，我还是慢吞吞地写着。我看了看小晨，她是那么认真地在写，而且快写完了。我脸红了，也开始快些写起来。虽然那次我输了，可自那以后，我在小晨的帮助下，写字速度提升了许多。小晨真是我的好同桌。"

互助同桌、做事最认真的同桌、最有礼貌的同桌、最快乐的同桌、最团结的同桌……同桌间的约定，在悄然无息地改变着每一个孩子，孩子们在健康幸福地成长着。经过一个学期的努力，小龙从一个成绩中下的学生一跃成为班级的优秀生。父母的夸奖、同伴的赞赏、老师的表扬让小龙乐开了花。合唱队也积极接纳他，一起开展小队活动。他拥有了一群好朋友。

3. 自我的约定

健康合约旨在引领孩子学会为自己的现在和未来做负责任的决定。它让形同虚设的班级公约、小队公约有了生命力，推动着孩子们成长。培养设定有效目标的能力有助于改掉孩子的坏习惯，制订计划则将进一步提高改变坏习惯的成功率。四年级学生正处于从他律到自律的转变期，自我健康合约的制定有助于提高学生的自律能力，有助于更有效地改变学生。同桌协议的效应，让小龙又跨出了一大步。本学期，我开始引导小龙结合生命健康课程学习的"制定自我健康目标"和"做负责任的决定"的内容，每两周为自己设定一个小目标。每天放学前，结合自己的目标回顾自己一天的表现，为自己一天的目标打个分。

小龙第 1、2 周目标：

我的健康目标	每天写字要快，作业不拖拉
分析影响	写字快了，我的作业就能按时完成，就能和小队成员一起活动，就能在班级图书馆借书看，爸爸妈妈就会很高兴，我也会很快乐
实施计划	1. 在写字时坐端正，不东张西望 2. 邀请同桌和小队成员督促我 3. 每天放学前回顾一天的学习，达到了加一个"√"；没达到则回家寻找原因，在书桌上放一个哭脸提醒自己

好习惯的养成有一个反复性，并不能一下子达到。在第三周的集体评议上，小龙只有 4 天达到自己的目标，他很沮丧。同伴们及时向他提出了好的建议，帮助他修订实施计划，帮助他朝着自己设定的目标努力。他将自己设定的目标贴在

桌脚上、书上、铅笔盒里，不断地提醒自己。此后，“√”在一天天地增多。

成长需要是一个动态转化的过程——教师根据学生的成长状态，分析其发展可能，通过教育活动引导孩子形成进一步发展的需要。每个孩子都是要求学习、渴望成功的。在整个教育过程中，教师所起的作用实际上是引导、协助、激扬、突破；就像是一根火柴，点燃孩子本体的生命潜能，帮助孩子不断肯定自己、选择自己、完善自己，幸福的火花在一点一滴的收获中慢慢点亮。正如休谟所说的，幸福与其说是用任何其他方法，不如说是用情感的敏感性来达到。如果一个人具有了那种能力，他由情感的愉快中所得到的幸福，要比由欲望的满足中所得到的幸福更多。

良好习惯点亮幸福童年

上海市闵行区汽轮小学　陈玥

心理学专家俞国良教授说，健康与幸福是一对孪生兄弟。健康，不仅是身体健康，也是道德健康、心理健康。幸福是良好心态、宁静心灵的和谐统一。所以，生命健康，首先是身体健康、没有病痛、感觉良好；其次是精力充沛、活力四射、生动活泼，能够在正确的时候做正确的事情；最后是有效适应环境，并保持稳定的情绪和精神状态。健康且幸福地生活着，这是我们追求的人生目标，也是生命健康课程的主旨。

学习完三年级的生命健康课程，我班学生成长迅速。教材中的十项生活技能，我们的学生不仅能在学习生活中切实践行，还能向低年级同学传授。例如，班级里的微笑小队承担着一年级的小辅导员工作，他们在工作的过程中深刻意识到：小辅导员工作光荣的背后，需要爱心、细心以及一颗负责任的心，无论何时何地都需要做负责任的决定。小辅导员工作不应仅仅局限于自己的中队，还要时刻为小弟弟、小妹妹们做一个好榜样。当发生冲突的时候，需要他们有效利用各方资源解决冲突。在少先队活动方面，需要小辅导员在学习和生活中多运用沟通的技能，鼓励小伙伴们，帮助他们一起克服成长中的困难。面对不良行为和要求，需要运用拒绝技能加以阻止，并与小伙伴们同心协力，实现自己的梦想。

为了能够认真、负责地为弟弟妹妹们的学习生活服务，微笑小队常通过书籍和网络获取健康的信息、产品，从而向一年级学生倡导健康的行为。他们常常利用“少先队快乐十分钟”活动，设计各种新颖、有趣、受弟弟妹妹们欢迎的活动来协助班主任开展养成教育。一年级新同学对学校许多专用教室和场所不熟悉，他们就和班级同学一起带着弟弟妹妹们参观校园，开展“说说自己喜爱的校园”活动，让弟弟妹妹们自然进入小学生的状态；他们还常利用自己的休息时间，与弟弟妹妹们文明用餐，开展“光盘行动”；他们通过展示自己的绘画才能，提升弟弟妹妹们的审美观念，辅助弟弟妹妹们布置教室文化墙和出黑板报……俨然成为一名名出色的健康倡导者。

在辅导一年级小朋友时，经常要进行儿童团知识的普及。一次“小岗位章”的“争章”课上，几个小辅导员共同解说班级劳动岗位的重要性和工作要领，但是有一个小朋友怎么教也不会扫地，其中一名辅导员没了耐性，随口说了句：“你连这点小事都做不好啊！”那个小朋友立刻羞愧得哭了起来，教室里顷刻热闹了起来。小辅导员唐佳祺马上制止了这名小辅导员错误的言语导向。“作为小辅导员，就是要帮助弟弟妹妹们解决学习生活中的困难，发现了问题就要解决问题，你怎么能怪他呢？这说明我们工作还没有做好！”唐佳祺及时对错误的言行采用了拒绝技能，并用实际行动耐心辅导这名小学生，从打扫的顺序、握扫把的手势再到如何将垃圾扫至簸箕……最终这名小学生在他的指点下，把教室打扫得干干净净。所以，当在工作岗位上遇到压力和挫折时，我们都要学会管理压力和负面情绪，运用沟通技能来实践健康的行为。

通过这件事情，小辅导员们发现他们对弟弟妹妹们的学习状态还了解得不够。于是，他们主动向班主任询问弟弟妹妹们的学校表现，找到弟弟妹妹们的学习困难，并发动班级其他辅导员，一起培养弟弟妹妹们的自理能力和小岗位工作的实践能力；他们利用中午“快乐十分钟”活动的时间，为弟弟妹妹们进行示范，帮助弟弟妹妹们计划自己的学习生活，提高在校的学习效率。这一系列的行动深受低年级老师的肯定。从分析影响健康的因素，到实践健康的行为，小辅导员的行动过程正是履行着负责任的决定。

此外，微笑小队还常为班级设定健康学习的目标。例如利用在校休息时间与各个学科老师制定主题活动，先后策划了语文学科的“读书卡”评比活动、英语学科的“单词归类汇编”创意笔记展示、美术学科的捏泥人大赛、探究课的纸制机器人设计大赛等。通过这些活动，同学们的学习热情被激发了，这些比赛也成为班级老师与同学们相互交流的平台，促进了师生之间的友善交流，因此得到班级同学的强烈支持。这一系列的活动也大大提高了班级同学的学习效率。

在“家长沙龙”家校交流会上，许多家长反映，本课程的学习推动了学生积极思考、自我反省和自我教育。在这项体验式的课程学习之后，我们希望学生在学习和实践中能严格要求自己，努力拼搏，实现自己心中的梦想。

三、家长反馈篇

浅谈参加健康与幸福活动感受

上海市闵行区实验小学景城校区的家长

2012 年 9 月，闵行区实验小学景城校区三年级的全体师生参加了“我 10 岁啦”主题系列教育活动暨生命健康课程启动仪式。

作为校家委会成员，我有幸参加了本次活动。在活动中，学校领导从教学内容、授课方式、执教老师、评估方式四个方面向大家介绍了生命健康课程，同时让孩子们进行认识自我、对己负责、快乐交往、合理饮食四个模块的学习，期望孩子们能够在 10 岁这一年的学习生活中学到更多、更有意义的健康知识。

启动仪式虽然结束了，但生命健康的课题仍在不断延续。学校不定期地组织一些相关活动，使孩子们从中收获良多。比如:“地铁安全”知识教育中，学校专门邀请了地铁工作人员来校授课，他们通过小品的方式介绍了地铁 10 号线的线路、站数、站名等基础知识；又通过视频的方式让孩子们更直观地意识到地铁安全的重要性；最后通过有奖问答的有趣方式，让孩子们对地铁安全印象更加深刻。又比如最近的“一四牵手”活动——让四年级的同学与一年级的小同学开展“一对一”手拉手式的互助行动。通过该活动，刚入学的一年级新生消除了对小学校园这个陌生环境的紧张感，增添了亲切感；更让四年级的学生懂得了助人的快乐，多了一份责任感。

就拿我的女儿来说，自从上了生命健康课，她的安全意识大大加强了：不光是乘坐地铁，就是乘坐公交和平时过马路，她都会把安全放在第一位；本来拒绝吃任何蔬菜的她，现在每日都主动要求外婆给她烧绿色蔬菜，还在饭桌上给我们讲食用蔬菜的好处与偏食的坏处。通过这次手拉手活动，她更是一下子长大了许多，相当有“大姐姐”的样子，知道了什么是“以身作则”，知道了什么是“谦让”，知道了什么是“助人为乐”。

我认为这门课程的开设为孩子们开启了新的视野，相信孩子们通过这门课程的学习，一定会变得胸襟开阔，能够健康成长！

一门有着深远意义的课程——生命健康课程感受

上海市闵行区实验小学景城校区的家长

当听到我孩子所在的这个年级要试行生命健康这样一个课程时，作为家长，我由衷地高兴、赞成。这个课程把抽象的幸福理念转化为具体可行的操作，增进了学生的生命意识、环境意识、诚信意识和合作意识，促进了学生全面而有个性的健康发展。学校能把这个课程引入平时的教学中，可见是越来越重视学生的素质教育了。

在课程教学过程中，孩子度过了自己的十岁生日，这作为孩子成长中的一个转折点、一个坐标，帮助孩子深刻地理解到自己在成长过程中，始终拥有父母的爱、老师的爱、同学的爱，让孩子学会感恩。通过了解地铁安全知识、消防知识等，他们学会了自我保护。通过手拉手的活动，孩子学会了和同学们友好相处，了解了在与他人交流中用心平气和的态度可以得到事半功倍的效果。

通过一学年的课程学习，我深深感受到孩子的变化。印象最深的是有一次孩子做作业，因为他字写得不好，我生气了，冲他大声吼叫："说了多少次，字应该写得横平竖直！"并且如此说了好几遍，语调越来越高。孩子却坐在那里，心平气和地对我说："妈妈，温柔战胜愤怒，不要发火，深呼吸。我会写好的。"我惊奇地看着孩子，之前从来没听到过他这样来劝慰我。从那一刻起，我觉得孩子长大了，一股暖流涌入我的心田，我放低了声音："博博，对不起，妈妈刚才态度不好。妈妈希望你书写时要认真，俗话说字如其人，从一个人的字可以看出他的为人，所以你要把字写好。"

孩子的成长是点点滴滴、方方面面积累起来的，我们不应该只注重孩子的成绩，更应该注重他们身体、心理、情绪等各方面的教育，让孩子更加健康、幸福。作为家长，我们希望这样的好课程可以一直持续开展下去，而不是昙花一现。

生命健康课程学习感悟

上海市闵行区平南小学的家长

在孩子学习生命健康课程后，作为家长，我们也有幸接触了这门不一样的学科，它不仅让我们知道了生命健康是什么，还让我们知道应该怎么做、为什么要这样做。

我们之前对于孩子身体的关注，只局限于饮食方面，以为孩子多喝牛奶、多吃蔬菜，身体就会很健康。在看完了《生命健康》教材后，我们学到了许多全新的知识。以“身体系统”这一章为例，它不仅告诉我们骨骼和肌肉的概念，还列举出呵护骨头和肌肉的方法：选择含钙量高的食品，如牛奶、奶酪和加钙果汁；参加适量的体育活动，如游泳、慢跑、跳舞或骑车；必要时穿戴合适的安全用具，如头盔、护膝等。通过学习、领悟与实践，我们家长也提高了对健康的认识，了解了让孩子健康成长的科学方法。

生命健康课程融合了生理学、心理学和环境科学等多学科知识，囊括了身体健康、心理健康、社区和环境健康等不同主题，详细介绍了孩子在成长过程中可能会遇到的各种问题及应对策略，丰富了我们对健康身体的理解。它不仅帮助我们了解了让孩子健康成长的科学方法，同时也让我们对自身的生命健康有了新的思考。我们现代人的生活节奏普遍都很快，压力普遍都很大。在学习了“管理压力”这部分内容后，我找到了缓解压力的简单易行的方法：和孩子一起散步。这既增加了亲子互动，又锻炼了身体，一举两得。希望这样的好课程能开设更多，让家长更多地了解孩子、更多地关爱孩子、更科学地养育孩子。

第三节　优秀教学案例

“饮食与健康”学生活动方案设计

北京市房山区青龙湖中心校　王明学

1. 主题设计思路

现在的孩子偏食挑食现象严重。生活中的食品琳琅满目，挑战人味蕾的食物层出不穷。比如现在比较流行的螺蛳粉、臭豆腐、麻辣烫。有些东西其实是卫生标准不达标的，对孩子的生长发育不利，学生应该对食物的健康与否有自己的判断标准。通过本次活动，学生能够初步了解如何科学搭配饮食，才能更有利于自己的成长。

2. 活动目标

✓ 通过活动让学生了解饮食与健康的密切联系，养成科学合理的饮食习惯，关注自己和他人的健康。

✓ 通过调查、搜集资料、小组合作等多种合作方式，培养学生语言表达、运用资料、处理信息、获取知识的能力。

3. 实施方法与过程

活动一：问卷导入《饮食与健康调查问卷》

饮食与健康调查问卷

（填表说明：请您在认可项前面划“√”）

学生姓名____________________

1. 你认为下面哪些是良好的饮食习惯：

（　　）喜欢吃瓜果蔬菜　　（　　）喜欢站立吃饭
（　　）吃完饭后立马出去玩　　（　　）喜欢吃汉堡炸鸡可乐
（　　）不喜欢吃的一口都不吃　　（　　）不喜欢吃也会吃一些

2. 你有吃早餐的习惯么？你早餐都吃些什么？

（　　）汉堡　　（　　）三明治
（　　）面包　　（　　）小米粥
（　　）烧饼　　（　　）烙饼
（　　）鸡蛋　　（　　）馒头
（　　）豆浆　　（　　）油条
（　　）牛奶　　（　　）其他

3. 你是否喜欢在街道上随便吃一些小吃？

（　　）是　　（　　）不是

4. 你会用零食代替正餐吗？

（　　）经常　　（　　）偶尔
（　　）极少　　（　　）没有过

5. 你是否喜欢喝碳酸饮料？

（　　）是　　（　　）不是

6. 你喜欢吃水果吗？

（　　）不喜欢吃　　（　　）经常吃　　（　　）每天都吃　　（　　）偶尔吃

7. 你认为学校的饭好吃么？

（　　）好吃　　（　　）一般　　（　　）不好吃

问卷情况反馈：

1. 很多家庭比较注重学生的饮食健康情况。多半学生喜欢吃瓜果蔬菜，不喜欢吃的一口都不吃的学生只有 3 个。
2. 孩子们都有吃早餐的习惯，多数学生以中餐为主，少部分学生喜欢吃三明治、汉堡。超过一半学生喜欢喝豆浆、吃油条。粥类早餐也是比较受欢迎的。
3. 2/3 的学生逛街喜欢吃小吃。
4. 只有少部分学生用零食代替正餐。
5. 全体学生都喜欢吃水果。
6. 1/3 的学生认为学校午餐好吃，大部分学生认为一般，个别学生认为不好吃。

活动二：健康食品我能分

通过活动一，了解到学生的饮食是比较受学校、家庭、社会各界关注的。大多数家长是比较重视学生饮食的，且在营养搭配上是比较合理的。

（1）同学们，这是我们的健康饮食金字塔。谁能说说从图片中你都知道了什么？

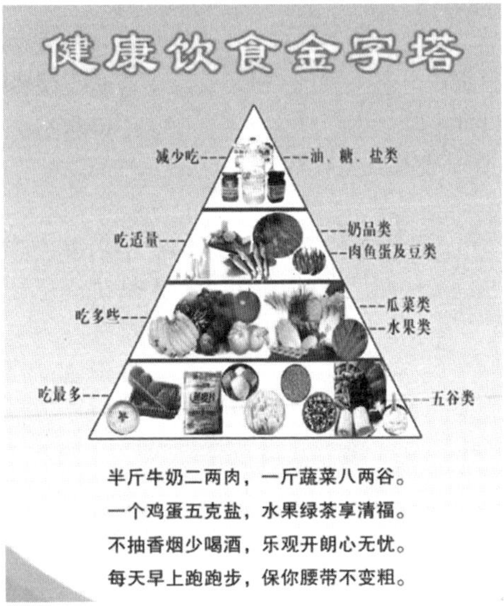

学生 1：多吃瓜果蔬菜。

学生 2：奶制品可以补充蛋白质。

学生 3：五谷杂粮对身体好。

学生 4：平时要减少吃油、糖、盐含量高的食物。

（2）健康食品我能分。

同学们，营养学研究发现，维持人类生命健康至少需要 42 种营养素，其中包括各种蛋白质、脂肪、淀粉、维生素、矿物质和水等。而这些营养素必须通过摄入各种不同的食物来实现，由于各类食物所含营养成分不同，因此我们的日常饮食要注意科学、合理地搭配，以求达到人体对营养的需求平衡。

A. 说一说你的早餐属于什么类型？

出示常见的四种早餐配餐方式，分别是以肉类食品为主的配餐、以腌制食品为主的配餐、以油炸食品为主的配餐、以甜食为主的配餐。

B. 教师介绍营养早餐的类型。

（a）要有充足的蛋白质。早餐要有蛋白质，尤其是对于长身体的孩子。一般早餐如果通过吃肉来补充蛋白质不是很方便，那么可以吃鸡蛋、牛奶以及豆干等豆制品，这都是蛋白质的好来源。

（b）主食不能少。主食为我们提供上午的动力，早餐少不了主食，不然上午易出现反应迟钝。面条、鲜奶燕麦片、杂粮粥、葡萄干粥、奶酪面包、煮玉米、花卷等，这些都可以用来当主食。

（c）果蔬不能少。早餐也可以搭配一些水果蔬菜，尤其是夏季，果蔬种类丰富，比如西红柿、黄瓜等，都很方便食用。

（3）分一分哪些是健康食品、哪些是不健康食品。

老师这里准备了很多生活中的食物照片，你们来分一分。你们觉得哪些食品是健康的，哪些是不健康的？学生分小组进行分类，分完以后在黑板上展示。小组研究汇报。

4. 取得的主要成效

本主题的教学目标是引导学生对食物的关注，认识食物的重要性；帮助学生更深入地了解食物的功用，让食物更好地为学生健康成长服务；帮助学生了解合理饮食的重要性，养成良好的饮食习惯。让学生在活动中学会交往与合作、学会与人交流等，培养学生各方面的能力，促进学生个性健康发展。另外，通过调查资料使学生了解科学饮食的重要性，养成良好的饮食习惯，不挑食，不吃垃圾食品，注意饮食的营养与卫生，健健康康地成长，做祖国明天有用之才。

5. 经验与反思

（1）活动中以“饮食健康”为主线，由浅入深。

首先让学生交流自己的饮食是否科学。通过问卷了解学生早餐饮食情况。然后出示常见的四种早餐配餐方式，分别是以肉类食品为主的配餐、以腌制食品为主的配餐、以油炸食品为主的配餐、以甜食为主的配餐。让学生观察后，说出自己喜欢吃的类型，大家共同交流各自的想法，并提出自己的建议。由此，学生初步认识到平时饮食中的一些不合理现象。接着，让学生认识营养学家总结的合理饮食标准，凭借理论基础和生活经验，自己设计一份合理的一日三餐。此时，进一步深入：除了饮食结构要合理，还要注意什么？让学生更深入地体会到只有养成良好的饮食习惯，才能更健康地成长。最后，利用所学的健康饮食知识，举办一次手抄报活动，进一步激发学生课下继续探究的兴趣。

（2）耐心引导，以学生为主体，发挥教师的主导作用。

“学生是科学学习的主体。”科学课堂教学中要立足学生的角度，努力体现以每一位学生的发展为本的活动理念。调查自己的早餐饮食情况，并多方面、多渠道了解一些健康饮食知识，为学生的探究交流做好了铺垫。如此，学生在课堂上就能畅所欲言，充分发挥自己对健康饮食的认识，也避免了教师讲、学生听的现象。在怎样合理搭配食物、如何合理地设计一日三餐、怎样做才会有益于我们的健康活动中，充分以学生为主，学生自主探究。当然，教师的主导作用这时不能忽视。教学中，我适时、恰当地引导，充分发挥教师的主导作用，在学生探究过程中，关注了学生思维的发展，及时解决了学生注意力不够集中、思维不够活跃的问题。我立足于提升学生的学习效率，从学生学习的角度出发，多进行换位思考，分析过程与方法。在学生对科学饮食有一个初步认识的基础上，我及时引导："你认为怎样搭配食物才合理呢？"这时，我没有让学生盲目地设计自己的饮食结构，而是出示了营养学家的合理饮食建议，并配以食物金字塔图片，让学生真正理解这个饮食标准的意思，然后结合自己的理解和生活经验，设计一份合理的一日三餐食谱，这样由浅入深，和谐自然，水到渠成。

（3）精心设计，从生活走向科学，让科学回归生活。

这主要体现在课的开始、探究和结尾。从生活走向科学。课的开始，我利用学生最经常遇到的"早餐吃了什么？"这一问题来导入。对于早餐，学生表达了自己的看法。联系自己的生活实际，学生发现日常生活中有很多不合理的饮食现象，从而认识到合理饮食的重要性，激发探究的欲望。

在进行"如何饮食才健康"的探究活动时，我也充分利用学生的生活实际来引导学生。开始，我让学生说说早餐吃了什么。然后是交流汇报，有的说他的饮食科学，有的说他的饮食合理……这时让学生进行评估，并提出自己的建议，学生初步认识到自己日常生活中饮食的诸多不合理，从而对合理搭配自己的饮食有了新的认识和看法。这时，让学生依据营养学家提供的食物金字塔，对自己的一日三餐进行合理、科学的搭配，他们表现出了极高的兴致，纷纷动手设计。汇报展示中，学生们迫不及待地想展示自己的设计成果，都争着想当一名营养学家。

快乐学习与健康成长的奇妙旅程

北京市海淀区北外附小　亚丽珊

课时教学设计		
课　题	快乐学习与健康成长的奇妙旅程	
课型	新授课☑ 专题复习课□ 习题 / 试卷讲评课□ 其他□	章 / 单元复习课□ 学科实践活动课□

续表

课时教学设计
教学内容分析
一、教学内容 以“航海大比拼”为主线，通过积分机制、健康行动任务和奖励盲盒，实现学科知识与健康素养的双向渗透。 1. 航海积分机制：6 人小组通过学科挑战（数学 24 点、古诗填空）、健康任务（迷你马拉松、情绪调节）获取积分，兑换“表扬信券”“合影券”等仪式感奖励。 2. 健康行动设计：融入课间微运动（绕教室快走）、五子棋脑力赛、深呼吸练习，强调“科学用脑 + 身体协调”。 3. 跨学科融合：数学、语文、英语学科任务卡与健康知识结合，例如用英语拼写“exercise”“teamwork”等健康相关单词。 二、教学准备 1. 小棒、盲盒奖励（含“表扬信券”“合影券”“课间活动券”）。 学科任务卡（数学 24 点、古诗填空、英语单词拼写）。 轻音乐、计时器、五子棋。 2. 环境布置：教室分为“知识海洋站”“健康加油站”“合作探险岛”三个活动区。
学习者分析
四年级学生认知水平处于抽象思维初步发展阶段，能理解规则类游戏，但注意力集中时间只有 15~20 分钟，需通过环节切换保持兴趣。学生乐于小组合作，竞争意识增强，积分排名机制能有效激发参与感。但是，学生对“运动与学习”的关系认知较模糊，需通过实践体会身心协调的重要性。部分学生可能因竞争压力产生情绪波动，需通过“情绪调节站”及时干预。
学习目标确定
1. 理解“科学用脑”（每 20 分钟休息一次）和团队协作对学习效率的提升作用。掌握古诗《题西林壁》填空、乘除法口算、健康相关英语单词拼写。 2. 通过限时挑战、合作任务提升时间管理能力和问题解决能力。 3. 在“返航庆典”中体验成就感，增强班级归属感，树立“快乐学习，健康第一”的理念。
学习重点难点
重点：游戏化任务中渗透健康知识（如运动促进大脑灵活、深呼吸调节情绪）。 难点：平衡学科任务与健康活动的时长，确保 80% 学生能完成挑战。
学习评价设计
过程性评价：观察学生参与运动的积极性、小组分工合理性、情绪调节任务完成度（如鼓励同伴）。 成果性评价：积分排名（前 3 名小组获得“航海之星”勋章）、任务卡正确率（≥ 80% 为达标）。

续表

<table>
<tr><th colspan="2">课时教学设计</th></tr>
<tr><th colspan="2">学习活动设计</th></tr>
<tr><td>教师活动</td><td>学生活动</td></tr>
<tr><td colspan="2">环节一：启航仪式（5 分钟）</td></tr>
<tr><td>教师活动 1
1. 展示航海主题板书（帆船造型地图，标注“知识海洋站”“健康加油站”等区域）。
2. 提问引导：“航海需要指南针、食物和团队，快乐学习需要哪些‘健康装备’？”
3. 分发小组旗帜，宣布积分规则（积分可兑换“表扬信券”“合影券”等）。</td><td>学生活动 1
小组讨论“健康装备”关键词（睡眠、团队合作、好心情），并派代表分享。</td></tr>
<tr><td colspan="2">活动意图说明：以航海情境激发学生兴趣，通过讨论“健康装备”引导学生关联学习与健康的关系，明确课堂目标，为后续活动奠定认知基础。</td></tr>
<tr><td colspan="2">环节二：知识航海站（10 分钟）</td></tr>
<tr><td>教师活动 2
每组领取学科任务卡（24 点挑战、古诗填空），限时 5 分钟完成。
任务卡示例：
数学：24 点挑战（如 4，5，6，7 →（6−4）×（5+7）=24）。
语文：古诗填空（“不识______真面目，只缘身在此山中。”答案：庐山）。
健康贴士：沙漏计时提醒，“用脑 20 分钟后眺望窗外保护视力”。
正确率最高的小组获得 3 根积分小棒，并抽取“专注力卡”（可兑换课间优先使用五子棋）。</td><td>学生活动 2</td></tr>
<tr><td colspan="2">活动意图说明：通过限时学科挑战（如 24 点挑战、古诗填空）提升专注力，结合“用脑 20 分钟需休息”的健康贴士，渗透科学用脑理念，培养高效学习习惯。</td></tr>
<tr><td colspan="2">环节三：健康加油站——身心平衡行动</td></tr>
<tr><td>教师活动 3
1. 课间微运动：
小组合作完成“迷你马拉松”挑战。绕教室快走 3 圈（约 200 步），播放《运动员进行曲》营造氛围。用时最短组获得 2 根小棒。
教师强调“运动促进大脑供氧，提升学习效率”。
2. 情绪调节站：
抽取“健康能量卡”，完成指定任务“对同伴说一句鼓励的话”，完成任务组获得 1 根小棒。</td><td>学生活动 3</td></tr>
<tr><td colspan="2">活动意图说明：通过“迷你马拉松”快走任务强化运动对大脑的激活作用，借助“情绪能量卡”引导学生表达鼓励，促进身心平衡，缓解竞争压力。</td></tr>
<tr><td colspan="2">环节四：合作探险岛</td></tr>
</table>

续表

<table>
<tr><th colspan="3">课时教学设计</th></tr>
<tr><td colspan="2">教师活动 4
1. 知识接力赛：
英语单词拼写（如 health，energy），答错小组集体做 5 次“大笑瑜伽”（夸张大笑放松情绪）。</td><td>学生活动 4</td></tr>
<tr><td colspan="2">2. 五子棋对决：
胜者可为小组赢得积分，败者接受“健康惩罚”（金鸡独立 10 秒）。</td><td></td></tr>
<tr><td colspan="3">活动意图说明：以知识接力赛和五子棋对决为载体，在合作与竞争中培养团队精神，通过“大笑瑜伽”等趣味惩罚调节情绪，强化互助意识与正向竞争观。</td></tr>
<tr><td colspan="3">环节五：返航庆典——总结与奖励</td></tr>
<tr><td colspan="2">教师活动 5
1. 奖励盲盒：
积分最高组抽取“合影券”“课间特权券”。
2. 教师总结：
“快乐学习需要健康的身体、灵活的大脑和友爱的伙伴！愿每位同学乘风破浪，快乐成长！”</td><td>学生活动 5</td></tr>
<tr><td colspan="3">活动意图说明：通过盲盒奖励即时强化积极行为，总结“健康是快乐学习的基石”，升华主题认知，增强班级归属感与健康学习内驱力。</td></tr>
<tr><th colspan="3">板书设计</th></tr>
<tr><td colspan="3">快乐学习号航海图</td></tr>
<tr><td>知识海洋站
24 点挑战
古诗填空</td><td>健康加油站
迷你马拉松
知识接力赛</td><td>合作探险岛
五子棋对决</td></tr>
<tr><td colspan="3">健康小贴士：用脑 20 分钟，休息 5 分钟</td></tr>
<tr><th colspan="3">作业与拓展学习设计</th></tr>
<tr><td colspan="3">1. 班级打卡：开展“航海日志”打卡，记录每日学习成就与健康行动（如“今天我专注学习了 20 分钟”）。
2. 家校联动：鼓励家长参与“家庭健康任务”（如亲子运动、共同制订学习计划）。</td></tr>
<tr><th colspan="3">特色学习资源分析、技术手段应用说明（结合教学特色和实际撰写）</th></tr>
<tr><td colspan="3">教具创新：盲盒奖励卡片、情绪能量卡。
技术融合：用希沃白板生成实时积分排行榜，投屏展示小组进度。</td></tr>
<tr><th colspan="3">教学反思与改进</th></tr>
<tr><td colspan="3">游戏化设计有效提升参与度，95% 学生完成任务卡。改进措施：增设“情绪温度计”量表，帮助学生量化情绪状态；为能力较弱学生提供“求助卡”（可向教师提问 1 次）；设置“冲突调解员”角色，预防抢答争执。</td></tr>
</table>

“失物之谜”剧本杀——探索自我标签与三重认知

北京市海淀区北外附小　康桐

【活动理念】

小学五年级学生在自我认知过程中，容易因片面标签产生误解或自卑。本课以自我三重认知模型为理论基础，结合三重自我建构理论，通过“失物之谜”剧本杀形式，引导学生从生理、心理、社会三个维度探索自我标签，学会全面认识自己和他人，培养积极的人际交往能力。

【活动目标】

认知目标：理解标签的形成及其对自我认知的影响。

能力目标：运用自我三重认知模型，学会从多角度分析自我标签。

情感目标：接纳不完美的自己，减少对他人标签的偏见。

【活动方法】

剧本杀、小组讨论、角色扮演、多媒体互动。

【活动过程】

一、团体暖身阶段：“失物之谜”悬疑案

师：同学们，今天我们将化身“校园侦探社”成员，破解一起神秘的失物事件。请根据线索推理真相，注意——不要被表面标签迷惑哦！

（一）剧本背景介绍

故事简介：阳光小学的“校园之星”奖杯突然失踪！这是全校最珍贵的荣誉，每年颁发给最优秀的学生。案发当天，监控显示只有三人靠近过奖杯陈列室：

“邋遢大王”小强：总是衣服脏乱，成绩垫底，但热爱绘画（**生理标签：邋遢**）。

“冰山学霸”小雨：成绩优异但沉默寡言，从不参加集体活动（**心理标签：冷漠**）。

“转校生”小杰：因家庭贫困常独来独往，被传“偷过东西”（**社会标签：可疑**）。

任务：通过四次推理，找出真正的“奖杯守护者”。

（二）推理案件真相

第一次推理：

线索：奖杯柜上有几个脏手印。

生 1：肯定是小强！他整天邋里邋遢，手印一定是他留下的！

小强扮演者：不是我！我只是想画一幅奖杯的素描送给学校……但颜料弄脏了手！（展示画作）

师：看来外表邋遢的人，也可能有温暖的心哦！

第二次推理：

线索：奖杯旁发现一张写满数学公式的纸条。

生 2：一定是小雨！她只关心学习，想独占荣誉！

小雨扮演者：不是我！公式是我写的，但那是为了计算奖杯摆放角度……怕它被碰倒。（演示模型）

师：沉默寡言的人，也可能在默默付出！

第三次推理：

线索：陈列室角落有一枚生锈的钥匙。

生 3：肯定是小杰！他之前被传偷东西，这次一定是他！

小杰扮演者：不是我！钥匙是我捡到的，我怕坏人进来，所以每天放学后偷偷检查门窗……（展示值班记录）

师：独来独往的人，也可能是校园的“隐形守护者”！

真相大白：奖杯并未丢失，而是被保安叔叔暂时收走维修底座。三位“嫌疑人”其实都在用自己的方式守护奖杯：

- **小强：**绘制奖杯纪念画。
- **小雨：**设计防倾倒支架。
- **小杰：**每晚巡查校园安全。

过渡：同学们，我们差点因为“邋遢”“冷漠”“可疑”这些标签冤枉了好人！这些标签是如何产生的？背后又有怎样的故事呢？

二、团体转换阶段：标签背后的“成长密码”

任务：每组抽取一名角色（小强 / 小雨 / 小杰），通过三个关键词（如“邋遢”“绘画”“温暖”），编写该角色的成长短剧。回答：

- 为什么会被贴上标签？
- 标签背后隐藏了哪些优点？

小组讨论与表演：

示例：小强的“邋遢”是因照顾生病的妈妈来不及整理自己，但他用绘画为班级设计板报。

师总结：标签就像一把双刃剑，可能掩盖真实的光芒。

三、团体工作阶段：我的“标签三棱镜”

绘制三棱镜：学生在学习单上画出代表“生理自我、心理自我、社会自我”的三棱镜，填写自己身上的标签（如“个子矮”“细心”“班干部”）。

对话消极标签：

- 如果“标签小人”会说话，它想对你说什么？（例如：“个子矮”说：“虽然我让你苦恼，但你也因此更努力证明自己！”）
- 为“标签小人”设计一个“升级计划”（如将“胆小”变为“谨慎”）。

生分享：“我以前讨厌‘话多’的标签，但现在发现它能让我交到更多朋友！”

四、团体结束阶段：写给“未来的我”

课堂总结：

- 标签是片面的，但我们可以用“三棱镜”看到更多可能性。
- 播放音频《你曾是少年》，学生写下对未来的期待：“未来的我，希望你能记住，标签不是定义，而是成长的记号。”

课后任务：将“标签三棱镜”贴在课桌上，每天补充一个积极标签。

【活动创新点】
新剧本设计：以校园生活为背景，贴近学生实际，增强代入感。
角色深化：通过“邋遢—艺术”“冷漠—负责”“可疑—守护”的反差，直观体现标签的片面性。
工具升级：用“三棱镜”替代“镜子”，象征多维度认知，更具视觉启发性。
【活动反思】
• 新故事中的角色更贴近学生日常，能引发共鸣。
• “标签三棱镜”环节需预留充足时间，避免学生匆忙填写。
• 教师需提前准备角色背景音频（如小强的绘画过程），增强情感渲染。

沟通从倾听开始

浙江省衢州市龙游县华岗中学　马慧敏

课程名称	**沟通从倾听开始**	建议年级	**七年级**
教学用具	**学案纸、PPT**	覆盖学科	**心理健康**
课程设计背景（教学内容分析） 在当今社会，沟通已成为个人发展与社会交往的核心技能。随着信息技术的飞速发展，人们虽然拥有更多沟通渠道，却往往忽略了有效沟通的本质——真诚倾听与积极表达。 初中阶段是学生社会交往能力快速发展的重要时期，良好的沟通技巧是他们建立友谊、处理冲突、增强自我认知的关键。其中，倾听作为沟通的基础，往往被学生忽视。本节课旨在通过理论讲解、活动体验等互动方式，让学生认识到倾听的重要性，掌握有效倾听的技巧，从而提升他们的沟通能力和人际关系质量。			
教学目标 1. 知识目标：使学生理解倾听的含义、重要性及与沟通的关系。 2. 技能目标：培养学生掌握并运用有效倾听的技巧，如保持眼神接触、不打断对方、反馈理解等。 3. 情感态度目标：增强学生对倾听价值的认同感，帮助学生培养耐心、尊重他人的良好品质。			
教学重点、难点 1. 重点：理解沟通中倾听的重要性。 2. 难点：学习并应用有效的倾听方式。			

教学流程设计		
具体流程	教师活动	学生活动
一、 课堂导入，讲授新知（10 分钟）	活动意图：为了引入主题，开展小游戏导入，并且让学生通过交流分享感受倾听的重要性。通过教师讲解，让学生更加明确倾听的含义，理解倾听的重要性，引导学生思考倾听的作用与重要性。	学生参与活动。

续表

教学流程设计		
一、 课堂导入，讲授新知 （10 分钟）	1.“传话游戏”。将学生分成几组，每组排成一列，教师给每组第一个人说一句话，然后依次往后传，最后一个人说出他听到的话。通过游戏结果的对比，引出沟通中信息传递的失真问题，强调倾听的重要性。 2. 定义倾听，区分“听”与“倾听”的区别；阐述倾听在沟通中的作用，如增进理解、建立信任、解决问题等。 3. 选取一两个关于倾听成功或失败的案例，引导学生分析案例中人物的行为，讨论其背后的原因和影响。 4. 教师总结：倾听可以帮我们增进对彼此的理解，帮助我们在与他人交往时建立信任、培养良好关系，也能帮助我们解决生活中许许多多的问题。	学生参与活动。
二、 绘画游戏 （5 分钟）	活动意图：通过游戏，对比不同的行为之下信息的准确度，理解和思考有效的倾听行为。 开展绘画游戏 让学生听从老师指令进行绘画，画完之后，互相欣赏，分享自己的画作以及绘画过程，从中体会不同的倾听行为带来的差异。感受正确倾听的重要性。 游戏规则：所有的同学都拿到一张纸和一支笔，全部背过身去，听老师的指令，跟着老师在纸上画画（注意：不能问老师和身边同学问题） **篮 球** 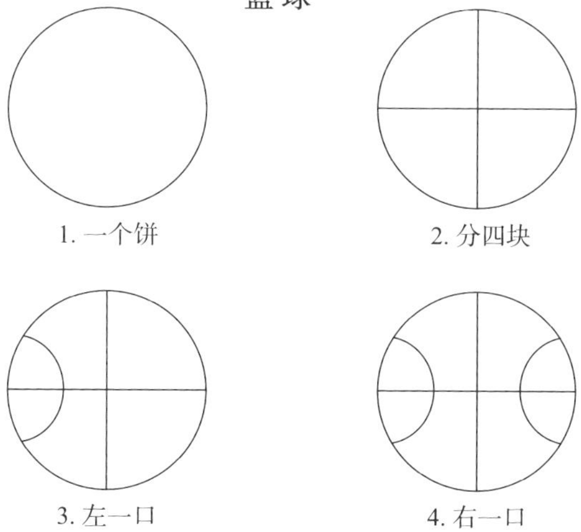 1. 一个饼　2. 分四块　3. 左一口　4. 右一口 结束之后，请学生仔细观察自己画的图画，分享自己的感受。	学生进行绘画活动；讨论与分享。

续表

教学流程设计		
三、 合格的倾听行为 （10 分钟）	活动意图：知识讲解，让学生清楚有效的倾听行为。 1. 教师讲解：记得以前曾经听过一个小故事——“一个小孙子问爷爷：为什么人有两只眼睛、两只耳朵、两只手，却只有一张嘴巴呢？爷爷告诉小孙子：这是让人要多看、多听、多做、少说话呀。”那么，合格的倾听行为应该是怎样的呢？ 2. 根据学生分享，结合专业知识介绍几个要点： A. 集中注意力。眼睛注视说话的人，将注意力始终集中在别人谈话的内容上。不要打断对方，在对方未提问时，不要随便发表自己的看法。 B. 接受。用点头、微笑等表示你理解对方的想法。如不一定赞同对方的观点，仍要保持尊重的态度，可以适时加入一些表示听清楚的短语，如“是吗”“我明白了”“原来这样”等。 C. 引深话题。重述对方的意见、情感，或提出恰当的问题，鼓励、帮助讲话者完成他的叙述。如：“后来又怎么样呢？”“那你一定气坏了！”“既然如此，你以后打算怎么办？” D. 有耐心。在别人说话内容较多、较长或言语不简洁时，不要随便打断对方、发表自己的看法，应等别人说完再发表不同意见或补充，表达自己意见时也要以“我认为”“我想补充说明”等比较温和的方式参与交流。	学生讨论与分享，小组之间相互补充。
四、 运用与实践 （10 分钟）	活动意图：通过分组体验与感受分享，让学生在实践之中更好地掌握有效的倾听行为。 1. 结合实际例子，两人分组，一人说，一人听，分享自己的故事，之后两人互换。 2. 活动结束之后分享感受：这次的分享，给你带来什么样的特别感受呢？ 3. 教师总结：同学们都说得很好，那么现在我想再问问大家，结合刚刚大家的分享，我们日常与人交往过程中，还有没有什么在倾听过程中需要注意的事项呢？ 4. 学生分享。 5. 教师总结：孩子，来问问自己，课堂上是不是认真倾听老师的讲课？和朋友交流，是不是认真倾听别人的建议？和父母交流，是不是以一颗恭敬的心认真倾听父母的心声？作为一名合格的听众，我们必须要掌握五条基本要素，即诚心、专心、用心、耐心、应心（反馈）。	学生运用所学知识进行分享。

续表

<table>
<tr><td colspan="3">教学流程设计</td></tr>
<tr><td>五、
课堂总结
（5 分钟）</td><td>活动意图：通过分享，回顾课堂知识，巩固所学内容。
1. 心灵回音。
同学们手牵手，形成一个圆，从某位同学开始，用简短的话语，分享一下各自今天的独特的感受！
2. 教师总结：
送给同学们一句话：“播下一种行为，收获一种习惯；播下一种习惯，收获一种性格；播下一种性格，收获一种命运。”希望同学们学会倾听，懂得倾听。从今天开始，做最有价值的那个小金人！</td><td>学生分享感受。</td></tr>
<tr><td colspan="3">学习评价设计
学生觉得很有趣、课程内容很实用，大家基本上都了解了倾听的重点，并且能够进行一定的运用。</td></tr>
<tr><td colspan="3">拓展学习与作业设计
回家尝试和家长进行一次沟通，主要以倾听为主，回校后分享感受。</td></tr>
<tr><td colspan="3">板书设计
一、倾听的重要性
1. 帮助我们听清楚要求。
2. 让我们明白接下来该怎么做。
3. 清楚别人的需求。
二、我们应该怎样听
（学生分享）
三、合格的倾听行为有哪些
A. 集中注意力 。
B. 接受。用点头、微笑等表示你理解对方的想法。
C. 引深话题。重述对方的意见、情感，或提出恰当的问题，鼓励、帮助讲话者完成他的叙述。
D. 有耐心。
四、在倾听过程中我们还应该注意什么
五、我的感受</td></tr>
<tr><td colspan="3">教学反思
1. 活动时间可以再适当控制一下。
2. 多引用学生自己的例子，效果会更好，让学生更有代入感。
3. 课堂过程中注意讲明白规则。
4. 在课堂过程中，多给予学生交流反馈的时间，能让他们更加清楚地认识到自己日常生活的倾听行为有哪里需要改进。</td></tr>
</table>

我的情绪我做主

浙江省衢州市龙游县寺后小学　曹蕾

课程名称	**我的情绪我做主**	建议年级	**五年级**
教学用具	**盒子、抽奖球、课件**	覆盖学科	**心理健康课**
课程设计背景（教学内容分析） 小学五年级的孩子正处在青春期早期，在这个时期，孩子的情绪容易受到影响。他们往往意识不到自己的情绪和行为之间的联系，受消极情绪的影响，他们会做出消极的行为而导致自我不愉快和人际关系不协调的问题。如果学生能够意识到态度、情绪和行为三者之间的关系，懂得调节情绪的方法，就可以将消极、不愉快的情绪转化为积极情绪，学会积极的应对方式，从而学会调节自己的情绪，保持积极乐观向上的心态。			
教学目标 1. 让学生了解情绪的概念，知道喜、怒、哀、惧是情绪的四种基本类型；了解情绪对人的影响，包括积极影响和消极影响；学会树立积极信念。 2. 运用引导法、讨论法、综合分析法等帮助学生了解情绪对人的影响以及如何调控情绪。 3. 帮助学生树立积极信念，培养学生积极乐观向上的生活态度。			
教学重点、难点 引导学生了解情绪对人的影响以及学会如何调节自己的情绪。			

教学流程设计		
具体流程	教师活动	学生活动
一、 课堂导入 引出情绪 （5分钟）	1. 游戏：抽取神秘盒子中的礼物。 采访抽奖的人以及旁观者，让他们说说此时心情如何。 2. 小结：刚才在游戏过程中，同学们所说的这些词都是表示心情的词语，在我们心理学上有一个专业的名词叫作“情绪”。今天我们的课堂就与情绪有关（出示课题：我的情绪我做主。）	学生通过抽奖活动，感受内心的情绪变化，了解什么是情绪。
二、 认识情绪 （7分钟）	1. 出示课件，认识情绪的四种基本类型以及它们派生出的丰富多彩的情绪。 （1）教师：喜、怒、哀、惧这四种情绪，构成了我们人类最基本的情绪。在这四种最基本的情绪基础上，还可能派生出许多种类组成复合的形式，形成复杂的情绪。 （2）老师在每一个情绪派生出的情绪后面都加了一个省略号，是什么意思？ 预设：代表后面还有许多未呈现出来的派生情绪。 师小结：虽然我们的基本情绪只有四种，但派生出来的情绪确实丰富多彩，也构成了我们丰富多彩的生活。	1. 学生认识情绪的基本类型以及衍生出来的各种不同的情绪。知晓情绪的多样性。 2. 通过观看《蜥蜴的反抗》明白消极情绪并不是坏情绪，消极情绪也会有积极的作用。

续表

教学流程设计		
二、 认识情绪 （7 分钟）	（3）师：情绪与我们每个人的态度和心理需求是紧密相连的。当情绪满足我们的需要时就会对我们产生积极的影响，反之就会产生消极的影响。因此，情绪又分为积极情绪和消极情绪。 2. 认识积极情绪和消极情绪对人的不同影响。 （1）教师提问：这两种情绪中，你最喜欢哪种情绪？大部分同学都喜欢积极情绪，那么消极情绪就是坏情绪吗？ 学生讨论交流。 （2）教师出示视频《蜥蜴的反抗》，学生观看。 教师提问：如果蜥蜴没有恐惧与害怕的情绪，结果会怎样？ 小结：引导学生明白“蜥蜴遇到的事件、蜥蜴产生的情绪、消极情绪想提醒蜥蜴危险来临以及蜥蜴采取的行动”，消极的情绪也有积极的意义。 （3）了解消极情绪的作用。 恐惧的作用：提醒附近可能有危险，让我们保护好自己。 伤心的作用：提醒我们对我们重要的是哪些人或事。 厌恶的作用：提醒我们远离那些我们不喜欢的人或事。 （4）小结：情绪没有好坏之分，只有积极情绪和消极情绪之分，但由情绪引发的行为或行为的后果有好坏之分。	3. 通过观看视频以及讨论交流，明白情绪没有好坏之分，只有积极情绪和消极情绪之分，但由情绪引发的行为或行为的后果有好坏之分。
三、 介绍情绪 ABC 理论 （10 分钟）	1. 介绍情绪 ABC 理论。 （1）美国的一位心理学家埃利斯也发现了这个问题，所以他提出了情绪 ABC 理论。 A——诱发性事件。 B——对这一事件的看法。 C——产生的情绪反应及结果。 （2）关键在于对事件的看法。 2. 情景连连看。 （1）出示情景四幕，提问：引起我们情绪变化的原因是什么？ 第一幕：某一天，你很认真地做了一个飞机模型，准备带回学校交给老师。 第二幕：你突然发现路边有一张 50 元钱，于是把模型放在长椅上。	1. 学生了解情绪 ABC 理论，知道面对同一事件之所以产生的情绪反应和结果关键在于对这一事件的看法。 2. 学生观看情景四幕剧，思考人物情绪的变化，讨论并交流引起情绪变化的原因。 3. 学生结合自己的生活实际，畅所欲言，说一说自己调节情绪的方法。

续表

<table>
<tr><th colspan="3">教学流程设计</th></tr>
<tr><td>三、
介绍情绪
ABC 理论
（10 分钟）</td><td>第三幕：正当你弯腰把 50 元钱捡起来的时候，你发现有人坐在长椅上，正好把你的飞机模型压坏了。你会有什么情绪反应？
第四幕：然后你仔细一看，发现这个人原来是个盲人，你又会有什么情绪反应？
（2）小结：原来情绪是可以转变的。
3. 你还有什么调节情绪的方法吗？结合自己的生活实际说一说。
情绪宣泄法、自我激励法、自我暗示法、心理放松法、转移注意力法。</td><td></td></tr>
<tr><td>四、
调节情绪
（13 分钟）</td><td>1. 展示双关图。
小结：看问题的角度不同，结果也会不一样。
面对同一件事，不同的人站在不同的角度，自然会有不同的认知，并产生不同的情绪。面对同一件事，人们会随着对该事件认识的改变而发生情绪上的变化。
2. 实战演练。
师：刚刚我们学习了情绪 ABC 理论，现在就来用一用。出示小故事《刘奶奶的烦恼》。
刘奶奶有两个儿子，大儿子卖雨伞。每到晴天，刘奶奶就担心大儿子的伞卖不出去。小儿子是卖布鞋的，每到雨天，刘奶奶也担忧，她心想着：小儿子的布鞋怎么卖得出去呀？
终于有一天，刘奶奶由于过度忧虑而病倒了。
事件 A　想法 B　结果
大儿子卖雨伞　晴天卖不出雨伞　过度忧虑病倒
小儿子卖布鞋　雨天卖不出布鞋
提问：如何帮刘奶奶建立积极信念？
想法 B　结果
晴天小儿子生意好　晴天开心
雨天大儿子生意好　雨天也开心</td><td>1. 学生观察图片，说一说是什么图案。教师引导学生发现，从不同角度看图片，则看到的图案是不同的。由此可知，看问题的角度不同，结果也会不同。
2. 学生尝试运用情绪 ABC 理论，帮助刘奶奶建立积极的信念。
3. 学生讨论交流，面对生活中出现的问题，如何调节自己的情绪。</td></tr>
</table>

续表

<table>
<tr><td colspan="3">教学流程设计</td></tr>
<tr><td>四、
调节情绪
（13 分钟）</td><td>3. 运用调节情绪的方法，解决问题。
（1）今天我在食堂打饭时，新衣服被同学倒了一身菜水，真是气死我了。
（2）我很努力，但是总考不好，我是不是太笨了？
（3）星期天我洗碗时，不小心打碎了一个，这可怎么办？妈妈回来会骂我吧？
（4）这一次期中考试我得了 98 分，同学们都说我是抄别人的，我太难过了。
小结：看待事物的角度不同，引发的结果也就不同。我们要调节好自己的情绪，这样才能得到好的结果，生活也会变得更加美好。</td><td></td></tr>
<tr><td>五、
课堂总结
（5 分钟）</td><td>同学们，我们的生活中一定也会遇到困难和挫折，当你觉得自己面临一个无法解开的局面时，其实换一种想法就会有不同的可能。遇到困难的情况，多往积极的方面想一想，可能你就会豁然开朗。希望通过今天的学习，大家都能够管理自己的情绪，成为情绪的主人！最后以一首小诗结束今天的课堂：
我不能改变天气，但我可以改变心情；
我不能改变容颜，但我可以展现笑容；
我不能改变过去，但我可以改变未来；
我不能改变别人，但我可以改变自己；
我不能事事如意，但我可以事事尽力。</td><td>学生读一读小诗，感受小诗所要表达的意义。明白管理情绪的重要性，要管理好自己的情绪，成为情绪的主人。</td></tr>
<tr><td colspan="3">学习评价设计
出示案例，让学生运用本节课学会的调节情绪的方法，说一说生活中遇到的情况，如何调节情绪。</td></tr>
<tr><td colspan="3">拓展学习与作业设计
出示小故事《秀才赶考》：
有两个秀才一起去赶考，路上他们遇到了一支出殡的队伍。看到那个黑乎乎的棺材，一个秀才心里立刻“咯噔”一下，凉了半截，心想：完了，活见鬼，赶考碰到这个倒霉的棺材。于是，他心情一落千丈，走进考场，那个“黑乎乎的棺材”一直挥之不去，考试时文思枯竭，最后果然名落孙山。
另一个秀才也同时看到了那个黑乎乎的棺材，一开始心里也“咯噔”一下，但转念一想：棺材，棺材，那不是既有“官”又有“财”吗？好兆头，看来今天我要红运当头了，一定会高中。于是，他心里十分兴奋，情绪十分高涨，走进考场，文思如泉涌，果然一举高中。</td></tr>
</table>

续表

教学流程设计
回到家里，两个人都对家里人说："棺材"真的好灵。 合作探究： 1. 为什么两个秀才都说"棺材"真的好灵？ 2. 导致"秀才赶考，一个名落孙山，一个一举高中"的原因是什么？ 3. 这个故事说明了什么？
板书设计 我的情绪我做主 积极情绪 调节情绪 消极情绪
教学反思 本节课的主题是"我的情绪我做主"，主要内容是使学生了解有关情绪的概念，认识情绪对我们的影响及初步学习如何调节情绪，做情绪的主人。利用趣味游戏导入，让每个孩子在课堂上都拥有丰富的情绪体验。通过视频以及情景四幕剧，让学生讨论交流：认知不同、看待问题的角度不同会引起不同的结果。 但仍有做得不足的地方，比如分享消极情绪的作用时稍显简单，没有让学生尽情交流。在讨论交流时，要求各小组在有限的时间里进行小组分享、讨论、交流，并以小组的形式进行汇报，但因为前期分工的缺失，汇报多由组长承担，没有充分发挥每个孩子在小组活动中的作用。

别伤着自己

浙江省衢州市龙游县樾园小学　吴萌轶

课程名称	**别伤着自己**	建议年级	**一年级**
教学用具	**PPT**	覆盖学科	**道德与法治**
课程设计背景（教学内容分析） "别伤着自己"是部编版《道德与法治》一年级上册第三单元"家中的安全与健康"中的第3课，本单元分别围绕家庭生活中的游戏、饮食、安全与作息习惯这四个主题开展。本课是在"玩得真开心""吃饭有讲究"两课的基础上，对学生进行安全意识的培养，包含"在家会有危险吗""受伤了怎么办"两个课时，侧重了解家庭生活中常见的安全问题，培养学生基本的安全意识，同时注意引导学生学习防范意外伤害的方法，发展自我保护的意识和能力。			
教学目标 1. 懂得家庭安全的重要性，形成对家庭安全负责的意识，树立家庭安全防范意识和自我保护意识。 2. 避免生活中的不当行为，培养远离危险的习惯，学会处理简单的意外伤害。 3. 引导学生主动参与，积极学习避免意外的方法。 4. 帮助学生树立珍爱生命、远离危险的意识。			

续表

课程名称	**别伤着自己**	建议年级	**一年级**
教学用具	**PPT**	覆盖学科	**道德与法治**
教学重点、难点 **重点：**学会识别危险，用正确的行为保护自己，保证居家生活的安全。 **难点：**能做到处理简单的意外伤害，提高自我保护的能力。			

教学流程设计		
具体流程	教师活动	学生活动
一、 家中危险我知道 （10 分钟）	1. 课前引出安全小精灵“安安”，出示安安画外音：大家好，我是安安，这节课我将和大家一起进行一项大比拼，小朋友们请注意啦，我们以组为单位，比一比哪一组获得的安全小卫士最多，胜出的小组将颁发安全小精灵皇冠并奖励神秘礼物。 2. 引出危危，了解家中存在的危险：小朋友们，想闯第一关，我们要先认识一位小朋友，这位小朋友的名字叫危危，他今天要带我们去他家里玩呢。（出示图片。） 3. 过渡：小朋友们，危危的家里可真好玩，又有电视看，又有水果吃，对吗？可是当我们开心地吃着水果、看着电视的时候，危危做了些什么呢？我们在危危家发现了哪些危险的事情？ 4. 学生交流，教师随机点评。 预设 1：危危洗完手没有擦干就去插电源了。 预设 2：危危去碰刚烧开的水。 预设 3：危危趴在窗户上往外面望。 预设 4：玻璃杯子掉地上打碎了。 5. 小朋友们你们看，我们班个个都是安全小卫士，都有一双善于发现的眼睛，危危家的安全隐患都逃不过你们的法眼，真了不起！ 6. 图片贴贴贴：安安想请小朋友们帮帮忙，把大家觉得有危险的图片移到危危家里，提醒危危要注意安全。	学生交流并参与图片贴贴贴活动。
二、 穿越安全小迷宫 （15 分钟）	1. 出示教材中的迷宫棋：这是我们平时经常玩的“迷宫棋”，棋格中的做法如果是安全的，就是“进格”，可以顺利通过；如果是不安全的，就是“退格”，不能通行。所以这副棋也叫“安全迷宫棋”，最先到达终点的人获胜。 2. 引导学生讨论：迷宫棋中小女孩这样的行为为什么是退格？错在哪里？（课件放大迷宫棋中的退格情境框：小女孩正在学妈妈的样子涂口红。）	学生参与穿越安全小迷宫活动并小组合作进行交流讨论。

续表

<table>
<tr><th colspan="3">教学流程设计</th></tr>
<tr><td>二、
穿越安全
小迷宫
（15 分钟）</td><td>明确：口红中的成分会对孩子的皮肤和健康造成伤害。
3. 出示迷宫棋中待判断的情境框：迷宫棋其他棋格中表述的行为，哪些应该是进格，哪些应该是退格？为什么？四人一组，选择其中的一个情境进行讨论。
4. 交流：各小组交流讨论结果。某小组交流后，选择同一情境的其他小组先补充，选择另外情境的小组再补充。交流过程中，教师重点追问为什么。
预设 1：小男孩用圆头的剪刀做手工，比较安全，是正确的，应该进格。（微课补充：正确传递剪刀的方式。）
预设 2：小女孩乱吃爸爸的药片，影响健康甚至可能会发生危险，是不安全的错误行为，应该退格。
预设 3：小男孩知道用湿的手拔电源插头容易发生触电事故，是不安全的错误行为，可以进格。
追问：关于安全用电，你还有哪些知识可以和同学们分享？
预设 4：捉迷藏的时候，小男孩躲进大衣柜里，可能会发生危险，是不安全的错误行为，应该退格。
预设 5：从高高的书架上取东西够不着时，请爸爸帮忙是避免伤害的安全行为，应该进格。
预设 6：小女孩用手直接去捡玻璃杯碎片，会割伤手，是不安全的错误行为，应该退格。（补充知识：玻璃打碎了，要用扫帚等工具进行清理，但不能直接倒进垃圾桶，以免清洁工被碎片划伤；碎玻璃要用报纸等包起来，或者用袋子单独装好，外面写上类似“内有碎玻璃，小心划伤”等醒目的字样加以提醒。）
5. 拓展：请大家想一想，居家生活时还有哪些正确的安全行为和不当的危险行为，写一写或者画一画，填在迷宫棋进格和退格的空白框中。（课件出示迷宫棋中的空白情境框。）
预设 1：不爬窗户，避免摔伤。
预设 2：不要玩门，小心手指被夹伤。
预设 3：不能玩火，避免火灾的发生。
预设 4：夏季点蚊香时注意远离易燃物，避免火灾。
预设 5：不把刀具当玩具，学会正确使用常用的刀具。
6. 小结：（出示完成的迷宫棋）我们讨论了迷宫棋中以及日常生活中正确的安全行为和不当的危险行为，相信大家一定会时刻树立安全意识，远离危险，保护好自己，免受意外伤害。</td><td>学生参与穿越安全小迷宫活动并小组合作进行交流讨论。</td></tr>
</table>

续表

教学流程设计		
二、 穿越安全小迷宫 （15 分钟）	7. 过渡：完成了迷宫棋，我们一起来开心地玩一玩。注意，这可是安全迷宫棋哦，所以碰到棋格，要将进退的原因说给一起玩的小伙伴听一听。 小组内进行游戏 （1）小组内的同学一起玩迷宫棋。边玩边交流：这样的行为安全吗？应该进格还是退格？ （2）小组间交换玩迷宫棋。边玩边交流：其他小组的安全迷宫棋中，哪些居家生活的不当行为和危险行为值得我们注意？ 8. 总结：棋盘上行为的对与错，只是决定了游戏中的进与退。而生活中一旦做出危险行为，轻则影响健康，重则危及生命。所以我们要时刻牢记安全，杜绝危险行为，我们的家庭生活才能平安、幸福。	学生参与穿越安全小迷宫活动并小组合作进行交流讨论。
三、 家庭安全检查员 （6 分钟）	1. 做一名小小安全检查员，找出家中的安全隐患，想一想解决问题的办法吧！ 2. 学生交流汇报。	学生找一找家中的安全隐患并思考解决方法，再进行交流。
四、 小组擂台赛比比比 （6 分钟）	竞赛要求： 前五题轮流答题，后四题举手抢答。 1. 教师出示图片，请同学们做好判断再抢答，并说说为什么这样判断。 答对奖励安全小精灵；答错倒扣安全小精灵。 2. 学生抢答。 3. 颁发安全小精灵皇冠。	学生参与小组擂台赛。
五、 课堂总结 （3 分钟）	1. 这节课，我们讨论了居家生活中危险是怎么发生的，学习了受伤后的自护自救方式。相信通过这节课的学习，同学们一定能树立更强的安全意识，学会更好地保护自己，努力做到“别伤着自己”。 2. 和安安一起唱童谣《家中安全我知道》。	学生齐唱儿歌。
学习评价设计 这节课，对于低年级学生而言较为通俗易懂、生动形象，与生活息息相关，易引起孩子们的共鸣。通过本节课的学习，孩子们初步了解了家中存在的危险，明白了如何避免伤害，掌握了防范意外伤害的基本方法，自我保护意识与技能进一步得到了发展。		

续表

教学流程设计

拓展学习与作业设计

一、基础练习

1. 下面这些家中物品会有危险吗？有危险的在（　　）里画上“×”。

电源插座（　　）

暖水瓶（　　）

水果刀（　　）

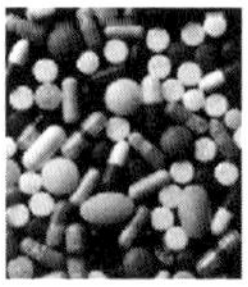

药片（　　）

2. 下面这些做法安全吗？不安全的在（　　）里画“×”。

玩火（　　）

在楼梯上追逐（　　）

爬窗子（　　）

自己去热锅里盛饭（　　）

二、实践运用

1. 当我们受伤时该怎么做呢？和小伙伴说一说吧！

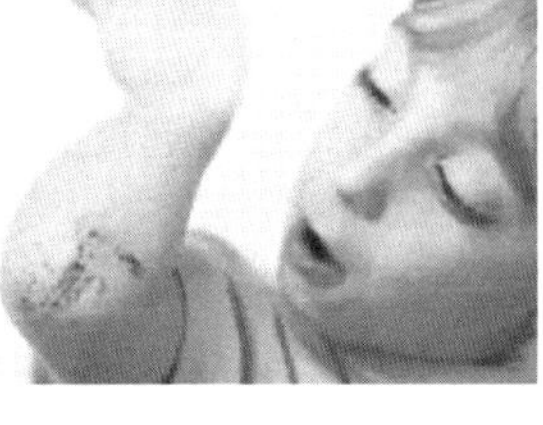

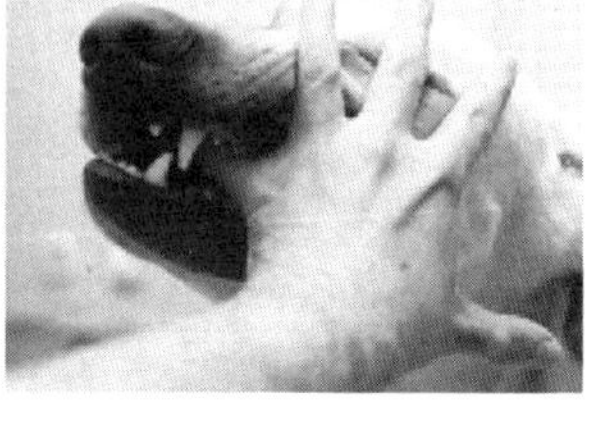

续表

教学流程设计
2. 下面这种创可贴的使用方法正确吗？怎样使用才是正确的方法？画一画或者说一说。 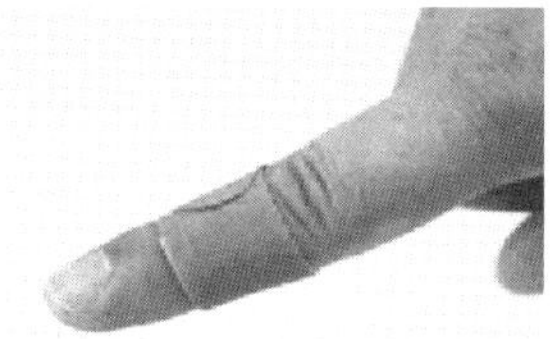
板书设计 
教学反思 课堂中，我通过穿越安全小迷宫的游戏激发学生学习兴趣，引导学生初步识别居家生活中的危险；通过实验与交流，进一步引导学生体会要用正确的行为保护自己，保证居家生活的安全。在本课的教学活动中，教师由单纯的知识传授，转变成为儿童活动的指导者、支持者和合作者，努力创设适宜的活动环境与条件，灵活多样地选用教学活动和组织形式，结合实际培养儿童的品德和行为习惯。儿童品德和行为习惯的形成、知识和能力的发展、经验的积累，是一个连续的过程。学生在生活中获得更多知识时，又将这些知识带入课堂丰富学习。这点充分体现了新课标的指导思想：品德课源于生活，通过交流、分析、演示、讨论、判断、评价等多种手段，将生活范例上升为理论、经验后又让学生去检验生活，帮助学生获得彼此联系的、不断深化的经验和体验。

我是变脸娃娃

浙江省衢州市龙游县槭园小学　叶媛涛

课程名称	**我是变脸娃娃**	建议年级	**二年级**
教学用具	**PPT**	覆盖学科	**心理健康**
课程设计背景（教学内容分析） 天气有阴晴风雨的变化，我们的心情同样会有各种不同的变化，就像彩虹有着不同的颜色一般。高兴、生气、愤怒、伤心……这些不同的表情是不是就像一位可爱的变脸娃娃？给自己写心情日记，是不是会很有趣呢？			

续表

课程名称	**我是变脸娃娃**	建议年级	**二年级**
教学用具	**PPT**	覆盖学科	**心理健康**
教学目标 通过学习，学生能够识别一些简单的情绪，对于愤怒的负面情绪可以进行自我调节，并能够记录自己的情绪，分享自己的心情，从而尝试去接纳自己的情绪。			
教学重点、难点 重点：识别一些简单的情绪，对于愤怒的负面情绪可以进行自我调节，并能够记录自己的情绪，分享自己的心情，从而尝试去接纳自己的情绪。 难点：对于愤怒的负面情绪可以进行自我调节，从而尝试去接纳自己的情绪。			

教学流程设计		
具体流程	教师活动	学生活动
一、 课堂导入 （5 分钟）	1. 导入视频《头脑特工队》。 2. 教师引导学生认真观看，然后说一说视频中出现了哪些情绪。	学生说说视频中出现的情绪。
二、 走近情绪 （10 分钟）	1. 呈现小朋友的故事，说说小朋友出现了哪些情绪。 小女孩说：爸爸什么时候回来? 小女孩说：明天去公园，真开心！ 小女孩说：让我玩一会儿游戏吧！ 小女孩说：爸爸，我害怕，抱我下来！ 小女孩说：妈妈不讲故事，我就不睡觉！ （害怕、担心、想念……）（开心、期待、激动……） （好奇、期待、希望……）（害怕、恐惧、急切……） （生气、难过、委屈……） 2. 呈现故事中妈妈、爷爷和老师部分。 妈妈：旅游，妈妈真开心。排队，妈妈就烦了，样子真好笑。 爷爷：我好好吃饭，爷爷就高兴。 我挑食，爷爷就想发火。 老师：批改作业，老师的脸一会儿像太阳，一会儿就阴天了。老师也会变脸啊！ 3. 组织讨论：小女孩、妈妈、爷爷、老师都表达出了一些情绪，你从中可以得到什么启发? （我们所有人都会有各种各样的情绪！）	读故事，说一说故事中人物都出现了什么情绪。

续表

教学流程设计		
二、 走近情绪 （10 分钟）	4. 介绍情绪的基本类型：喜怒哀惧。 喜：愉悦、欣喜、欢乐、开心、喜悦、满意、舒心、狂喜、心旷神怡、兴高采烈、手舞足蹈、欢欣鼓舞、满面春风。 怒：愤怒、气恼、不满、气愤、恼羞成怒、暴跳如雷、七窍生烟、怒发冲冠、怒目而视、咬牙切齿、拍案而起。 哀：失望、哀痛、难过、遗憾、悲伤、忧郁、凄凉、悲哀、伤感、心痛、悲痛欲绝、泪流满面、伤心不已。 惧：害怕、紧张、心悸、仓皇、退避、大惊失色、手足无措、草木皆兵、惴惴不安、不寒而栗、面无人色、提心吊胆。	读故事，说一说故事中人物都出现了什么情绪。
三、 体验情绪 （10 分钟）	1. 根据前面所学，为下面的小狗匹配合适的情绪。（愁、怒、惧、喜、悲） 2. 观看下列图片，你最直接的感受是什么？（害怕、很丑、讨厌……） 3. 思考：当我们愤怒的时候，可以做些什么？ 慢慢慢，停停停，深呼吸，大喘气。12345……（跑步、发泄等） 讲述深呼吸的方法并带领学生体验。（闭眼）	1. 为 PPT 呈现的小狗匹配合适表情。 2. 谈谈自己看到图片的直观感受。 3. 实践：当生气时该怎么做。
四、 活动启思 （10 分钟）	1. 思考：你最喜欢哪个变脸娃娃，为什么？ 最不喜欢哪个变脸娃娃，为什么？ 2. 视频欣赏：负面情绪的积极作用。	1. 说说喜欢哪个变脸娃娃，并说明理由。 2. 观看视频，学习负面情绪的积极作用。
五、 课堂总结 （5 分钟）	每个变脸娃娃都是我们的一部分，它们都有着自己的作用，我们要学会喜欢自己的所有变脸娃娃。	学生手绘变脸娃娃。
学习评价设计 学生能够基本了解各种情绪，以及不同情绪的反应。学习后也能简单调节自己的情绪。		
拓展学习与作业设计 手绘变脸娃娃。		

续表

教学流程设计

板书设计

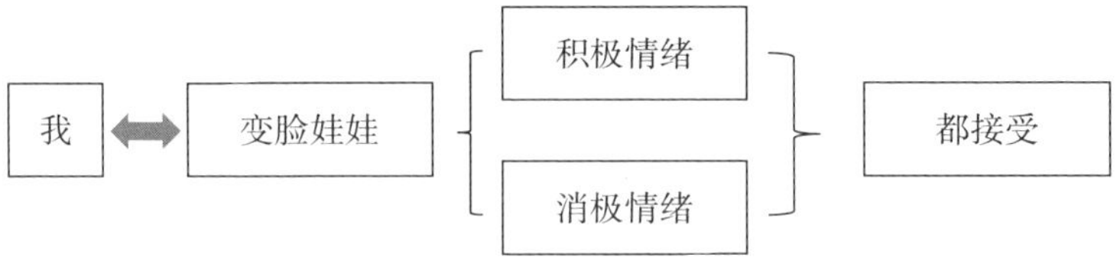

教学反思

1. 课后可以布置一些与情绪相关的作业或任务，如观察记录家人或朋友的情绪变化、尝试使用所学策略处理实际问题等，然后在班里进行分享。

2. 本节课通过丰富多样的教学活动，成功帮助学生认识了情绪的基本类型，理解了情绪的多样性和普遍性，初步掌握了情绪管理策略，并形成了接纳所有情绪的积极态度。改进之处在于，后期应继续强化实践应用环节，关注个体差异，引导学生在日常生活中持续实践情绪管理策略，提升自我调节能力。

每个人都是独一无二的

浙江省衢州市龙游县寺后小学　黄秀清

课程名称	**每个人都是独一无二的**	建议年级	**四年级**
教学用具	**成长树、欣赏卡、彩笔、课件**	覆盖学科	**道德与法治、心理健康课**

课程设计背景（教学内容分析）

四年级学生通常处于 9 到 10 岁之间，这个年龄段的孩子正处在儿童中期，具有以下一些普遍的发展特点：

1. 认知发展：他们开始能够进行更复杂的逻辑思考，解决问题的能力有所提高。这一时期的孩子对新知识充满好奇，喜欢探索未知的事物。

2. 情感与社交：四年级学生更加关注同伴关系和个人在群体中的地位。他们开始建立自己的朋友圈，并学会更好地理解和处理人际关系。此外，随着自我意识的增长，可能会出现一定程度的竞争心态或比较心理。

3. 身体成长：孩子们在这个阶段会经历快速的身体发育期，包括身高体重的增长以及运动技能的进步等。需要注意的是，每个孩子的发展速度可能不同。

4. 兴趣爱好：此年龄段的学生兴趣广泛，从阅读、绘画到体育活动等各方面都可能展现出浓厚的兴趣。家长和老师可以通过观察来发现孩子的特长所在。

5. 责任感培养：四年级是一个很好的时机去引导孩子们学习承担个人责任，比如完成家庭作业、参与家务劳动等简单任务。

续表

课程名称	**每个人都是独一无二的**	建议年级	**四年级**
教学用具	**成长树、欣赏卡、彩笔、课件**	覆盖学科	**道德与法治、心理健康课**
值得注意的是，虽然以上描述概括了大部分四年级学生的特征，但每个孩子都是独特的个体，其具体表现形式及发展阶段可能会有所不同。因此，在教育过程中应充分尊重每个孩子的个性差异和发展节奏。			
教学目标 1. 通过游戏，引导学生认识每个人在外貌、表情、性格、兴趣等方面都有自己的特征，从而增进对自己的认识和了解。引导学生认识自己的典型特征、兴趣等独特的地方，从而悦纳自己。 2. 通过活动，引导学生认识到他人的独特，学会用欣赏的眼光看待自己和他人的独特之处，珍视、尊重和爱护他人。			
教学重点、难点 重点：引导学生认识到自己的独特之处，帮助学生理解自己的独特之处是有价值的，从而树立自信心。 难点：引导学生真正理解并接受他人与自己的差异，并能将对自己的独特性的认识内化为积极的自我认同。			

教学流程设计		
具体流程	教师活动	学生活动
一、 课堂导入 （5 分钟）	暖身游戏：开心手掌印。请每位同学用彩笔把自己的左手掌描画下来，印好后仔细观察，然后跟小组同学比比看：你画的手掌有什么特点，其他同学画的手掌又是怎样的？ 小结：世界上没有两片相同的树叶，同样，世界上也没有相同的两个人，每个人都是独一无二的。（板书课题）	学生通过画手掌、比较手掌，感受到每个人的手掌都不一样。
二、 感受独特 （7 分钟）	小游戏——“猜猜他是谁”。 1. 我们一起先来做个小游戏——“猜猜他是谁”。老师需要请 6 位同学到前面来配合，谁来？（转身，背向同学） 2. 注意听好游戏规则：下面的同学按照屏幕上的要求，完成指定任务。台上的同学根据声音猜猜他是谁，大声喊出他的名字。 3. 如果猜对了，大家及时掌声鼓励。 4. 同学们，准备好了吗？游戏马上开始！（指定一名学生读诗句、唱歌曲、模仿哈哈大笑） 5. 孩子们，真了不起！说说看，你是怎么猜中的？	1. 分组：将全班分成若干小组，每组 5~6 人为佳。如果班级人数较少，则可以整个班级作为一个大组来进行。 2. 选择人物：每轮游戏中由一名学生（轮流担任）选择一位同班同学作为被猜测的对象，但不能告诉其他人是谁。 3. 提问环节：其他成员轮流向该名学生提出问题以获取线索，如“他 / 她喜欢哪种

续表

教学流程设计		
二、 感受独特 （7 分钟）	6. 正像同学说的，我们天天生活在一起，都熟悉彼此的声音。这是因为每个人说话、唱歌、笑的方式都是独特的，都是不同于别人的。 7. 思考：除了声音，我们还有什么与别人不同？谁来说一说？ 8. 你想知道我们为什么与众不同吗？请看视频《爱的奇迹》。 9. 随着一声声啼哭，一个个小生命呱呱坠地，因为每个精子、卵子都不相同，所以每个人各不相同，都是独特的。 10. 即使是双胞胎，也会有各自的独特之处，每个人都是独一无二的。 （设计意图：学生认识到每个人都有独特的地方。 通过观看《爱的奇迹》感受新生命的孕育与诞生是一个伟大而神奇的过程。明白每个人都是以冠军的身份来到这个世上，并且是独一无二的。 学生感受到每个人的生命都是一个奇迹，我们要珍爱自己，不伤害自己；尊重他人的生命，不伤害他人。）	颜色？”、“他 / 她的兴趣爱好是什么？”等非直接指向身份的问题。每次只能提一个问题。 4. 描述与回答：选中同学根据实际情况给予是与否的回答，同时鼓励用更多词来描述这位同学的特点，比如性格特征、外貌特征等。 5. 猜测机会：当大家觉得已经收集到了足够的信息时，就可以开始猜测了。“我认为是 ×××！”如果猜对了，则换下一个同学继续；如果没有猜中，则继续提问直到找到正确答案为止。 6. 交换角色：一轮结束后更换新的“主持人”，确保每位同学都有机会参与其中。
三、 认识自我 （10 分钟）	照镜子。（通过照镜子，看出我们外在的独特性） 1. 老师请来了一面神奇的镜子，从正面可以照见自己眼中的自己，从反面可以照见别人眼中的自己。 2. 同学们，闭上眼睛，深呼吸，想一想，你都有哪些独特的地方？相貌（比如脸型、眼睛、鼻子、嘴巴、皮肤、发型……）……身高……体重……表情……习惯性动作……性格……学习（比如学习兴趣、学习成绩、获奖情况……）……你都有哪些与别人不同的地方？这就是独一无二的你！	1. 学生写下或画下自己认为最独特的五个方面，可以是兴趣爱好、梦想、家庭背景、特殊技能等，多方位地认识自己。 2. 学生分组、轮流分享自己的独特之处，并听取其他同学的分享。鼓励积极反馈和提问，促进相互了解。 3. 每位学生用准备好的材料创作一幅代表自己独特性的拼贴画或自画像。

续表

教学流程设计		
三、 认识自我 （10 分钟）	3. 拿起独特卡，将自己独特的地方写在卡片上。（独一无二的我） 4. 老师发现有些同学已经写完了，谁来和大家分享你的独特之处？ 5. 画成长树。（这个环节放到后面比较合适） 6. 同学们，那你们的独特之处在哪里呢？下面，我们来做一个画“成长树”的游戏，它能帮助我们更好地认识自己。 7. 看，这就是一棵成长树。孩子们，我们每个人都是一棵成长中的小树，树上结了许多的果子，每个果子都是你的一个特点：代表自己的兴趣或爱好，代表自己的学习，代表自己的运动，代表自己的交往。（自己的兴趣与爱好） 8. 同学们自己在成长树上画上不同的果子。 9. 看哪些同学画得又快又好！开始吧——（播放音乐） 10. 学生画，教师巡视。 11. 老师发现有的同学已经画好了，请把你的成长树贴到黑板上。 12. 请看这几棵成长树，你发现了什么？（各不相同） 13. 看看你的成长树，和他们的相同吗？ 14. 是的，没有两张是完全相同的，每个人都有自己的特点。 15. 同学们，你们太棒了！发现了自己那么多的独特之处！把掌声送给最优秀的自己！ 16. 他人眼中的自己。（不光是外貌的不同，更有兴趣、爱好、人格特点等的不同） 我们从正面看到了自己眼中的自己，在别人眼中的自己又是什么样的呢？互相照镜子——（小组讨论，或分享，让他人说自己的不同） 父母眼中的自己： 老师眼中的自己：	4. 学生展示自己的作品，并简短介绍背后的意义，全班讨论每个作品如何体现了个人的独特性和多样性。

续表

教学流程设计		
三、 认识自我 （10 分钟）	同学眼中的自己： 周围的每一个人都是我们生活中的一面镜子，能够让我们更清楚地看清自己，及时地反省自己。	
四、 悦纳自我 （13 分钟）	欣赏自己。（如何悦纳自我是本课的重难点） 1. 孩子们，喜欢你自己吗？看到同学们这么优秀、这么自信，我也喜欢你们，老师也喜欢我自己，健康的身体，白白的皮肤，大大的眼睛，做事认真、勤奋，我善良、真诚、懂得感恩…… 2. 当然，任何人都不可能十全十美，每个人都有自己的优点和不足。你看老师，虽然我的个子矮，但是我很健康、我很快乐！虽然我长得不够漂亮，但是我很聪明、我很自信！亲爱的同学们，也许你不会唱歌，但是你有甜甜的笑容！也许你不会画画，但是你是体育健将…… 3. 试着说一说自己的认识。 4. 人无完人，金无足赤。接受自己的不足，意味着进步的开始。你有你的可爱之处，你有你的优点长处。在老师眼里，你们都是最优秀的孩子。 5. 讨论怎样悦纳自己。 （1）正面思考：培养积极的自我对话。当遇到困难或挑战时，学会用积极的语言鼓励自己，避免过度自我批评。 （2）设定合理目标：设定可达成的目标，并庆祝每一次的进步和成就，无论大小。这样可以帮助学生建立自信和成就感。 （3）接受失败：教会学生将失败视为成长的机会，而不是个人价值的反映。每个人都会经历失败，重要的是从中学习并继续前进。 （4）培养感恩之心：每天找一些值得感激的事物，无论是小事情还是大事情，都能帮助学生看到生活中的美好，从而增强自我价值感。	1. 学生看到自己的优点，同时也看到自己的短板，并且学会接受。 2. 学生意识到，自己的短板如果是不可以改变的，要学会接受；如果短板可以通过自己的努力改变，悦纳自己的同时可以不断完善自己。 3. 认识自己，悦纳自己，做最好的自己。

续表

<table>
<tr><th colspan="3">教学流程设计</th></tr>
<tr><td>四、
悦纳自我
（13 分钟）</td><td>（5）练习自我关爱：确保有足够的休息、健康的饮食和适量的运动。身体的健康直接影响到情绪和自我感受。
（6）寻求支持：当感到困惑或挣扎时，鼓励学生向信任的家人、朋友或专业人士寻求帮助和支持。
（7）培养爱好：投身于自己喜欢的活动中，不仅可以提升技能，还能带来快乐和满足感，增强自我认同。
（8）学习新技能：通过学习新事物，学生可以发现自己的潜力，同时也能增强解决问题的能力，这对自我接纳有积极作用。
（9）冥想和正念：练习冥想或正念可以帮助学生更好地理解和接受自己的感受和想法，减少内心的冲突。通过这些方法，学生可以逐渐学会欣赏自己的独特性，接受自己的不完美，从而建立起健康的自我形象和自尊心。
与实际生活相结合，让学生自己说。
做到引导学生真正理解并接受他人与自己的差异，并能将对自己的独特性的认识内化为积极的自我认同，是帮助学生学会悦纳自己的关键。

树立积极的自我观念
接受不能改变的和改变能改变的
1. 区分可改变和不可改变的方面
- 帮助孩子明白哪些是自己不能改变的，哪些是可以改变的。例如，自己的家庭背景、种族、外貌中的某些部分（如天生的肤色、五官基本形状）是不能改变的，要学会接受和热爱这些方面。而像自己的学习习惯、卫生习惯、待人接物的态度等是可以改变的。如果孩子因为自己的家庭经济状况不如其他同学而自卑，要让孩子知道这是无法改变的事实，但</td><td></td></tr>
</table>

续表

<table>
<tr><th colspan="3">教学流程设计</th></tr>
<tr><td>四、
悦纳自我
（13 分钟）</td><td>他们可以通过努力学习、培养自己的品德和才能来提升自己的价值。
2. 努力改变可改变的部分
- 对于可以改变的部分，鼓励孩子积极行动。如果孩子发现自己学习不够认真，经常粗心大意，那就可以制订计划来改变这个习惯，比如每天做完作业后认真检查一遍。如果孩子觉得自己在人际交往中不够大方，那就可以通过多参加社交活动、主动与他人打招呼等方式来改善。</td><td></td></tr>
<tr><td>五、
课堂总结
（5 分钟）</td><td>同学们，
随着年龄的增长，
我们要逐步养成自己的独立见解，
学会认识自己，
找到适合自己发展的方向，
这样才能有所作为。
不要人云亦云，
盲目羡慕别人或者按照他人的标准来要求自己，
这样反而会迷失方向。</td><td>学生读一读小诗，感受小诗所要表达的意义。明白：
大千世界很精彩，
与众不同你我他。
人人都有优缺点，
性格爱好都不同。
自尊自爱求进步，
和谐相处天天乐。</td></tr>
<tr><td colspan="3">学习评价设计
（评价学生对本节课的掌握情况）
出示案例，让学生运用本节课学会的认识自我、接纳自我的方法，解决问题。
（判断对错，对的打勾，错的打叉。）
1. 我的数学成绩一直不好，我太笨了。（　　）
2. 因为我是独特的，我的个性，自己喜欢就好，不必和别人一样。（　　）
3. 我英语发音不好，课后我要去找发音好的同学一起练习。（　　）
4. 虽然在班里我的个子最矮，但是我打乒乓球可厉害了。（　　）</td></tr>
<tr><td colspan="3">拓展学习与作业设计
活动一：接纳自我
1. 多媒体播放《青蛙弗洛格的成长故事》。
（青蛙弗洛格既不会飞又不会做蛋糕还不会看书，可它觉得自己很幸运）
2. 小结：每个人都有优点和缺点，接受自己的不足，悦纳自己。</td></tr>
</table>

续表

教学流程设计
活动二：完善自己 1. 短板游戏：多媒体呈现一张木板长短不一的木桶图。提问：这个桶能装多少水是由长板决定的，还是由短板决定的？这个桶的长板就像我们的优点，短板就像我们的缺点，你从中得到什么启示呢？ 2. 小结：我的不足将限制我的发展，所以要努力改正自己的缺点，完善自我。
板书设计 每个人都是独一无二的 认识自我　　　　悦纳自我
教学反思 每位学生都是独一无二的个体，他们拥有不同的学习习惯、兴趣偏好、认知能力和生活背景。 1. 教师应当在教学前和过程中持续观察和了解学生存在的差异。学生存在的差异，包括学习风格（视觉型、听觉型、动手操作型等）、智力水平、情感需求和社会环境等。 2. 灵活调整教学策略。基于对学生差异的理解，教师应灵活运用多种教学方法和材料，比如小组合作、个别指导、项目式学习、多媒体辅助教学等，以满足不同学生的学习需求。 3. 促进主动学习。鼓励学生根据自己的兴趣和能力探索和学习，设定个性化学习目标，让学生参与到学习过程的设计中，从而提高他们的学习动力和效率。 4. 持续专业发展。教师自身也需要不断学习和成长，通过参加研修课程、阅读教育文献等方式，提升自己在差异化教学和个性化学习支持方面的专业知识和技能，从而可以不断调整和优化教学策略，确保每位学生都能在适合自己的路径上获得成长和发展。

沉浸式学习——心流体验

北京市东城区前门外国语学校　孔丽颖

教学设计			
基本信息			
课题	沉浸式学习——心流体验		
学段	初中	年级	初一
学科	心理	课时	1
教学背景分析			
《中小学心理健康教育指导纲要》（2012）中指出：适应中学阶段的学习环境和学习要求，培养正确的学习观念，发展学习能力，改善学习方法，提高学习效率。初一年级学生处在起始阶段，良好的学习习惯尤为重要，但调研发现，学生在学习中存在动机不足、拖延、注意力不集中及完美主义倾向等问题，成为学生在学习中的困扰，影响了学生的学习效果。米哈里·契克森的心流理论认为：心流体验指人们对某一活动或事物产生浓厚的兴趣并能推动个			

续表

<table>
<tr><th colspan="3">教学设计</th></tr>
<tr><td colspan="3">体完全投入某一活动或事物的情绪体验。通常在此状态下，不愿意被打扰，是一种将个人精神力完全投注在某种活动上的感觉，心流体验是可以创造的。本节课以心流理论为依据，引导学生认识自身学习过程中的问题，并用相应的方法创造心流，学会充分投入学习，体验学习中的幸福感。因此，学会创造心流体验并完全投入学习中，主动体验学习中的幸福感，对中学生来说具有重要意义。</td></tr>
<tr><th colspan="3">教学目标</th></tr>
<tr><td colspan="3">知识与技能：学生了解心流的特点，认识到心流对于学习的重要性。
过程与方法：学生利用心流理论改善学习活动，提高学习专注力。
情感态度价值观：学生掌握创造心流的方法，关注自己在学习中发生的情绪体验，激发学习兴趣。</td></tr>
<tr><th colspan="3">教学重难点</th></tr>
<tr><td colspan="3">重点：掌握心流的特征，利用心流理论分析自身的学习行为。
难点：利用心流理论分析自身学习行为，改善自身的学习活动。</td></tr>
<tr><th colspan="3">教学过程</th></tr>
<tr><td>教学活动</td><td>学生活动</td><td>设计意图</td></tr>
<tr><td>一、热身导入
1. 想象绘画。
同学们，请大家闭上眼睛，深呼吸，再呼吸，平静，平静……在你的脑海里出现了你最喜欢的人或者物，可能是一株植物、一只可爱的小动物，也可能是一个风景，慢慢地看清它的轮廓、形状，现在它有了大小、颜色，它的样子在心里越发明显，慢慢睁开眼睛。现在给大家 2 分钟的时间，在白纸上绘出你脑海中出现的那个画面。
思考：画的时候感觉到了什么？（平静、沉浸在绘画中等）
2. 播放篮球比赛的视频片段。看完后，请同学们思考：在篮球比赛中，运动员的状态是什么样的？为什么能取得好的成绩？
因为热爱、专注、幸福，沉浸在活动中，而运动员的成功和这种状态是分不开的。</td><td>学生根据要求完成活动，通过放松想象最喜欢的 TA，将 TA 的形象呈现于笔下，体会在绘画时的情绪、绘画过程中内心的想法。
学生观看视频，思考问题。</td><td>调动课堂气氛，让学生积极参与活动，引发学生思考，导出主题。
引导学生认识心流这一概念。</td></tr>
</table>

续表

教学设计		
3. 认识心流。 （1）定义：是指将个人精神力完全投注在某种活动上的感觉，心流产生的同时会有高度的兴奋及充实感。简单地说，心流可以让我们更开心、更充实、少焦虑、多兴趣。 （2）想一想自己有没有过类似的体验？当时你在做什么？具体是什么样的感觉？为什么会有这样的感觉？心流中的感受——完全沉浸、感到欣喜、内心清晰、平静感……	了解心流的概念，结合自己的实际思考自己类似的体验。	
二、认知探索 师：同学们在生活中也一定有过这种浑然忘我的状态吧，那是一次什么样的经历呢？请你思考一件让你产生心流的活动，并且和同桌讨论你是怎么做到让自己产生心流的，为什么在其中可以获得心流体验。（小组讨论 6 分钟） 生 1：最近上映了一部电影，正好是我喜欢的题材，于是我跟朋友一起去看了。在看电影的过程中，我就觉得时间过得真快，有很强的代入感。 生 2：上体育课学习打篮球，在老师讲的过程中我会很集中精神。我自己擅长打篮球，觉得轻轻松松学到了很多东西，很有成就感。 有的同学说自己在做手工的时候很投入，是因为要做出自己想要的效果的作品，那么看来“目标明确”是让我们产生心流体验的一个要素。 有的同学说做完某件事后很有成就感，情绪反馈是积极的，能得到自己想要的结果，那么看来“及时反馈”是让我们产生心流体验的一个要素。 有的同学说在做这件事的时候是可以顺利完成的，有一些困难但重复尝试之后是可以解决的，那么看来“难度适中”也是让我们产生心流体验的一个要素。	学生分享生活或学习中出现的心流体验。 通过分享总结出产生心流的要素。 （1）专注地做一件事——目标明确。 （2）情绪积极——及时反馈。 （3）并不觉得难但也不是很简单——难度适中。	引导学生理解心流的概念和心流产生的条件。

续表

教学设计		
三、思考体悟——在学习中创造心流体验 1. 可见，只要用心去发现，心流体验在我们的生活中无处不在。那么，我们在学习中如何创造心流体验呢？既然大家总结了创造心流体验的三个要素，那么我们可不可以像做“那件事”一样去学习呢？请小组进行讨论，然后分享你们的观点。如何在学习和生活中增加心流体验？ 在目标明确方面：（1）在学习过程中，我们要针对每一科目的重点、难点，学会制定具体可执行的目标、达成某一成果的目标。（2）学会分解目标，具体到每一个小时内应该完成哪些任务。还可以每天制定一些小目标，比如做有挑战的小任务，从这些小成就中体验幸福感，提高学习的动力。 在及时反馈方面：（1）要给自己积极的自我暗示，在遇到困难的时候要鼓励自己再进行尝试。每做完一件事情就给自己积极的奖励，可以是休息五分钟，也可以是积极的自我暗示。（2）邀请家长、老师、同学作为见证人，在完成某些任务后请他们给予积极正向的反馈。 在难度适中方面：在写作业的时候合理安排任务难度，有时候学习内容太难了，特别容易分心。 2. 完成学案，针对这些同学提出的问题写下自己的方法。 （1）拖延总是拦住我去学习的道路。拖延还经常带给我坏情绪，作业做不完会被家长、老师批评指责，我很苦恼。 （2）在我学习不喜欢的科目，或者学起来比较难的时候，我总是会分心，或者走神发呆，注意力无法集中。 （3）我的困扰是完美主义。我每次上台发言，或者被老师提问的时候，老是怕自己表现不好，会经常指责自己，带给自己压力与烦躁。	小组结合创造心流体验的三个要素，思考“在学习中如何创造心流体验”，进行讨论，并列出具体的做法。 小组分享，倾听、反思、感悟。 完成学案，写下自己的方法。	引导学生认识到心流是被所做的事情吸引，进入能全身心投入活动的状态，而且这种状态是可以创造的。

<table>
<tr><th colspan="3">教学设计</th></tr>
<tr><td>四、总结作业
邀请同学分享今天的内容。
今天我们一起认识了心流，并找到了在学习中创造心流的小妙招，今后我们不妨试试这些小妙招，强化应用学到的创造心流体验的方法。
作业：为了能够在学习中体会到心流，自己可以做哪些改变？列出清单，并尝试迈出一小步。</td><td>学生倾听。
教师总结。</td><td>总结本课内容，鼓励学生在课下进行尝试。</td></tr>
<tr><th colspan="3">板书设计</th></tr>
<tr><td colspan="3">沉浸式学习——心流体验
目标明确　　及时反馈　　难度适中</td></tr>
<tr><th colspan="3">教学反思</th></tr>
<tr><td colspan="3">初一年级是初中阶段的起始，面临突增的学习任务，一些学生产生了焦虑、压力的状态。心流理论中的“全身心专注的极致沉浸感、宁静感”是现在学生遇到学习困难或学习压力时所需要的，故设计本课，带领同学们走进心流、体会心流，带着沉浸、宁静、昂扬的状态更好地完成学习任务。但心流是一个比较抽象的概念，创造心流体验也是比较抽象的过程，尤其对初中学生而言存在一定的难度。
本课的亮点有以下三方面：
1. 以叙事疗法的相应观点为依据，外化问题，激发学生创造性地解决问题。
2. 在认知探索环节以小组讨论的形式进行，朋辈之间的互相交流与经验分享有助于学生更好地解决学习中的困难。
3. 针对学习中不同的问题，学生创造性地为自己找到了解决方法，能够将所学更好地应用到学习中。
问题在于心流概念比较抽象，还需要在课堂中充分地引导学生，才能更好地理解它。</td></tr>
</table>

小　结

健康素养是一个不断丰富与拓展的生长性概念，HAWA® 也是一个在服务生命健康素养教育实践过程中不断升级和迭代的生长性评估系统。十多年的成长和发展，不仅构建了学生成长过程需要了解并掌握的健康知识和生活技能体系，为学生在个人生存、发展、交往等方面的问题提供应对策略，也教给学生为了幸福生活必须具备的基本的生理、心理和情感准备以及社会生活能力，为学生创设了有意义的学习经历，为学生的一生幸福奠定了坚实的根基。

秉持着“爱、尊重、责任与担当”的文化信念，HAWA® 在实际应用中也带动了学校教育理念、教学方式、管理模式的整体创新与发展，产生了更加积极健康可持续的课堂生态和校园文化。为了真实地反映 HAWA® 的应用效果，本章从部分试验学校所提供的实践反馈中精心挑选了 9 个，分教师成长篇、学生生长篇、家长反馈篇三部分逐一呈现。此外，为更好地助力健康素养课程的教学设计，本章还特别从全国范围的试验区学校所提供的优秀教案中精选了 9 个。由于跨越了 HAWA® 成长和发展的全过程，不同阶段和不同地区所收集到的案例，尽管在书写格式和表现形式上各不相同，但却各有特色。为了展示原汁原味的实践效果，我们没有对其进行任何改动，就是希望通过这些不同形式的接地气的“小故事”“小活动”“小课堂”，主动在教育教学中讲好生命健康素养这个“大道理”。

第六章

洞察与展望

健康是人全面发展的基础和前提，也是个人首要而珍贵的财富。获得并维持健康的重要途径是提高健康素养。健康素养不仅是保障人全面发展的必备素养，也是反映经济社会发展水平的综合性指标，是体现教育质量和教育公平的重要方面。

青少年是国家的未来，承载着中华民族伟大复兴的希望。青少年也是世界和平与发展的未来，肩负着“天将降大任于斯人”的时代使命。在当前全球化和信息化迅猛发展的时代背景下，青少年的健康素养问题已经成为社会各界普遍关注的焦点。作为未来社会的参与者和建设者，青少年的身心健康不仅关乎其个人成长，更直接关乎国家和民族的未来，关乎世界繁荣发展的未来。

由腾讯公益慈善基金会与北京读懂中国经济与社会发展基金会联合发起的“读懂新时代青少年成长与发展——青少年生命健康素养提升计划”公益项目，不仅是一项关注青少年健康的公益项目，更是一项具有深远意义的系统工程。项目通过专业测评、问卷调查、专家组实地深度访谈和焦点小组等多种研究方法，在全国范围开展了青少年生命健康素养现状调查，致力于通过推动实质性行动，引发社会各界特别是教育界对青少年生命健康素养的高度关注，积极助力“以（学）生为本”的教育生态建设与优化。

作为重要的项目阶段性成果，《中小学健康素养评估与洞察》一书主要关注两方面问题：一是青少年生命健康素养体系的理论框架、具体指标及表现水平，为中小学生命健康素养评估的整体设计提供理论支撑；二是总结生命健康素养评估工具（HAWA®）的研发、落地及效果，为中小学生命健康素养评估工具的进一步推广提供实践指导。期冀通过理论与实践的相互结合及其循环往复的动态发展，最终推动教育改革不断深化、教育质量持续提升，从而促使学生能够真正获得有利于终身发展的必备品格和关键能力。研究发现，中小学生命健康教育不仅必要和重要，而且刻不容缓。开展中小学生命健康素养评估，不仅是创建健康促进学校和拥抱快乐人生的重要抓手，也是实现2030健康中国目标和教育强国战略的有力工具，而其不断探索与发展的理论创新和实践经验，非常值得我们认真思考与总结。

第一节　理论与实践洞察

一、内容设计要准确理解和把握中小学生命健康素养的界定与内涵

（一）不断丰富和拓展的健康素养概念与内涵

“健康素养”（Health Literacy）是一个与时俱进的概念，最早是从社会政策的角度，倡议为K12阶段的所有年级学生制定健康素养最低标准。随着社会的快速变迁和多元化发展，人们对健康的需求呈现出了多样化和复杂化的趋势，健康素养的范围和内涵也因此被不断地丰富和拓展。

最初主要是从能力的视角，关注个体的健康素养发展结果及其构成，强调健康素养不仅包括知识和能力等认知因素，也包括动机、特质、态度、价值取向等非认知因素，而且认为后者虽不易观察但相对稳定，对人的发展起关键性作用。随着个体与环境交互观念的引入，研究思路逐渐倾向于解决问题和个人积极发展的整体视角，认为人的素养是多维度、多层次的完整体系，强调健康素养的适应性功能价值，关注促进人发展的积极品质。新的整体视角不再只关注健康素养的发展结果，也开始强调健康素养的形成环境或条件，注重用系统的观点去审视那些对个人健康发展和社会持续发展均具有重要价值的必备品格和能力。而且，系统观下的健康素养根植于现实需求和个人成长需要，会同时关注健康素养的内涵指标及落地问题，这种将理论和实践有机结合在一起的方式，对社会和个人的发展都具有很强的指导意义。广义的生命健康素养已经不再以健康教育和个人行为为导向，而是强调环境、政治和社会等方方面面的综合影响，不仅综合了心理学、社会学、教育学、脑科学乃至经济学、行政学等多个学科，也整合了国际组织和发达国家的资源和力量。各方在全球范围长期开展的理论探索和实践验证，为生命健康素养的研究思路转变、具体指标遴选及实践落实等方面都提供了重要指导。

因此，生命健康素养既是个体在身心健康、情感、价值观等方面的全面发展，也是维护和促进生命健康与幸福的心理和生理的行为能力，包括生命意识、健康素养、安全素养、环保素养、人文素养、数字素养等方面，更是个体在生命观下逐渐形成的意识和能力，包括在人与环境交互中通过感知个体、群体、环境之间的协调程度而形成的尊重生命与适应自然素养，在个体发展中通过主动顺应事物的自然变化和社会变化而形成的自主选择与自我发展素养，以及在学习中通过明确个体生命成长、自然变化和社会发展职责而形成的社会责任和时代担当素养。这些素养不仅源于生命科学学科，也注重学生适应个人学习生活和未来社会发展所需要的必备品格和关键能力，为学生的终身发展奠定了坚实的基础。

（二）生命健康素养评估需要全面反映健康素养的整体面貌

无论是国际组织推荐还是国家教育实践，都把中小学阶段作为个体健康成长、心智逐步成熟的最重要阶段，也认为这一阶段是教育能够有效发挥作用、产生重要影响的关键时期。在中小学教育阶段，生命健康素养既是个体在生活中对自身健康的认知、态度、行为和技能的综合表现，也是个体在生命成长过程中必须持续学习与培养的最重要的核心素养，属于生命教育和健康素养有机结合的大概念。通过生命教育，孩子们能够了解生命的起源、生命的价值以及如何尊重生命、敬畏生命、保护生命。通过健康素养培育，可以帮助孩子们养成良好的生活习惯，提高身体素质和生活能力，保障和促进身心健康的全面发展。

从结构和层次上看，生命健康素养综合了生理健康、心理健康和社会健康，是一种多维度的认知结构，主要体现在四个方面：一是健康知识，即对自身健康的基本认识和了解，包括人体结构、生理功能、疾病预防、健康饮食、心理健康等方面的知识；二是健康态度，即对健康的态度和看法，包括对自身健康的重视程度、对疾病的态度、对健康生活的态度等方面；三是健康行为，即在日常生活中采取的有益于身体健康的行为，包括健康饮食、适量运动、良好的睡眠、戒烟限酒等方面；四是健康技能，即掌握和运用健康知识的能力，包括急救技能、健康检测技能、健康管理技能等方面。这种综合性和复杂性要求生命健康素养评估不能以偏概全，一定要力求全面反映健康素养的整体面貌。同时，生命健康素养表现为功能性健康素养、互动性 / 沟通性健康素养和批判性健康素养三个层次，各个层次之间相互递进，层次越高，对认知和社会性技能的要求也越高。

从发展和形式上看，生命健康素养培育是一个接连不断、持续终身的发展过程，每个发展阶段都有各自的特点，需要掌握不同的健康知识和健康技能，这就要求健康素养评估根据个体不同的身心发展阶段而设定有针对性的目标，从而充分发挥健康教育的可达性和有效性。既然秉持贯穿人的生命全过程的设计理念，生命健康素养培育就应该在形式上做到从学前期到老年期的整个教育过程的统一，既包括学校内部的正规健康教育形式，也包括学校之外的各种非正规健康教育形式。

因此，准确理解和把握学生生命健康素养的概念内涵，是有效开展学校生命健康教育的重要前提和基础。在设计和阐释学生健康素养的概念和内涵时，应该尊重学生的身心发展规律，充分考虑健康素养的综合性、层次性、互动性、终身性、目的性等特征，明确不同教育阶段的学生分别需要哪些生命健康素养，都需要达到何种水平，又如何能够获得或予以实现，这些都是摆在生命健康教育研究者面前的重要课题。

二、研发实践要遵循多环节循环论证过程

健康素养评估在实践中会涉及学校、社会、政府、企业等多元主体，面对年龄、性别、学段、地域、家庭等各不相同的测评对象，非常需要一套科学、可靠、规范、有效的整体研发模式。中小学生健康素养测评系统（HAWA®）就是在长时间、多轮次的理论与实践相互磨合中逐渐形成的，经历了从顶层设计、理论研究、实证调查、成果整合到效度验证的模型研发全过程，整个链条各模块之间环环相扣、互为联动，通过多环节循环论证的方式不断进行优化和提升。

（一）顶层设计

顶层设计是指导和统筹整个研究工作的上位环节，负责通过自上而下的理性设计和规划指导确定研究的整体框架。针对国内健康教育出现的“四化”倾向（即医学化、片面化、形式化和孤立化）以及心理健康教育存在的“四无”现象（即无人做、不愿做、不会做、不真做），《中小学心理健康教育指导纲要》（2012）修订组组长、中国人民大学心理研究所所长俞国良教授呼吁建立一套关乎健康与幸福教育的大系统，不仅要开发出本土化的教材，还要提供相应的课程、指导和评估，让健康与幸福课程成为深入开展生命健康教育的主渠道。

上海市闵行区的健康与幸福试点项目就是中小学生健康素养测评系统应运而生的创新之举。项目充分融会政府“十二五”教育改革和发展规划的工作思路和目标要求，在借助国际长时期成功实施的系列教材基础上，对领域、层次和要素等方面进行全方位的本土化转型与升级。为此，项目不仅组建了国内强大的专家团队，包括教育部原教育发展研究中心、中国国家创新与发展战略研究会、北京

大学、北京师范大学以及地方教委、教研院和中小学校等单位和机构的专家学者，全面整合了学校教育、家庭教育与社会教育资源，而且从区域教育生态建设的角度整体规划了试点项目的基本原则、具体流程和实施步骤，甚至还委托享誉世界的权威独立第三方国际教育测评机构——麦格希教育测评中心，对《健康与幸福》教材本土化实施项目进行了效能评估。

（二）理论研究

理论研究解决的是概念内涵、框架维度及其各维度间关系等问题，主要目的在于厘清生命健康素养的概念内涵，提出相应的理论维度及其指标，并阐明不同维度及指标之间的内在关系，从应然角度初步形成生命健康素养的框架结构。

中小学生健康素养测评项目在明确整体发展方向和建设要求后，利用文献检索和调研访谈等方式在全球范围内进行信息收集、分析、整理与研究，不仅吸收借鉴了美国、加拿大、经济合作与发展组织以及联合国教科文组织等国家和国际组织的先进经验，也有机结合了中国自身的课程标准和评价工具，经过集中的文献梳理、比较和总结后形成对健康素养内涵的完整理解和把握。有的时候为了更有效地查阅文献、促进研究成果的整理和汇总，也会在文献分析过程中采用访谈或问卷调查等方法征询领域专家对相关问题的观点和看法。

（三）实证调查

实证调查负责遴选并确定健康素养的具体指标，其重要价值在于能够让所建构的健康素养测评系统更好地落地。尽管自上而下的基础理论研究可以从应然的角度提出健康素养的理论结构及指标，但从实然的角度讲，各国的国情不同，尤其是经济发展和社会进步水平不一样，对人才的现实需求以及学生自身的发展现状也不一样，这可能导致不同国家对健康素养的关注领域和重视程度存在差异。

中小学生健康素养测评项目通过访谈、问卷调查和意见征询等方法，反复与教育局领导、研究者、教师和校长开座谈会，并利用国际上先进的决策导向型评估模式——CIPP（Stufflebeam，et al，1971）开展需求调研、框架设计、实施监督和结果评价，通过自下而上的实证调查广泛收集社会各界人士对健康素养的认识和看法，遴选基于现实需求的健康素养指标，验证、补充和丰富基础理论研究的成果。

（四）成果整合

成果整合的目的主要是基于理论研究所提供的健康素养理论体系，结合实证调查研究遴选的指标，进一步归纳、提炼、完善生命健康素养框架体系，并对具体指标及其关键点的表现进行界定。

中小学生健康素养测评项目在系统梳理和汇集健康素养研究所有结果并进行统一提炼和总结的过程中，针对有争议的问题进行再次甚至多次更加深入的文献分析或者实证调查研究，经过多轮次的专家研讨和意见征询并进行反复的论证后，最终形成了由考试卷和调查问卷两种形式组成的生命健康素养框架体系。

（五）效度验证

效度验证是为了检验生命健康素养框架体系的有效性和合理性。一方面是通过访谈、问卷调查和专家意见征询的方式，对生命健康素养的框架结构、具体指标及主要表现进行合理性评估；另一方面是把效度检验与健康素养后续的落实推进紧密关联起来，不仅在实践中评估既定指标的育人价值，检验所遴选指标在学生全面发展和终身发展中的长效作用，还根据实践检验结果进一步修正和完善健康素养评估框架。由于个体的素养有一个形成、发展和逐渐成熟的动态过程，社会的发展也会持续为人的健康素养赋予新的时代内涵，所以生命健康素养的形成和发展是一种不断丰富和优化的动态模式。因此，效度验证也会是一个长期的、动态的、循环往复的过程。

中小学生健康素养测评项目利用十多年的时间不断地补充、调整和完善，通过持续地进行深层次的价值挖掘，为中小学生命健康素养评估的信度和效度提供了坚实的科学支撑和有效反馈。可以说，HAWA® 是通过“洋为中用”的嫁接方式在中国落地生根开花的成功典范，不仅在第四届中国教育创新成果公益博览会上荣获教育创新最高奖——SERVE 奖，还利用腾讯全国调查项目成功实现了跨地区、跨层级、跨机构整体性推进、适应性发展的效度验证。

三、推广机制要采用整体跨界网络化治理模式

OECD 的社会情感能力测评（SSES）是当前国际化发展相当成功的一套健康素养评估机制，在推动参与国家和地区的教育政策变革中，已经呈现出非常明显的多元化、规范化、网络化的整体跨界治理特征。

（一）尝试多元化的调查与测评方法

SSES 是一个典型的跨国家、跨文化、跨语言的全球性测评项目。为得到多层次、多维度的测评结果并保证结果的有效性，项目在调查对象上设计了多元主体，既有 10 岁和 15 岁两个年龄段的学生，也有学生的家长、教师、同辈以及校长；在研究方法上采用了多样性手段，既有单一自我报告法，也有知情者报告、辅测

定锚以及行为指标测量，共同构建出评估不同年龄段学生社会情感能力的直接数据库与间接数据库，既确保了数据的全面性、客观性与科学性，也提升了数据分析的广度和深度，保证了项目的整体质量。

（二）采用多元化的跨学科视角

作为复杂的高阶能力，个体的社会情感能力发展既受到其所处环境因素的影响，也会对其教育成就、工作、健康和个人福祉等重要人生结果产生重要影响，需要运用多种学科进行全面系统的衡量并做出多层次、多维度的结果分析。项目在全球范围内遴选心理学、经济学、社会学、教育学等相关领域的国际知名专家指导项目设计与实施，运用跨学科理论与方法搭建社会情感能力的测评框架与分析框架，为世界各国社会情感能力的政策发展与实践探索提出了新思路和新方向。

（三）建立规范高效的测评管理系统

一方面，项目制定《社会情感能力测评技术标准研究》（The Study on Social and Emotional Skills Technical Standards），详述项目研究的程序和所需标准，包括项目抽样、翻译过程、实地试测管理程序、正式测评管理程序、保密与安全协议的要求、质量监控过程、评估模式、数据管理等，规范了项目各个流程，确保了整个项目的及时进行，保证了收集数据的高质量。[①]另一方面，通过教育与研究创新中心（CERI）、技术顾问组、国际承包商、国家团队等合作伙伴，项目构建起一整套高效且专业化的组织管理体系，具备组织大规模国际测评项目的知识与经验，保障了项目的正常高效运行。

（四）搭建推促个体终身发展的整体化信息网络

SSES 与 OECD 旗下的 IELS、PISA、PIAAC 等其他测评项目协同合作，共同构建起一个涵盖学生认知能力、社会情感能力、混合能力以及背景信息的综合类数据库。这是一个大数据集成的信息网络，可以通过网络内各节点之间的数据互通与交融，随时随地为学生及其相关群体和环境精准画像，不断挖掘学生自身及其社会环境的发展潜力，方便全面系统地追踪个体的终身发展。

（五）强调专业化测评结果的政策导向

OECD 通过定期开展 SSES 专业化测评，可以随时动态掌握参与国家在社会

---

① Kankaraš M，Suarez-Alvarez J. Assessment Framework of the OECD Study on Social and Emotional Skills. Paris: OECD Publishing，2019: 82. https://doi.org/10.1787/5007adef-en.

情感能力与学习方面的进展及政策效果，而其全球范围的应用与拓展也不断保持和强化了 OECD 在教育领域的话语权，从而对世界各国的教育政策产生了强有力的影响，这在一定程度上发挥了行业领域测评工具的“软政府”作用。

OECD 在健康素养评估体制机制建设方面所进行的成功尝试，为中小学生健康素养测评系统的深化发展与进一步推广应用提供了非常有价值的参考与借鉴。实际上，无论是在国际还是在国内推广应用，都需要搭建能够长期安全稳定运行且黏度系数良好并在一定范围产生较大影响的平台，尽可能地利用好政策、规则、标准等制度性优势，持续深入、专注于系统性专业化的平台优化与提高。随着时间的打磨、数据的沉淀以及大数据之间的互通与融合，这一测评工具势必会发挥更多更好影响政策、助力发展的“软实力”作用。

四、发展目标要提倡“以生为本”的教育生态建设

从古至今无论什么年代，教育的落脚点都应该是人本身，教育的过程也应该关注人的成长发展和健康幸福。“核心素养研究的重要目的之一是扭转教育实践中存在的学科本位现象，尤其是当前普遍存在的重学科、重知识、忽略儿童青少年天性和发展需求的现象，推动教育改革由过去的以学科为中心向以学生发展为中心转变。因此，在核心素养研究过程中，必须把学生放在研究的中心位置，把学生的发展需求作为贯穿各个研究环节的主线。”① 生命健康素养是核心素养的重要组成部分，所以生命健康素养评估也要朝着这个方向发展。

（一）“以生为本”的教育生态需要涵盖人的生命全过程

教育不应只是生活的准备，也应成为人的一种生存方式，因为人生就是一个不断生成的过程，不同的阶段有不同的学习需求和教育要求，每一个阶段都只是下一个阶段的过渡环节，都是有意义的一段人生。因此，教育必须提倡整体教育或终身教育。要从人的生命全过程出发设计并制定完整的教育规划，并涵盖生命过程的所有阶段，包括胎教、婴儿教育、大中小学教育、职业教育、老年教育乃至死亡教育。绝不能把人生所有阶段所需要的能力和素质都放在青少年阶段集中获取和积蓄，这种“毕其功于一役”的做法，会导致孩子们在激烈的竞争重压下丧失学习兴趣，甚至产生“学校恐惧症”。

现实中呆板枯燥的“标准件式”的教学过程，严重扼杀了学生的个性化创造

---

① 熊昱可，许祎玮，王泉泉，等．核心素养研究的基本思路与方法路径．北京师范大学学报（社会科学版），2018（1）：46–47.

力和可持续发展动力，让他们既得不到渴望学习的知识和技能，也得不到成长的快乐和情趣。这种大而全的集中化教育，还很容易步入“用一把尺子衡量和要求所有学生”的评价误区，这不仅造成现有教育难以培养社会各行各业所需要的人才，也会使大量人才因被压抑和埋没而出现身心的扭曲和发展障碍。实际上，教育是终身学习的生活方式，应该活到老、学到老。

中小学生命健康素养评估的目标设定绝不能“急功近利”，而要将教育看成贯穿人一生的过程。在教与学的过程中有意放慢脚步，提倡用心体悟，通过推动建设教学相长、生生相长的**课堂生态**，不断激发人的自我成长欲望、激活人的内在发展动力并充分发掘人的内在潜能，齐心协力而不是整齐划一地培养学生形成创造性思维的习惯和开展创造性活动的能力。

因此，在理论研究和实证研究中，生命健康素养评估不能只考虑学业领域的问题，还要注意依据学生终身发展需求来遴选和界定健康素养指标，注意考虑健康素养在跨时间和跨情境中的迁移特性，使建构出的健康素养测评体系不仅对学生的终身学习和发展有重要价值，而且对学生在不同情境中的问题解决也具有重要价值。

（二）“以生为本”的教育生态需要培养完整的人

教育应该尽可能促进个体生命的自律和自为，特别是强调全人格、全身心、全脑协调的整体发展，不仅要对应人类社会生活的全部并与之共生共长，还要关照个体自身的生命成长，把人的发展看成一个在学习型社会中能踏着生命节奏不断学习和发展的过程。

然而，现实中的应试教育重理性知识的传播，轻情感体验的积累；重语言概念、逻辑和推理能力的训练，轻情绪感受能力、情感表达能力与调节能力的培养。学生们既没有丰富而细腻的情感，也不会控制和表达自己的情感，更不能心平气和地处理生活中遇到的不顺和问题。学生们在情感和认知发展方面的严重失调，使其在思维、个性与人格发展上更加片面和扭曲。许多孩子缺少对事物的探究欲和好奇心，缺乏必要的责任和担当，既感受不到他人的痛苦，也感受不到大自然和艺术的美，这些单向度、不和谐、不均衡的表现说明，我们的教育已经偏离了人的生命健康发展轨道。

实际上，认知和情感是智慧的两大要素，缺一不可。如果学到的东西只是量的叠加而不能做到融会贯通，就不可能激发人的创造热情，更不可能推动人的可持续发展。两种要素只有相互作用、相互影响，才能共同促进个体生命的健康发展。

因此，中小学生命健康素养评估需要从培育全人的角度出发，关注青少年的社会情感能力和道德行为习惯，努力在认知和情感的平衡发展中实现知与情的相互转化与提升，不断探寻人的生命健康与发展智慧。重视培养德智体美劳全面发展的“完整人”，就需要在生命健康素养研究的各个环节中，注意从整合的视角遴选、归纳和提炼健康素养指标，并在教育实践中注意能力和品格培育并重，高度重视学生的道德、情感和价值观教育。

同时，教育的主要目标与功能定位是个体生命的健康成长及其生命质量的整体提升，这就需要在“爱与尊重、责任与担当”的教育理念下推动建设**校园生态**。以满足学生个性化发展为出发点，按照学生身心发展的规律设置合理的健康素养育人目标、开展教育教学活动、开发教育资源、促进家校合作、进行发展性评价等，通过积极建构包容、尊重、鼓励的教育文化，引导学生认识自己、了解自己、悦纳自己，不仅为学生创造良好的成长氛围，培养他们成为自己健康的第一责任人，也让教育能够真正发挥“培根育苗”的最大价值。

（三）“以生为本”的教育生态需要培养和锻造人的德性和德行

人的情绪和情感与生俱来且相伴终生，而情感，特别是积极情感，既是人发展的能量来源，也是教育发展的真正动力。教育是人类社会实践的重要组成部分，教育的灵魂是育人，而负责培养人的德性和德行的教育就是道德教育。

道德教育本质上是关乎完整人格与生命质量的教育，不仅与“五育”的其他各育紧密相连，而且在“五育”中起统领作用。道德情感作为人类独有的高级情感，既不是脱离人的情绪情感系统的神秘情感，也不是自发产生的自在情感，而是人在社会生活实践中不断内化、深化和提升后形成的高尚人格。

积极有效的道德教育不能只是简单的接受、等待和观望，而是要真实地参与人的生活和生长过程，必须回归人的社会生活实践。一是强调知识、能力、情感态度和价值观的有机整合，把以知识为主的单向灌输式教育，变成以感受体验为基础的开放式讨论和对话式分享，让道德教育回归学生的学习生活。二是强调学习的体验、践行和过程，遵循学生身心发展及其生命成长的需要，让道德教育回归学生的生长过程。三是强调在反复经历、对话、感受、分享、理解和实践的过程中不断拓宽视野、开阔心胸、提升思维品质，引导学生在生活的真善美中体悟生命成长的道德需要，让道德教育回归学生的社会生活。

因此，中小学生命健康素养评估必须体现教育的人文性本质，关注学生的独立性和主体意识，帮助学生在情感教育、生命教育、道德教育以及思政一体化的融合发展中学会生存、学会关心、学会合作，真正实现教育以情感人、以德润人、以文化人的高质量发展目标。呼唤情感维度的回归，可以让学生在教与学的过程中逐渐对学科产生兴趣爱好、对知识产生好奇惊异、对学习产生满足愉快等积极的情绪情感体验，感悟不同学科中所蕴含的生命意识、生态关系、爱国情怀等丰富的价值观。

同时，通过特定学科的内容与方法培养学生独立思考、批判质疑的能力，合作分享、乐于助人的精神以及克服困难的坚韧意志，不仅能让学生在潜移默化中建立起对亲人、对他人、对人类、对一切美好事物的挚爱之情，也能让学生生成对生活的积极乐观态度和对美好未来的向往与追求。这种尊重个体生命多样性和独特性的教育方式，已经从无“人”的、与学生生命相脱节或相悖的、对学生发展起制约作用的旧格局，转向了“以人为本”的、踏着学生生命节拍的、和着学生生命律动的、能够促进学生生命健康发展的新格局。通过打造“以生为本”的**教育生态**，建立政府、企业、学校、家庭等社会各界共栖共生的整体治理平台，让每一个学生都能够在发展中努力掌握自己的命运，进而在社会实践中主动地担当作为。

第二节　未来展望

一个考虑整体儿童幸福感的教育系统，是一个将他们的情感和社会发展视为与认知和学业表现同等重要的系统。如果学校课程忽视了儿童的情感、社会或身体需求，这些未满足的需求一定会妨碍其学业目标的实现。

学校通过共同的教学目标和学习目标，将不同年龄、背景和学科的人聚集在一起，无论这个多元化社会的地点在哪里或者它的教育水平如何，都可以是也应该是快乐幸福的地方，应该能够看到老师的微笑、听到学生的欢笑、感受到朋友的拥抱、闻到新鲜的空气、品尝到营养丰富的餐食。从根本上讲，教育发生与发展的核心目标，就是通过上述五种感官刺激幸福以培养快乐的终身学习者。如果没有激发快乐的校园体验，学校将无法培养出热爱学习的学生和热爱教学的教师，也无法培养出那些愿意终生快乐地继续教学和学习的人。

然而，今天的许多学校远非快乐学习的场所，儿童和青少年面临前所未有的不快乐和焦虑水平以及令人担忧的自杀和欺凌率，不仅学生对学习失去了兴趣或辍学，教师也因巨大压力和职业倦怠而开始离职。这种学习和幸福的双重危机非但没有得到解决，还因教育资金长期不足、COVID-19 大流行、技术的快速迭代以及各种自然灾害、战争冲突等问题在持续加剧。

为此，联合国秘书长安东尼奥·古特雷斯在联合国教育转型峰会（2022）的愿景声明中指出，“教育危机要求我们从根本上重新思考教育的目的和课程。未来的学校，无论是正式的还是非正式的，实体的还是虚拟的，都必须发展成为更具包容性、安全性、健康性和激励性的学习场所”。

联合国鼓励各国政府将幸福纳入教育政策，并将之视为优质学习的手段和目标，通过在全球范围实现自上而下或自下而上的系统性变革，确保每个人在增长知识和经验的同时学会同情和共情，具备快乐与幸福的能力。

当然，在学校中促进幸福并不意味着基础设施和安全等其他需求不重要，也不意味着学习必须变得更简单或要求更低，或者学校的每一刻都必须游戏化或充满积极性。相反，在学校讲幸福意味着，幸福不必是一个遥不可及的目标，或者必须推迟到学业结束和工作开始之后，快乐、笑声和愉悦其实可以渗透到日常的学校体验中，成为学习和教学的组成部分。

一、国际发展趋势——幸福学校建设

为指导全球性的教育变革，联合国教科文组织 2024 年提出了“整体教育”理念并发布《世界为什么需要幸福学校：全球关于学习幸福感的报告》，这份报告基于科学、哲学和国际规范，专门推出了幸福学校的整体建设框架（Happy Schools Framework），包括人、过程、场所和原则 4 大领域、12 条标准以及 34 项具体指标（见图 6–1）。其中，领域“人”旨在加强学校社区中行为者的人际关系、身体和社会情感健康以及积极的态度和特质，包括学生、家长、教师、学校领导、支持人员、中心管理人员和社区成员。领域“过程”旨在改变课程、教学法和评估系统，通过课间休息、体育、艺术和课外活动等增强教学和学习体验的活动，在学校中营造幸福和日常快乐。领域“场所”旨在改变物理和数字空间，使学校成为更健康、更安全、更包容的社区中心。领域“原则”强调将学校与社区联系在一起的基本价值观，并使人、过程和场所领域的目标得以实现。

图 6-1　联合国教科文组织在全球倡导的幸福学校框架

资料来源：UNESCO. Why the world needs happy schools: Global report on happiness in and for learning. 2024-04-12.

该框架脱胎于 2014 年联合国教科文组织曼谷办公室主要针对 K–12 教育模式设计的区域性幸福校园项目。为推进这一亚太地区的建设倡议，2016 年联合国教科文组织还发布了《幸福学校！亚太地区学习者幸福感框架》，2021 年继而发布《幸福学校指南和工具：亚太地区快乐、学习者幸福、社会和情感学习资源》。2022 年，鉴于幸福学校在后疫情时代的重要性日益增加，联合国教科文组织将该项倡议扩大到全球，并发布《全球幸福学校框架：支持学校整体幸福，以改善教学、学习和幸福感》。全球框架在此基础上补充并结合了身体和心理健康、社会情感学习、快乐学习、以儿童为中心的学习和积极教育等相关领域，形成了一个统一完整的教育生态系统。

2024 年发布的《世界为什么需要幸福学校：全球关于学习幸福感的报告》，无论是从人际关系还是从课程设置乃至空间设计看，都是为了改革并重塑基础教育系统，以推广参与性教学法并建立起各种支持性关系，通过提升学校里的教学和学习体验，产生更好的学术成果和教学效果。参与式变革过程所涉及的不仅是中央和地方政府，还有学生、家长、教师和当地的社区和学区。所以，教育系统要向更具包容性、公平性和高质量的学校转型，就必须通过整体政府跨界协同的方式，将学校与社会、社会与政府、地方与国家等不同元素不同层面的各种关系连接起来。

联合国教科文组织国际教育局 2023 年提供了一个与幸福学校“平衡课程”理念相类似的课程愿景（联合国教科文组织国际教育局，n.d.），主要包含以下五个维度：

1. 系统性：课程是由相互依赖的各组成部分与其参与者共同构成的一个动态有机体。课程的所有元素，从内容到教学方法和评估策略，都是相互关联并相互影响的。

2. 内生性：课程根植于当地的社会文化和历史背景，致力于为未来的共同愿景促进文化多样性，鼓励批判性思维和自我反思，赋予学习者更好地理解和欣赏自己独特文化身份的能力。

3. 包容性：所有学生，无论其背景、能力、种族、性别、性取向、社会经济地位、语言、残疾与否或其他特征如何，都享有平等的学习、参与和在学校成功的机会。

4. 参与性：课程要确保教育系统中的所有参与者都能够参与。

5. 整体性：课程强调知识的相互联系以及教育完整个体的重要性，发展学生的智力、情感、社会和身体能力。

从本质上讲，幸福学校是一个汇聚资源的空间，它超越了单纯学习者的幸福，从整体的视角涵盖了教师、学校领导乃至学校社区中所有成员的幸福，要求所有成员都能够展现出支持终身学习的积极态度和特质，如合作态度、沟通力、理解力、同理心、动机、参与性、好奇心、韧性和赋权等。作为整体教育的一部分，幸福学校模式可以被不断地复制并推广应用于创建快乐的早期儿童中心、快乐的职业学校、快乐的大学，最终融入快乐的工作场所和快乐的社区，实现家庭、社会、国家乃至世界的和谐与和平。

值得注意的是，作为国际社会整体跨界治理的一个重点领域，联合国教育变革峰会上提出的“以幸福为中心”的教育变革倡议，已经得到了143个国家的响应（联合国教科文组织，2023c）。可见，落实倡议并开展幸福学校建设，已经成为全球教育变革的最新发展趋势，不仅完美契合了联合国2030社会与发展目标四的教育发展方向和变革内容，也能够有效推动整体教育理念的落地与实施。中国作为联合国成员国，有义务也有权利参与全球教育领域的整体变革进程，积极用中国的实践在国际舞台上讲好中国的故事，为世界教育的新时代创新与发展贡献中国智慧。

二、国内发展尝试——区域基础教育生态发展共同体

中国是世界上历史悠久的文明古国，也是世界级人口大国，拥有自成一体的文化根脉和复杂多元多级多维的大教育系统。从孔子的有教无类、孟子的性善与平等、老子的道法自然等教育思想，到孔子的因材施教、墨子的学以致用、王守仁的知行合一等教学方法，再到荀子的德育原则，韩愈的德、智、政三育论以及王安石的教、养、取、任教育制度，中华优秀传统文化为今天的教育高质量发展提供了丰富的精神滋养和教化启迪。

其中，最为关键的生命健康素养主张就是尊重生命、敬畏生命、保护生命，强调在感念天地的大爱情怀中崇尚“道法自然”，要认识、尊重并顺应自然的生长规律，实施科学、有效、可持续的教育与发展，提倡让孩子们在宽松、自在、快乐的环境中学习、体验和感悟为人处事的“边界”意识，不断提高解决问题的实践能力，在爱与尊重的礼治中充分理解家国一体的责任与担当，在法治的环境中最终实现人与自然“和合共生”的发展样态。

教育是国家主要承担的公益事业。尽管政府是确立和调整各项教育标准和规范的主要负责人，但社会、教师和教育机构、私营部门、社区、家庭、青年和儿童在其中也都有各自重要的角色，教育事业所固有的普遍性、泛在性、客观性和主观能动性，也使教育政策在制定和执行过程中自然形成了一个多元多样多层多

维整体跨界治理的运维环境。这个开放包容的生态系统很像是一个彼此依赖、相互促进的命运共同体。各个生命要素之间的有效平衡与健康发展，直接影响着教育生态整体建构和系统联动的效率和质量。

可持续发展的教育是一种注重整体效果且能够产生变革作用的终身学习系统，涉及多元多样稳定持续的学习内容和成果、教学方法以及学习环境。一方面，要坚持教育现代化的社会主义方向，坚持教育公益性原则，准确把握各方利益的交汇点和结合点，使教育改革的成果更多更公平地惠及所有人。另一方面，要积极营造一个文明健康、经济可行和社会公正的生态环境，让整体的社会面貌能够得以彻底改观，让学习者能够为当代乃至后代做出明智决定和负责任行动，让学习本身能够成为每个人的生活习惯和生活方式，真正实现人人皆学、处处能学、时时可学。

一种健康的教育生态应当是多元、包容、互助的。在这一生态中，政策制定者、学校、教师、家长乃至社会各界应当形成合力，共同为青少年的健康成长创造良好的环境。特别是教育主管部门，应当通过政策制定和资源调配，促进教育生态系统的健康发展，确保生命健康教育在各级学校中得以深入实施。为了进一步优化中小学生命健康素养的培育环境，推动基础教育生态的整体建设，中国国家创新与发展战略研究会教育发展与评价研究院（简称“国创会教研院”）在其长达十多年实践探索的基础上，于2024年9月18日至21日在北京成功举办了“首届区域教育生态建设与创新人才培养交流会”。

会上，国创会教研院携手多家教育主管部门以及来自北京、浙江、广东、山西、山东、广西、重庆、四川等8省市的19所中小学校共同发起并成立了“区域基础教育生态发展共同体”（简称“共同体”），同时选举产生了负责日常运行和管理的秘书处，并一致通过了“共同体章程”。各成员单位现场共誓，要坚定不移地贯彻党的教育方针，落实立德树人的根本任务，践行全面发展人的教育初心，秉持“爱、尊重、责任、担当”的教育理念，共同探索推动基础教育高质量发展的路径、思路与机制。要积极响应新课标要求，借助共同体平台，在“共识、共建、共生”中深化课堂教学改革，在健康与幸福的校园生态和课堂生态建设中，不断提升教师的职业自豪感和幸福感，切实让学生体会到学习的成就和成长的快乐。要主动汇聚教育行政部门、教研机构、学校及智库等多方力量，整体设计家-校-社-政之间和谐稳定、动态平衡的跨界协同治理关系，共同打造公平、优质、高效、充满创新活力的基础教育生态环境。

值得关注的是，在推动青少年生命健康素养的提升中，政策制定者应当发挥更为关键的作用，因为政策的制定和执行直接决定了教育的方向和资源分配。国家出台的《“健康中国 2030”规划纲要》虽然已经为我们指明了方向，但在具体落实上，还需要更多细化和更具针对性的政策措施。例如，在教育资源分配、教师培训、课程设置等方面，政策制定者应当优先考虑生命健康教育的需求，确保每一个学生，无论身处城市还是农村，都能够公平地享有高质量的生命健康教育。

教育导向同样至关重要，因为教育导向不仅引领着教学内容的设计和教学方法的选择，还塑造了整个教育生态的价值观和文化氛围。当前，我们迫切需要从以分数为中心的教育观念，向更加注重学生身心健康、全面发展的方向转变。这种转变需要政策的强力支持与引导。政策制定者应在教育改革中明确指出生命健康素养的重要性，将其纳入教育评价体系中，并通过政策激励机制，推动学校和教师更加关注学生的生命健康与发展。

小　结

新时代教育的可持续发展，无论是国际还是国内，都离不开健康的教育生态环境以及高水平的健康素养。作为教育发生和发展过程的整体样态和运行效果，教育生态既包括影响教育质量的关键生态因素及其相互关系，也涵盖教育系统内部各要素之间以及系统与外部环境之间的相互作用和动态平衡。其内部存在的各种张力因素，包括传统与现代、应试与素质、教师主导与学生主体等，这些因素之间所产生的相互作用和矛盾冲突，是推动教育生态不断演进的重要动力。

习近平总书记说过，“绿水青山就是金山银山”。教育生态建设就是为了保护教育环境的“绿水青山”，让人为的教育节奏逐渐跟上自然生命的生长节奏，“取之有度，用之有节”，让根植于中国大地的教育生态持续安全健康地成长壮大。教育生态环境变好了，培育的土壤肥沃了，教育的绿水青山必然会呈现一片盎然生机。

为此，全社会应当共同关注并重视生命健康教育。学校作为青少年成长的重要场所，必须在生命健康教育中发挥主导作用。教师不仅是知识的传授者，更是学生人格发展的引路人。教师的生命健康素养直接影响着学生的生命健康素养。因此，**我们呼吁教育主管部门加大对教师健康素养培训的投入，特别是在心理健康教育领域，为教师提供更专业的知识和技能培训，使他们能够更好地支持学生的成长与发展**。

生命健康教育不仅是学校教育的一部分，更是家庭教育和社会教育的核心内容。家庭是学生的第一所学校，家长是学生的第一任老师。在学生成长过程中，家长的言行举止、教育观念直接影响着学生的生命观和健康观。然而，调研结果显示，许多家长对生命健康教育的理解仍然不足，尤其是在心理健康和性教育方面，家长们普遍缺乏科学的指导。这种情况亟须改变。因此，**我们呼吁，家长积极参与到学生的生命健康教育中，学习相关知识，与学校和教师密切配合，共同为学生创造一个健康、安全的成长环境**。

社会各界在生命健康教育中将发挥重要作用。企业和公益组织可以通过资源支持和项目参与，帮助偏远地区和弱势群体获得公平的教育机会。社区作为教育的延伸，可以为学生们提供更多接触自然、参与社会的机会，培养他们的社会适应能力和综合素质。学校、家庭和社会协同配合，可以构建家校社协同育人共同体，激发家校社协同育人新动能。因此，**我们呼吁，培养青少年良好的生命健康素养，不仅是教育工作者和家长的责任，也是整个社会的共同任务**。

展望未来，希望通过全社会的共同努力，为青少年的健康成长打造一种以生命健康为核心的教育生态，在实现“健康中国”的伟大愿景过程中，让每一个学生都能够在一种健康、积极、支持性的教育生态中茁壮成长，拥有强健的体魄、健康的心理、积极的生活态度和正确的价值观，成为具备良好生命健康素养的新时代公民。

在此，我们再次呼吁政策制定者、教育部门、学校、家长乃至社会各界共同行动，从政策、资源和实践各个层面入手，推动生命健康教育的全面发展。让我们携手共进，为中国青少年的健康成长和国家的未来发展贡献我们的智慧和力量。

参考文献

中文文献

[1] 刘慧．生命安全与健康教育的时代意涵．中国德育，2022（6）：22–26.

[2] 马军，马迎华．为生命安全与健康筑牢防线：《生命安全与健康教育进中小学课程教材指南》解读．基础教育课程，2021（23）：10–13.

[3] 廖兆慧．提升生命安全与健康教育学科教学渗透实效性探析．教育导刊，2023（5）：53–59.

[4] 王延瑜．学科渗透生命安全与健康教育的现实问题与改进策略．中小学班主任，2022（10）：8–11.

[5] 白剑峰，李红梅，申少铁．把人民生命安全和身体健康放在第一位（新时代的关键抉择）．人民日报，2021–11–02（2）.

[6] 顾明远．教育的本质是生命教育．教育与教学研究，2020，34（11）：1–2.

[7] 霍姆斯，比利亚克，菲德尔．教育中的人工智能：前景与启示．冯建超，舒越，金琦钦，王铭军，译．上海：华东师范大学出版社，2021.

[8] 熊昱可，许祎玮，王泉泉，等．核心素养研究的基本思路与方法路径．北京师范大学学报（社会科学版），2018（1）：41–48.

[9] 傅小兰，张侃，陈雪峰，等．中国国民心理健康发展报告（2021~2022）．北京：社会科学文献出版社，2023.

[10] 刘慧，朱小蔓．多元社会中学校道德教育：关注学生个体的生命世界．教育研究，2001（9）：8–12.

[11] 朱小蔓．朱小蔓文集：第 1 卷：道德与价值观教育．北京：北京师范大学出版社，2023.

[12] 朱小蔓．朱小蔓文集：第 5 卷：教育的问题与挑战．北京：北京师范大学出版社，2023.

[13] 朱小蔓．朱小蔓文集：第 7 卷：情感德育论．北京：北京师范大学出版社，2023.

[14] 朱小蔓．关注心灵成长的教育．北京：北京师范大学出版社，2012.

[15] 中国国家创新与发展战略研究会教育发展与评价研究院 . 2023 年全国中小学生生命健康素养调查报告 . 北京，2023.
[16] 春山茂雄 . 脑内革命：第 2 卷：右脑的使用将改变你的人生 . 郑民钦，译 . 北京：中国对外翻译出版公司，1997.
[17] 七田真 . 右脑智力革命 . 卢兆麟，译 . 台北：创意力文化事业有限公司，1997.
[18] 加德纳 . 多元智能 . 沈致隆，译 . 北京：新华出版社，1999.
[19] 余小鸣，张芯，郭帅军，等 . 构建中小学生健康素养评价体系及工具的探索性研究 . 中国健康教育，2017，33（7）：581-586.
[20] 王萍，毛群安，陶茂萱，等 . 2008 年中国居民健康素养现状调查 . 中国健康教育，2010，26（4）：243–246.
[21] 张诗晨，万宇辉，陶舒曼，等 . 中国青少年互动性健康素养问卷的信度和结构效度评价 . 中国学校卫生，2014，35（3）：332-336.
[22] 顾璇，李红影，汤建军，等 . 安徽省蚌埠市中学生健康素养与心理亚健康症状相关因素分析 . 中国健康教育，2017，33（1）：8-11，28.
[23] 阮成武 . 基础教育改革顶层设计的进路与反思：1980—2020. 南京师大学报（社会科学版），2021（1）：14-23.
[24] 马云鹏，金轩竹，白颖颖 . 新中国课程实施 70 年回顾与展望 . 课程·教材·教法，2019，39（10）：52-60.
[25] 张礼永 . 新中国 70 年教育的十大经验 . 河北师范大学学报（教育科学版），2019，21（6）：32-42.
[26] 孙迎春，王一虹 . 为加快建设教育强国提供动力 . 人民日报，2024-10-10（9）.

外文文献

1. Simonds S K. Health education as social policy. Health Education Monographs, 1974, 2 (1_suppl):1−10.
2. World Health Organization. The adolescent health indicators recommended by the Global Action for Measurement of Adolescent Health: guidance for monitoring adolescent health at country, regional and global levels. Geneva: World Health Organization, 2024.
3. WHO & UNESCO. Making every school a health-promoting school: global standards and indicators. Glossary, 2022. https://unesdoc.unesco.org/ark:/48223/pf0000377948.
4. NCSHE. National Health Education Standards: Model Guidance for Curriculum and Instruction. 3rd Edition. 2022. www.schoolhealtheducation.org.
5. HM Government. Promoting children and young people's mental health and wellbeing: A whole school or college approach.Children & Young People's Mental Health Coalition, 2021.
6. WHO. Global Accelerated Action for the Health of Adolescents (AA-HA!): Guidance to Support Country Implementation. 2nd Edition. 2023.
7. OECD. Nurturing Social and Emotional Learning Across the Globe: Findings from the OECD Survey on Social and Emotional Skills 2023. Paris: OECD Publishing, 2024. https://doi.org/10.1787/32b647d0-en.
8. Mammadov S. Big Five personality traits and academic performance: A meta-analysis. Journal of Personality, 2022, 90 (2): 222−255.
9. Chernyshenko O S, Kankaraš M, Drasgow F. Social and Emotional Skills:Well-being, Connectedness and Success. Paris: OECD Publishing, 2018: 108−111.
10. Kankaraš M, Suarez-Alvarez J. Assessment Framework of the OECD Study on Social and Emotional Skills. Paris: OECD Publishing, 2019: 43−45.
11. OECD. Skills for Social Progress: The Power of Social and Emotional Skills. Paris: OECD Publishing, 2015: 37.

12. Kankaraš M, Feron E, Renbarger R. Assessing students' social and emotional skills through triangulation of assessment methods. Paris: OECD Publishing, 2019: 8.
13. MacCann C, Wang L, Matthews G, et al. Emotional intelligence and the eye of the beholder: Comparing self-and parent-rated situational judgments in adolescents. Journal of Research in Personality, 2010, 44 (5): 673−676.
14. John O P, De Fruyt F. Framework for the Longitudinal Study of Social and Emotional Skills in Cities. Paris: OECD Publishing, 2015: 51−54.
15. King G, Murray C J L, Salomon J A, et al. Enhancing the validity and cross-cultural comparability of measurement in survey research. American political science review, 2004, 98 (1): 191−207.
16. Chapman B P, Goldberg L R. Act-frequency signatures of the Big Five. Personality and Individual Differences, 2017, 116: 201−205.
17. UNESCO. Why the world needs happy schools: Global report on happiness in and for learning. 2024−04−12.
18. UNESCO. Module 8: Health Education in Teaching and Learning for a Sustainable Future. 2010.
19. The American Cancer Society. National Health Education Standards. 2nd Edition. Achieving Excellence, 2007.
20. The Joint Committee on National Health Education Standards. National Health Education Standards. 2nd Edition. Achieving Health Literacy, 1995.
21. Stufflebeam D L, et al. Educational Evaluation and Decision-making. Ithaca, Illinois: Peacock, 1971.
22. Levine H M. More Than Just Test Scores. PROSPECTS, Quarterly Review of Comparative Education, Springer Online, 2012.
23. OECD. OECD Guidelines on Measuring Subjective Well-being. Paris: OECD Publishing, 2013.
24. American Psychological Association, American Education Association, National Council on Measurement in Education. Standards for Educational and Psychological Testing. 1999.
25. Council of Chief State School Officers (CCSSO). Design and Development of A National Health Literacy Skills Test. 2011.
26. Centers for Disease Control and Prevention. Health Education Curriculum Analysis

Tool. Atlanta: CDC, 2012.

27. CASEL. Practice Rubric for Schoolwide SEL Implementation. Collaborative for Academic, Social and Emotional Learning (CASEL), 2006.
28. Cook T D, Campbell D T. Quasi-Experimentation Design & Analysis Issues for Field Settings. Boston: Houghton Mifflin, 1979.
29. Nutbeam D. The evolving concept of health literacy. Social Science & Medicine, 2008, 67 (12): 2072–2078.
30. Vygotsky L S. Mind In Society: Development of Higher Psychological Processes. Cambridge: Harvard University Press, 1978.
31. Bowlby J. Attachment and Loss: retrospect and prospect. American Journal of Orthopsychiatry, 1988, 52 (4): 664–678.
32. UNESCO Office Bangkok and Regional Bureau for Education in Asia and the Pacific. Happy schools! A framework for learner well-being in the Asia-Pacific. 2016.
33. UNESCO Office Bangkok and Regional Bureau for Education in Asia and the Pacific. Happy schools guide and toolkit: A resource for happiness, learners' well-being and social and emotional learning. 2021.
34. Bin Mahfooz S & Norrmén-Smith J. Going global with the Happy Schools framework: Supporting holistic school happiness to improve teaching, learning and well-being. In collaboration with UNESCO. Working papers on education policy, 2022: 13.

图书在版编目（CIP）数据

中小学健康素养评估与洞察 / 孙迎春，王一虹编著. 北京：中国人民大学出版社，2025. 7. --（读懂青少年成长与发展系列丛书）. -- ISBN 978-7-300-34020-3

Ⅰ. G637. 9

中国国家版本馆CIP数据核字第2025W69L88号

读懂青少年成长与发展系列丛书

总主编　陈如平

中小学健康素养评估与洞察

孙迎春　王一虹　编著

Zhongxiaoxue Jiankang Suyang Pinggu yu Dongcha

出版发行	中国人民大学出版社		
社　　址	北京中关村大街31号	邮政编码	100080
电　　话	010-62511242（总编室）		010-62511770（质管部）
	010-82501766（邮购部）		010-62514148（门市部）
	010-62511173（发行公司）		010-62515275（盗版举报）
网　　址	http://www.crup.com.cn		
经　　销	新华书店		
印　　刷	天津鑫丰华印务有限公司		
开　　本	720 mm × 1000 mm　1/16	版　　次	2025 年 7 月第 1 版
印　　张	14.25 插页 1	印　　次	2025 年 7 月第 1 次印刷
字　　数	249 000	定　　价	65.00 元